Alle sind gefragt

I0876724

T V Z

denkMal – Standpunkte aus Theologie und Kirche

Herausgegeben von Claudia Kohli Reichenbach, Matthias Krieg, Ralph Kunz, David Plüss, Sabine Scheuter und Matthias Zeindler.

Bd. 9 – 2018

Die Buchreihe *denkMal* ist ein Gemeinschaftsprojekt der Evangelisch-reformierten Landeskirche des Kantons Zürich und der Reformierten Kirchen Bern-Jura-Solothurn sowie der Theologischen Fakultäten Bern und Zürich. Ihr Ziel ist es, zu aktuellen Themen in Kirche und Gesellschaft Materialien und Reflexionen vorzulegen.

Ralph Kunz, Matthias Zeindler (Hg.)

Alle sind gefragt

Das Priestertum aller Gläubigen heute

T V Z
Theologischer Verlag Zürich

Der Theologische Verlag Zürich wird vom Bundesamt für Kultur mit einem Strukturbeitrag für die Jahre 2016–2018 unterstützt.

Bibliografische Informationen der Deutschen Nationalbibliothek

Die Deutsche Nationalbibliothek verzeichnet diese Publikation in der Deutschen Nationalbibliografie; detaillierte bibliografische Daten sind im Internet über http://dnb.dnb.de abrufbar.

Umschlaggestaltung
Simone Ackermann, Zürich,
unter Verwendung von Paul Klee, EIDOLA: weiland Philosoph, 1940, 101
Kreide auf Papier auf Karton; 29,7 × 21 cm © Zentrum Paul Klee, Bern

Cover-Neugestaltung nach einer Idee von Johannes Stückelberger

Druck
ROSCH BUCH GmbH, Scheßlitz

ISBN 978-3-290-17929-8
© 2018 Theologischer Verlag Zürich
www.tvz-verlag.ch
Alle Rechte vorbehalten

Inhalt

Ralph Kunz, Matthias Zeindler

Alle sind gefragt: Einleitung

1. Stolzes Erbe

Die Kenntnisse über das Reformiertsein waren in unserer Kirche auch schon besser. Für viele sind die Reformationsjubiläen in diesen Jahren deshalb eine willkommene Gelegenheit, der eigenen kirchlichen Tradition etwas näher auf die Spur zu kommen. Zum Wenigen, was den meisten noch geläufig ist, gehört das Stichwort «Priestertum aller Gläubigen». Was genau unter diesem Stichwort zu verstehen sei, das freilich vermögen wiederum nur wenige zu sagen.

Das Priestertum aller Gläubigen – oder das allgemeine Priestertum – gehört ohne Zweifel zu den wichtigsten (Wieder-)Entdeckungen der Reformation. Sie basiert auf zwei Grundsätzen: erstens, dass das Lesen und Verstehen der Bibel nicht mehr nur einer abgesonderten Gruppe von Geweihten vorbehalten sein darf und zweitens, dass jeder selbst für seinen Glauben Verantwortung trägt. Es sind diese grundlegenden Einsichten von Luther und Zwingli, die weit über die Kirche hinaus tiefgreifende Wirkungen in der europäischen Gesellschaft ausgelöst haben. Bis heute ist das stolze Selbstbewusstsein, religiös mündig zu sein, ein wesentlicher Teil reformierter Identität. Dass dies auch eine anspruchsvolle Aufgabe ist, versteht sich dabei von selbst.

2. Zweifel

In den Stolz mischen sich in der Gegenwart immer mehr aber auch Zaghaftigkeit und Zweifel. Denn: Sind wir den Ansprüchen des allgemeinen Priestertums noch gewachsen? Konkret drückt sich dieses ja zum Beispiel darin aus, dass die Leitung der Kirchgemeinden nicht in den Händen von Pfarrerinnen und Pfarrern, sondern von «Laien», also von Nicht-Theologen, liegt. Die Ansprüche an die Kirchenpflegen oder Kirchgemeinderäte sind in den letzten Jahren enorm gestiegen. Eine immer komplexere Gemeinde- oder Baugesetzgebung, neue, anspruchsvolle Rechnungsmodelle oder zusätzliche Aufgaben in der Personalführung beanspruchen nicht nur Zeit, sondern erfordern immer umfänglichere Kenntnisse. Was dazu führt, dass vielerorts Verwaltungen (früher: Sekretariate) immer mehr Aufgaben übernehmen. Man hat auch den Eindruck, dass sich Konflikte innerhalb von Mitarbeiterteams oder zwischen Pfarrpersonen und Kirchenpflegen häufen. Wenn diese Konflikte einmal eskaliert sind, übersteigt dies schnell die Möglichkeiten eines nichtprofessionellen Gremiums. All dies bringt das Milizsystem in den Kirchgemeinden an seine Grenzen. Und vermehrt wird gefragt, ob das Priestertum aller Gläubigen unter diesen Bedingungen noch ein geeignetes Modell für die Gemeindeleitung sei.

Ein besonders kostbarer Ausdruck des allgemeinen Priestertums ist die zentrale Rolle, welche Freiwillige in unseren Kirchgemeinden spielen. Ohne freiwillige Mitarbeiterinnen und Mitarbeiter läuft in der reformierten Kirche nichts, und es gehört zu den grossen Stärken der Landeskirchen, dass sie wie keine andere Institution in der Lage sind, Freiwillige zu mobilisieren. Es ist aber bekannt, dass die Bereitschaft zu freiwilliger Arbeit in unserer Gesellschaft kontinuierlich sinkt. Was bedeutet das für das Leben in Kirchgemeinden? Auch da, wo eine lebendige Freiwilligenarbeit noch besteht, stellen sich schnell einmal Fragen: Wie ist das Verhältnis zwischen Freiwillligen und «Profis», insbesondere Pfarrerinnen und Pfarrern? Wieviel «dürfen» freiwillige Mitarbeiterinnen und Mitarbeiter? Und wie ist neben ihnen die Rolle des Pfarramts angemessen zu definieren?

Nicht selten werden unter dem Stichwort des Priestertums aller Gläubigen offene oder versteckte Machtkämpfe geführt. Die Verantwortung aller für ihren Glauben mutiert dann zum Anspruch aller, wichtige Positionen in der Kirchgemeinde oder im Gottesdienst übernehmen zu dürfen. Es kommt sogar vor, dass das allgemeine Priestertum als Infragestellung des Pfarramtes verstanden wird. Spätestens hier wird klar, dass Klärung nötig ist. Dazu möchte dieses Buch beitragen.

3. Alle sind gefragt

Der Titel «Alle sind gefragt» verweist auf die Vielfalt dessen, was das Priestertum aller Gläubigen meint. Denn mit der Entdeckung, dass alle Priesterinnen und Priester sind, artikulieren die Reformatoren nicht Rechte und Ansprüche, sondern heben ans Licht, dass jede und jeder vor Gott steht und ihm Antwort schuldet. Menschsein heisst, von Gott gefragt zu sein und sich dieser Frage zu stellen. Der Neutestamentler Ernst Käsemann hält fest: «Man sollte die Bibel einmal daraufhin studieren, was alles Gott uns fragt.» Von Gott gefragt zu sein, ist der

Inbegriff davon, dass er uns nicht uns selbst überlässt. «Denn seine Fragen holen uns aus unseren Illusionen in die Wirklichkeit unseres Lebens.»[1]

«Alle sind gefragt»: Darin steckt auch der ganze Reichtum der reformatorischen Botschaft. Gott fragt nach uns, das heisst, dass er gegen all unsere Widerstände an uns festhält und immer wieder neu mit uns anfängt. Die Reformatoren sprechen hier davon, dass Gott uns durch seine Gnade *rechtfertigt*. Gott fragt nach uns, das heisst auch, dass er durch seinen guten Geist unser Leben seinem Willen gemäss gestaltet. Hier sprechen die Reformatoren davon, dass Gott uns durch seine Gnade *heiligt*. Gott fragt nach uns, das heisst schliesslich, dass Gott uns den Auftrag gibt, in der Welt Zeuginnen und Zeugen des Evangeliums zu sein. Hier spricht die reformatorische Tradition davon, dass Gott uns durch seine Gnade *beruft*.

Wer durch die Taufe zur Priesterin und Priester berufen ist, wird in die vielfältige Gnade Gottes hineingestellt. Er oder sie erfährt, dass Gott uns aus Schuld und Verstrickungen befreit und uns neue Lebensperspektiven eröffnet. Priesterin oder Priester zu werden heisst, Teil des Abenteuers zu werden, in dieser alten Welt für Gottes neue Welt einzustehen. Eine schönere Aufgabe als diese gibt es nicht. Aber auch keine grössere und anspruchsvollere. Als Priesterin oder Priester kann man deshalb nur dankbar und bescheiden werden. Und fröhlich!

4. Ermutigung

Das vorliegende Buch möchte in einer Reihe von Beiträgen darstellen, welches die reformatorische Intention bei der Rede vom Priestertum aller Gläubigen war, wie sich die Vorstellung im Lauf der Geschichte entwickelt hat und wie sie heute in Kirchgemeinden gelebt werden kann. In einem Blick über den kirchlichen Tellerrand wird darüber nachgedacht, inwiefern Partizipation eine Grundvoraussetzung des Erfolgs von Institutionen ist. Und ein Beitrag geht der wichtigen Frage nach, inwiefern die sogenannt distanzierten Kirchenmitglieder mit dem Begriff des allgemeinen Priestertums noch fassbar sind.

Das Buch möchte aber vor allem auch ermutigen. In einem Gespräch zeigen Personalverantwortliche verschiedener Landeskirchen, wo heute Chancen und Grenzen von Kirchenpflegen bzw. Kirchgemeinderäten liegen. Es werden Beispiele gelungener Freiwilligenarbeit gezeigt und ein typisches Beispiel der Gottesdienstgestaltung durch «Laien» vorgestellt, der Kirchensonntag. Ein Beitrag exponiert die Bildung als Schlüssel zum mündigen Christsein. Und zum Abschluss kommentiert ein römisch-katholischer Theologe das spezifisch reformatorische

1 Ernst Käsemann, In der Nachfolge des gekreuzigten Nazareners. Aufsätze und Vorträge aus dem Nachlass, Tübingen 2005, 220.

Anliegen des Priestertums aller Gläubigen aus der Perspektive seiner eigenen Tradition.

Die Herausgeber erhoffen sich von ihrer Publikation, dass die Reformationsfeierlichkeiten auch zum Anlass genommen werden, über einen zentralen, aber nicht ganz leichten Impuls der Reformation erneut nachzudenken.

A Grundlegung

Matthias Zeindler

Das zehnfache Ärgernis des Priestertums aller Gläubigen

Die Reformierten sind stolz auf das Priestertum aller Gläubigen. Sie müssen sich nicht der Autorität eines Papstamtes unterziehen, anders als ihre römisch-katholischen Schwestern und Brüder. Sie wissen selber zu denken. Und sie haben eine von unten aufgebaute, demokratisch verfasste Kirchenstruktur, in der jede und jeder sich zu Wort melden kann. Reformiertsein hat etwas Modernes, für manche auch etwas urtümlich Schweizerisches.

An diesem Empfinden ist manch Richtiges. Es gibt aber auch Gründe, seinen reformierten Stolz etwas zurückzuhalten. Immerhin kann man diese Art von allgemeinem Priestertum auch als Ursache für gewisse Krisensymptome im Protestantismus und besonders bei den Reformierten interpretieren. So hat man als Reformierte zwar keinen Papst in Rom und auch keinen Bischof in Basel, Chur oder Lausanne, umso mehr aber einen Pfarrer im Dorf, der oft faktisch darüber entscheidet, was in der Gemeinde für richtig gehalten wird. Oder: Ohne die Orientierung an gemeinsamen kirchlichen Bekenntnissen zerfällt das, wofür die Kirche einzustehen hat, leicht zu einer verwirrlichen Kakofonie. Man denkt zwar selber, vermag aber oft nicht mehr anzugeben, was einen über das jeweils Eigene hinaus mit anderen Christenmenschen verbindet. So gesehen, kann allgemeines Priestertum zur Gefahr für die Einheit der Kirche werden.

Der Begriff des «allgemeinen Priestertums» oder des «Priestertums aller Gläubigen» lässt sich zwar in den Schriften der Reformatoren nicht nachweisen, sein Gehalt aber umso mehr.[1] Luther, Zwingli, Calvin und ihren Mitstreitern ging es dabei im Kern darum, dass die Kirche als ganze eine Priesterschaft ist, nicht lediglich ein Teil von ihr. Laut Zwingli brauchen die Christen «keinen ver-

1 Vgl. Harald Goertz/Wilfried Härle, Art. Priester/Priestertum II/1. Allgemeines Priestertum. Systematisch-theologisch, in: Theologische Realenzyklopädie Bd. 27, Berlin/New York 1997, 402–410; David Plüss, Allgemeines Priestertum und Amt, in: ders./Katrin Kusmierz/Matthias Zeindler/Ralph Kunz (Hg.), Gottesdienst in der reformierten Kirche. Einführung und Perspektiven, Zürich 2017, 145–161.

mittelnden Priester mehr, der für sie opfert. Ist doch jeder für sich selbst ein Priester, der geistliche Opfer bringt, also sich selbst ganz und gar Gott darbringen soll.»[2] Zwingli bringt damit bündig auf den Punkt, worum es den Reformatoren geht: Als Getaufte haben alle Christen einen direkten Zugang zu Gott, sie bedürfen dafür keiner Vermittlung durch einen geweihten Priesterstand. Einen wesenhaften Unterschied zwischen Geistlichkeit und Laien gibt es keinen. Das bedeutet aber gleichzeitig, dass alle Christen gleichermassen von Gott für den Dienst am Evangelium in Anspruch genommen werden. Auch in puncto Verpflichtung zum geistlichen Leben wird der Unterschied zwischen Priester und Nichtpriester hinfällig.

Die Entdeckung, dass alle Christenmenschen Priesterinnen und Priester sind, gehörte zu den grossen befreienden Einsichten der Reformation. Sie ist bis heute befreiend. Gleichzeitig birgt sie auch mancherlei Ärgernis, denn, seien wir ehrlich, es ist weder einfach noch bloss angenehm, zu Gottes Priesterschaft zu gehören. Darum soll es in den folgenden Abschnitten gehen: zu zeigen, in welch vielfältiger Weise das allgemeine Priestertum ein Ärgernis ist. Allerdings sollte dies dazu verhelfen, das Befreiende an jener Entdeckung noch einmal klarer zu sehen.

1. Erwählung: Priestersein heisst Anderssein

Einer der biblischen Texte, welche den Gedanken des allgemeinen Priestertums angestossen haben, steht im ersten Brief des Petrus: «Ihr aber seid ein auserwähltes Geschlecht, eine königliche Priesterschaft, ein heiliges Volk, das Volk, das er sich zu eigen machte» (1Petr 2,9). Das Priestertum wird hier mit der Erwählung verbunden, die Priesterschaft ist von Gott erwählt. Das wird auch für die Rede vom allgemeinen Priestertum zu gelten haben: Als Priesterinnen und Priester haben sich Christenmenschen als Erwählte zu verstehen. Das Wort «Laie» hat, wie der niederländische Theologe Hendrik Kraemer in seinem Buch «Theologie des Laientums» zeigt, seinen Ursprung genau dort: «Ursprünglich bedeutet es ‹zum Laos›, das heisst zum auserwählten Volk Gottes gehörig.»[3]

Nun hat die Erwählung heute keine allzu gute Presse. Man hört bei dem Wort sofort einen elitären Exklusivitätsanspruch heraus, eine Ausschliessung von denen, die nicht erwählt sind. Oder, noch schlimmer, es erscheint das dunkle Gespenst der Prädestinationslehre, laut der Gott von Ewigkeit her die einen zum Heil und die andern – meist die grosse Mehrheit – zur Verwerfung bestimmt hat.[4]

2 Huldrych Zwingli, Die Klarheit und Gewissheit des Wortes Gottes, Schriften I, hg. von Thomas Brunnschweiler und Samuel Lutz, Zürich 1995, 101–154.146.

3 Hendrik Kraemer, Theologie des Laientums, Zürich 1959, 38.

4 Matthias Zeindler, Erwählung. Gottes Weg in der Welt, Zürich 2009, 11–15, 27–68.

Beides ist im Petrusbrief freilich nicht gemeint, sondern die schlichte Tatsache, dass, wer von Gott erwählt ist, Teil jenes Volkes wird, das ihm gehört, «das er sich zu eigen machte». Erwählte gehören nicht mehr sich selber, sondern Gott. Erwählung ist Enteignung von sich selbst.

Dasselbe sagt einer der bekanntesten Texte aus der reformierten Tradition, die Antwort auf die erste Frage im Heidelberger Katechismus (1563), welche lautet: «Was ist dein einziger Trost im Leben und im Sterben?», und darauf die Antwort: «Dass ich mit Leib und Seele im Leben und im Sterben nicht mir, sondern meinem getreuen Heiland Jesus Christus gehöre.»[5] Einem modernen Menschen nun will nicht sofort einleuchten, worin der Trost bestehen soll, dass ich mir selbst enteignet werde. Denn wenn es einen unbestrittenen Glaubenssatz der Moderne gibt, dann sicher den, dass ich mir selbst gehöre. Damit wird der Gedanke des allgemeinen Priestertums, der uns unmissverständlich auch als von Gott Erwählte ausweist, zum ersten Mal zum Ärgernis. Denn Priestersein impliziert auf jeden Fall auch, jenem modernen Dogma abzuschwören.

Freilich, völlig unbestritten ist das Dogma nie gewesen. So hat der schottische Schriftsteller George McDonald einmal geschrieben: «Der einzige Grundsatz der Hölle lautet: Ich gehöre mir selbst.» Ich gehöre mir selbst – ein höllischer Satz? Ganz fremd dürfte uns auch diese spitze Bemerkung nicht sein. Denn wir leben in einer Welt, in der der Satz «Ich gehöre mir selbst» bis in seine letzte, bittere Konsequenz Wirklichkeit geworden ist. «Ich gehöre mir selbst», das bedeutet zwar, ich verfüge über mich selbst, ich bestimme mich selbst, ich mache mich selbst zu dem, was ich bin. Aber es heisst auch das andere: Ich *muss* über mich verfügen. Ich *muss* mich selbst bestimmen. Ich *muss* mich zu dem machen, was ich sein will oder sein soll. Ich bin der Schmied meines Glücks, und wehe, ich bringe es nicht zum Glück, dann bin ich ganz allein verantwortlich dafür. Am Wegrand unserer Zeit liegen unzählige Menschen, die an diesem Anspruch zerbrochen sind.

Noch aus einem weiteren Grund kann der Gedanke der Erwählung zum Ärgernis werden, diesmal für die Kirche. Besonders in unseren Breitengraden gilt nach wie vor als ausgemacht, dass die Kirche ins Dorf gehört, mitten ins Dorf. Wenn nicht immer räumlich, so auf jeden Fall in ihrer Bedeutung. Die Kirche bildet selbst für distanzierte Mitglieder eine Art «heiligen Mittelpunkt» des Lebens, wo die wichtigen Übergänge im Leben – Geburt, Erwachsenwerden, Eheschliessung, Tod – rituell begangen und so in einen grösseren Zusammenhang eingebettet werden. Das Bild von der Kirche mitten im Dorf suchen wir freilich im Neuen Testament vergebens. Im Gegenteil, es wird der Kirche dort ein ganz anderer Ort zugewiesen. Der Autor des Hebräerbriefs macht darauf aufmerksam,

5 Georg Plasger/Matthias Freudenberg (Hg.), Reformierte Bekenntnisschriften. Eine Auswahl von den Anfängen bis zur Gegenwart, Göttingen 2005, 154.

dass Jesus, «um durch sein eigenes Blut sein Volk zu heiligen, ausserhalb des Tores gelitten» hat (Hebr 13,11). Und dort gehört auch sein Volk hin. «Lasst uns also aus dem Lager hinausziehen zu ihm und seine Schmach tragen, denn wir haben hier keine bleibende Stadt, sondern die zukünftige suchen wir» (Hebr 13,12f.). Die Kirche, das erwählte, priesterliche Volk, wohnt ausserhalb des Dorfes, es ist in der Welt fremd, ein Aussenseiter. Denn seine Heimat ist nicht hier, in der Welt, sondern in Gottes zukünftiger Herrschaft.

2. Gott denkt in mir: Priestersein heisst Erkanntsein

Die Reformierte Kirche Basel-Stadt lancierte im Jahr 2000 eine Imagekampagne. Eine Reihe von Plakaten wurde veröffentlicht mit provokativen Sujets wie einem Afrikaner im Jodelchor oder einer Gruppe geklonter Frauen. Und einem Slogan, der seither zum Selbstläufer geworden ist: «Selber denken. Die Reformierten». Selbstbewusst nahmen hier die reformierten Christen intellektuelle Eigenständigkeit für sich in Anspruch, gegen alle Klischees von religiöser Fremdbestimmung. Auch wenn vielen klar ist, dass das Selberdenken noch keine hinreichende Bestimmung des Reformiertseins sein kann, eine notwendige Bestimmung ist es doch auf jeden Fall. Allgemeines Priestertum meint ja genau dies: Niemand kann mich davon dispensieren, darüber zu entscheiden, wie ich die Bibel verstehe und mein Leben vor Gott gestalte.

Und doch: «Hier stock' ich schon», um mit Goethes Faust zu sprechen.[6] Denn bei den Reformatoren ist auffällig wenig Leidenschaft zu entdecken dafür, dass man in aller Freiheit denken können solle, was man wolle. In dieser Leidenschaftslosigkeit spiegelt sich die Tatsache, dass auch in der Bibel das Selberdenken kaum eine Rolle spielt. Beides hat natürlich damit zu tun, dass eine vormoderne Zeit dem individuellen Denken noch einen weit weniger hohen Stellenwert einräumte. Vor allem aber hat die Diskretion von Reformation und Bibel beim Thema Selberdenken theologische Gründe.

Im 13. Kapitel seines ersten Briefes an die christliche Gemeinde in Korinth, dem bekannten «Hohelied der Liebe», handelt Paulus auch vom Erkennen Gottes (Verse 8–12). Und er schliesst die Passage mit dem zusammenfassenden Satz: «Jetzt ist mein Erkennen Stückwerk, dann aber werde ich ganz erkennen, wie ich auch ganz erkannt worden bin» (1Kor 13,12). Der Apostel schärft hier zum einen ein, dass wir uns als Christenmenschen noch unterwegs wissen zur letzten Vollendung im Reich Gottes, wo auch alle menschliche Erkenntnis vollendet werden wird. Zum andern – und das ist für unseren Gedankengang ent-

---

6 Johann Wolfgang von Goethe, Faust. Erster Teil, Studierzimmer, Werke. Hamburger Ausgabe in 14 Bänden, Bd. 3: Dramatische Dichtungen I, München [16]1996, 44.

scheidend – macht er die Korinther darauf aufmerksam, dass vor all unserem Erkennen das Erkennen Gottes steht, durch welches er immer schon sieht und beurteilt, wer wir sind. Und an diesem, der uns bereits erkannt hat, hat sich all unser Erkennen zu orientieren. Denken von Christenmenschen ist deshalb immer gebundenes Denken. Ein höchst unselbstständiges Denken, das lediglich nachzuvollziehen versucht, was Gott selbst bereits erkannt hat. Von wegen Selberdenken! Ein zweites Ärgernis.

Und es geht noch weiter: Die Reformatoren rechnen damit, dass wir Gott nur dann erkennen, wenn wir durch den Heiligen Geist erleuchtet werden. Calvin etwa schreibt zum Verstehen der Bibel: «Denn wie Gott selbst in seinem Wort der einzige vollgültige Zeuge von sich selber ist, so wird dies Wort nicht eher im Menschenherzen Glauben finden, als bis es vom inneren Zeugnis des Heiligen Geistes versiegelt worden ist.»[7] Was der Genfer Reformator hier meint, geht weit über den Kontext der Schriftlektüre hinaus. Wo immer wir von Gott etwas begreifen, ist uns dies durch den Heiligen Geist vermittelt worden. Wer von Gott zum Priester, zur Priesterin erwählt worden ist, wird vom Geist bewegt. Und dies heisst: Bei allem Selberdenken wird mir die Wahrheit immer geschenkt.

3. Gabe: Priestersein heisst, alle sind begabt (auch die anderen!)

Um einem dritten Ärgernis des allgemeinen Priestertums näherzukommen, nehmen wir nochmals die soeben gemachte Feststellung auf, dass Priestersein bedeutet, vom Heiligen Geist bewegt zu sein. Auch darin zeigt sich, dass ein Christenmensch durch seine Erwählung sich selbst enteignet wird. Wenn ich vom Heiligen Geist bewegt werde, besagt dies, dass nicht ich selbst es bin, der mich bewegt. Damit wird ein weiteres Dogma der Moderne eingeklammert: Der moderne Mensch versteht sich als autonomer Mensch, aus dem Griechischen übersetzt: eigengesetzlich. Der Theologe Paul Tillich hat demgegenüber geltend gemacht, dass der vor Gott lebende Mensch nicht der autonome, sondern der theonome Mensch sei.[8] Der von Gottes Gesetz bestimmte Mensch also. Dieser Mensch ist konkret der vom Heiligen Geist bewegte Mensch.

Was sich daraus für die christliche Gemeinde, die von Gott erwählte Priesterschaft, ergibt, hat der Apostel Paulus ebenfalls den Korinthern mitgeteilt. Er beantwortet die Frage nach den «Geistesgaben» mit dem bekannten Bild der Gemeinde als Leib mit vielen Gliedern. Um das Bild zu verstehen, ist wichtig, sich

7 Johannes Calvin, Institutio christianae religionis / Unterricht in der christlichen Religion, nach der letzten Ausgabe übersetzt und bearbeitet von Otto Weber, Neukirchen 1955, I,7,4.

8 Paul Tillich, Systematische Theologie Bd. 1, Stuttgart 1956, 101–105, 175–178.

vor Augen zu halten, was Paulus dabei voraussetzt. Nämlich, dass es keinen Glauben an Jesus Christus gibt ohne die Verleihung des Heiligen Geistes. Und damit keinen Glauben ohne die individuellen Gaben, die dieser Geist zuteilt (Charismen). Wer immer an Christus glaubt, ist mit Geistesgaben begabt.

Paulus hat in Korinth offenbar ein Durcheinander von sich konkurrierenden Charismen angetroffen, Streitereien um den Vorrang bestimmter Gaben vor andern und damit einen nur schlecht kaschierten Machtkampf. Er eröffnet seine Lehrrede deshalb mit einem Hinweis auf den einen Ursprung aller Charismen: «Die uns zugeteilten Gaben sind verschieden, der Geist jedoch ist derselbe» (1Kor 12,4). Was von demselben Geist herkommt, wird kaum in der Gemeinde zu Streit und Trennung führen. Vielmehr verhält es sich so, dass die vielfältigen Gaben genau die Form sind, durch welche Gott die Gemeinde zur Einheit führen will. Nämlich so, dass er mithilfe der unterschiedlichen Gaben dafür sorgt, dass die vielfältigen Bedürfnisse der Gemeinde erfüllt werden. Deshalb hat Gott dem einen die «Weisheitsrede» gegeben, einem zweiten die «Erkenntnisrede», wieder anderen die «Gabe der Heilung», das «Wirken von Wunderkräften», «prophetische Rede», «Unterscheidung der Geister», und zuletzt «Zungenrede» und die «Übersetzung der Zungenrede» (Verse 8–10). Jede Gabe dient mithin dem Aufbau der Gemeinde, wie jedes Glied dem Funktionieren des Leibes dient. Eine Profilierung Einzelner ist von da her nicht nur unerquicklich, es ist im Grunde genommen absurd, da es das Wesen der Geistesgaben verkennt. Die Charismen gibt es nur im Ensemble aller anderen. Christsein ist grundsätzlich ein Mannschaftssport.

Worin soll nun aber das Ärgernis dieses so erbaulichen Textes bestehen, der nur zu gerne zum Beginn von Retraiten und Synoden verlesen wird? Das Ärgernis ergibt sich, wenn der Text nicht nur gelesen, sondern auch gelebt werden will. Oder, und für einmal sehr wörtlich zu nehmen: Der Teufel steckt auch hier im Detail. Und das Detail besteht darin, dass wir zwar glauben mögen, dass die verschiedenen Fähigkeiten und Fertigkeiten in unserer Gemeinde durch den Geist ein sinnvolles Miteinander bilden, dieses Miteinander aber durchaus nicht evident sein muss. Das Vertrauen darauf, dass auch die Fertigkeiten des andern eine für die Gemeinde hilfreiche Gabe sind, kann mitunter höchst anspruchsvoll sein! Wie, wenn ich die charismatisch geprägte Theologie des neuen Jugendarbeiters als problematisch empfinde? Wenn mir der nassforsche Pragmatismus der Kirchgemeindepräsidentin als ungeistlich erscheint? Wenn ich den von der Frauengruppe gestalteten Wandteppich in der Kirche als Verunstaltung einer künstlerisch hochstehenden Innenarchitektur sehen zu müssen meine? Das Bild vom einen Leib mit vielen Gliedern soll weder Diskussionen stilllegen noch Kritik unterbinden. Aber es bürdet allen Beteiligten ein hohes Mass an Verstehens- und Toleranzbereitschaft auf. Im strengen Sinne – denn das Wort «Toleranz» kommt von *tolerare*/Erleiden ...

4. Aufgabe: Priestersein heisst, ich bekomme etwas zu tun

Als Pfarrer besuchte ich mit meinen Konfirmanden jeweils einen Tag lang in der nahen Stadt Bern jüdische und muslimische Gemeinschaften. Vertreter beider Religionen stellten dabei ihren Glauben und ihre Lebensweise vor: Gebetsrhythmen, ethische Verpflichtungen, Fastenzeiten usw. Dabei wurde stets deutlich, wer ein religiöses Leben führt, von dem wird etwas verlangt. Dieser Punkt führte in den nachfolgenden Gesprächen in der Gruppe stets zu Auseinandersetzungen. Meine Frage, ob sie, die Konfirmandinnen und Konfirmanden, sich vorstellen könnten, für ihre Religion eine Anstrengung zu erbringen oder gar auf etwas zu verzichten, stiess dabei regelmässig auf vollkommenes Unverständnis. Religion, so der Tenor unter den jungen Menschen, heisst doch, an Gott zu glauben – mehr aber nicht. Sie dürften damit nicht allein stehen, sondern eher eine verbreitete Sichtweise vertreten: Wenn es um Religion geht, lautet die Frage, ob man an Gott oder ein Leben nach dem Tod glaube, nicht aber, ob die Antwort auf diese Frage einen Einfluss auf meine Lebensführung habe.

Versteht man Christsein im Sinne der Reformation als Priestersein, dann ergibt sich ein ganz anderes Bild. Das Priesteramt ist ein Beruf. Dieser Beruf ist nicht nur mit Arbeit verbunden, man muss dafür auch etwas können, der Beruf erfordert Fertigkeiten, die gelernt und eingeübt werden müssen. Wie bei jeder Berufslehre benötige ich auch beim Erlernen des Priesterberufs Lehrmeister und Lehrmeisterinnen, ganz zu schweigen davon, dass ich die wirklich wichtigen Kenntnisse erst durch ausreichend berufliche Praxis erwerbe. Der US-amerikanische Theologe Stanley Hauerwas hat das Christsein mit dem Maurerhandwerk verglichen: «Um Maurer zu lernen, reicht es nicht, dass einem jemand sagt, wie man es macht, sondern man muss eine Vielzahl von Fähigkeiten (*skills*) lernen, die mit der Tätigkeit des Mauerns verbunden sind. […] Selbstverständlich schliesst das Lernen des Mauerns nicht nur eine Myriade von Fähigkeiten ein, sondern auch eine Sprache, die diese Fähigkeiten formt und von ihnen geformt wird.»[9] Da versteht es sich, dass – wie das Mauern – das Erlernen des Christseins eine lebenslange Aufgabe ist.

Die Gabe, die den Glaubenden durch den Heiligen Geist gegeben wird, hat als ihre Kehrseite grundsätzlich eine Aufgabe. Dieser Zusammenhang wird noch offensichtlicher, wenn man sich den Konnex von Priestertum und Erwählung vor Augen hält. Die bereits zitierte Stelle aus dem ersten Petrusbrief, wo die christliche Gemeinde als «auserwähltes Geschlecht» und «königliche Priesterschaft» tituliert wird, geht so weiter: «… damit ihr verkündet die Wohltaten dessen, der euch aus der Finsternis in sein wunderbares Licht gerufen hat» (1Petr 2,9). Er-

9 Stanley Hauerwas, After Christendom? How the Church Is to Behave If Freedom, Justice, and a Christian Nation Are Bad Ideas, Nashville/TN 1991, 101. Übersetzung MZ.

wählung durch Gott ist nie ein Selbstzweck, sondern hat ein bestimmtes Ziel, und die Erwählten werden von Gott dazu in Anspruch genommen, dieses Ziel zu erreichen. Erwählung ist so gesehen immer eine «Erwählung zu einem Dienst».[10]

5. Heiliger Geist: Priestersein heisst, ich mache es nicht selbst

Die Aufgabe der Priesterinnen und Priester ist freilich begrenzt, was wiederum damit zu tun hat, dass sie eine vom Heiligen Geist gegebene Aufgabe ist. Das ändert nichts daran, dass sie ernsthaft und mit Anstrengung erfüllt werden soll. Doch: Gott fordert, wen er für seine Ziele in Anspruch nimmt, er *über*fordert die von ihm Erwählten aber nicht. Aufgabe und Gabe müssen immer zusammengedacht werden, Gott gibt keine Aufgabe ohne Gabe, und wo er etwas fordert, gibt er auch die Fähigkeiten und die Kraft, seiner Forderung zu entsprechen. Wenn im Lukasevangelium steht: «Wem aber viel gegeben wurde, von dem wird viel gefordert werden; und wem viel anvertraut wurde, von dem wird man umso mehr verlangen» (Lk 12,48), dann ist damit diese Entsprechung von Gabe und Aufgabe angezeigt. Gott verlangt nicht *mehr* als das, was er anvertraut hat.

Nun besteht die Aufgabe der Priesterschaft im soeben wiedergegebenen Satz aus dem ersten Petrusbrief darin, die «Wohltaten» Gottes zu verkünden. Den Menschen also die frohe Botschaft von Gottes Zuwendung, Barmherzigkeit und Treue nahezubringen und sie dadurch für die Gemeinschaft mit ihm zu gewinnen. Es gibt keine wichtigere Aufgabe als diese, aber auch keine anspruchsvollere, und es war der Kirche aller Zeiten klar, dass dort, wo es gelingt, Menschen das Evangelium zu vermitteln und sie in ein Leben in Glaube, Liebe und Hoffnung einzuweisen, sich dieser Erfolg nicht ihr selbst verdankt. Der Erfolg kirchlichen Handelns entspringt grundsätzlich Gottes Gnade.

Dieses Eingeständnis der Begrenzung kirchlichen Handelns ist entlastend. Die Moderne hat die menschlichen Optionen in einem früher nie denkbaren Masse erweitert, analog zu den Optionen haben aber auch die Zwänge zugenommen. Nochmals: Machenkönnen impliziert auch Machenmüssen, die Freiheit, etwas durch eigene Leistung zu erreichen, kippt schnell in die gnadenlose Nötigung, dies denn auch wirklich und um jeden Preis zu tun. Vor diesem Hintergrund verschafft das Wissen darum, dass unser Sollen an Gottes Gabe seine Grenze hat, Luft zum Atmen.

Was Entlastung sein möchte, kann freilich wiederum als Ärgernis empfunden werden. Denn wenn das Gelingen des kirchlichen Auftrages bei Gott liegt, dann

10 Magnus Löhrer, Gottes Gnadenhandeln als Erwählung des Menschen, in: Mysterium Salutis. Grundriss heilsgeschichtlicher Dogmatik, IV/2, Einsiedeln/Zürich/Köln 1972, 773–830.812.

ist der Erfolg auch ihm gutzuschreiben. Jedem erfolgreichen kirchlichen Handeln soll deshalb der Dank an Gott folgen. Dies leuchtet allerdings nur schwer ein in einer erfolgsverliebten Zeit wie der unsern. Wir kennen alle das immer gleiche Fernsehinterview mit dem Torschützen eines Fussballspiels. Mediengeschult, wie es heutige Spitzenfussballer sind, wird dieser Spieler nicht seine eigene Leistung hervorheben, sondern sofort auf die Stärke des Gesamtteams hinweisen. Und doch wissen Fussballer, Interviewer und Zuschauer, dass bereits die Tatsache, dass die Kamera auf diesen und nicht einen andern Spieler gerichtet wird, klar macht, es geht um den Erfolg dieses Einzelnen, so wichtig daneben das Team sein mag.

Das allgemeine Priestertum erschwert es, als Einzelner oder als Kirche Erfolge einzuheimsen. Kein Zweifel, man soll sich an gelingendem kirchlichen Handeln freuen. Aber die höchste Form dieser Freude wird immer das Lob Gottes sein, bei dem jenes Gelingen zuletzt liegt.

6. Sein für andere: Priestersein ist nach aussen orientiert

Manchen ist es wohl dabei, andere empfinden es als frustrierend: Die Kirche hat eine penetrante Tendenz, um sich selbst zu kreisen. Wie können wir den Mitgliederschwund bremsen, wie bringen wir mehr junge Menschen in den Gottesdienst, wie gewinnen wir neue Freiwillige – so lauten einige beliebte Fragen, um die kirchliches Nachdenken fast unablässig kreist. Es soll nicht bestritten werden, dass auch diese Fragen in einem Zusammenhang stehen mit dem Verkündigungsauftrag der Kirche. Ebenso wenig lässt sich aber leugnen, dass dieselben Fragen eine gewisse «Betriebsblindheit» zeigen, eine Fixierung auf die eigenen Bedürfnisse, Besitzstände und Probleme. Kraemer nennt dies das «introvertierte Leben der Kirche».[11]

Solcher Binnenorientierung steht Dietrich Bonhoeffers allseits bekannte Formel entgegen, dass Kirche nur da Kirche ist, wo sie «für andere da ist».[12] Diese Formel meint weit mehr, als dass die Kirche sich um die Bedürftigen zu kümmern habe. Sie ist wieder erst vom Erwähltsein und damit vom Priestertum der Kirche her angemessen zu verstehen. Die Erwählung folgt in der Bibel einer bestimmten Logik, die sich so zusammenfassen lässt: Gott erwählt Einzelne oder eine Gruppe, um an einer Mehrzahl – und zuletzt an der ganzen Welt – heilvoll zu wirken. Oder wie es der Basler Theologe Oscar Cullmann ausgedrückt hat: «Die ganze Menschheit ist ihr [der Erwählung] Ziel; Auswahl einer Minderheit

11 Kraemer, Laientum (Anm. 3), 104.

12 Dietrich Bonhoeffer, Widerstand und Ergebung. Briefe und Aufzeichnungen aus der Haft (DBW 8), München 1998, 560.

ist das Mittel ihrer Verwirklichung.»[13] Wie schon gesagt, Erwählung ist nie Selbstzweck, Gott erwählt, um durch die Erwählten andere zu erreichen. Das Priestertum ist streng nach aussen orientiert. Mehr noch, nur in seinem Dienst nach aussen hat das Priestertum seinen Sinn und damit seine Existenzberechtigung.

So gelesen, eignet der Bonhoeffer'schen Formel einige Dramatik, denn sie besagt, dass die Kirche dann und nur dann Kirche ist, wenn sie nicht auf sich selbst, sondern nach aussen bezogen ist, auf jene, die nicht Teil der Kirche sind. In den Worten des Anglikaners Graham Tomlin: «Anders als die meisten menschlichen Gemeinschaften fokussiert sich die Kirche nicht auf sich selbst, sondern auf jene, die nicht zu ihr gehören.»[14] Kirche existiert nicht um ihrer selbst willen, es gibt auch keinen göttlichen Auftrag, die Kirche als solche zu bewahren. Gott schafft und erhält die Kirche ausschliesslich zum Zweck, Menschen ausserhalb der Kirche die Botschaft von seiner Barmherzigkeit nahezubringen. Kirche ist in einem prinzipiellen Sinne *offene* Kirche.

Ärgerlich wirkt dieser Begriff von Kirche nicht nur, weil durch ihn jede Binnenorientierung real existierender Kirchen in ein kritisches Licht gerückt wird. Wohl noch ärgerlicher erscheint er, weil er dazu zwingt, Mission und Evangelisation als zentrale, wenn nicht als *die* eigentlichen Vollzüge der Kirche ernst zu nehmen. Es ist hier nicht der Ort, die Frage der Mission zu erörtern; der Hinweis muss reichen, dass eine zum Priestertum erwählte Kirche nur eine missionierende Kirche sein kann.[15]

7. Kirche: Kein Priestersein ohne christliche Gemeinschaft

Der grosse reformierte Theologe des 19. Jahrhunderts, Friedrich Schleiermacher, hat den Unterschied zwischen katholisch und protestantisch folgendermassen auf den Punkt gebracht: Beim Katholiken sei das Verhältnis zu Christus abhängig von seinem Verhältnis zur Kirche, beim Protestanten das Verhältnis zur Kirche

13 Oscar Cullmann, Heil als Geschichte. Heilsgeschichtliche Existenz im Neuen Testament, Tübingen 1965, 142. Knapp und klar auch Graham Tomlin, «Gott wählt einen Teil, um das Ganze zu segnen» (The Widening Circle. Priesthood as God's way of blessing the world, London 2014, 113. Übersetzung MZ).

14 Tomlin, Widening Circle (Anm. 13), 104f.

15 Vgl. Tomlin, Widening Circle (Anm. 13), 107–110; Zeindler, Erwählung (Anm. 4), 163–167; ders., Mission in der Volkskirche, in: Walter Dürr/Ralph Kunz (Hg.), Gottes Kirche re-imaginieren. Reflexionen über die Kirche und ihre Sendung im 21. Jahrhundert, Fribourg/Münster 2016, 175–192.

abhängig von seinem Verhältnis zu Christus.[16] Diese Formel ist sehr summarisch, aber nicht ganz falsch, vor allem darin, dass sie herausstellt, für die Protestanten rangiert der eigene Glaube vor der Kirche. Daraus ist besonders bei den Reformierten die Auffassung entstanden, seinen Glauben könne man auch ohne Kirche leben. Diese Sicht ist noch einmal verallgemeinert worden, als man die Reformation zur eigentlichen Geburtsstunde der neuzeitlichen Individualität erklärt hat – etwas, was man in zahlreichen Publikationen und Reden zum Reformationsjubiläum 2017 bis zum Abwinken hat hören können.

Es ist insbesondere das allgemeine Priestertum, das die protestantische Vorordnung des individuellen Glaubens vor die Zugehörigkeit zur Kirche zu bekräftigen scheint.[17] Immerhin sagen die Reformatoren doch, dass jeder und jede Priester oder Priesterin sei, kraft seiner Taufe und seines Glaubens. Letzteres stimmt. Und trotzdem muss es zu denken geben, dass die biblischen Bezüge, die den Gedanken des Priestertums aller begründen, samt und sonders kollektiv formuliert sind: «Ihr [Israel] sollt mir ein Königreich von Priestern sein» (Ex 19,6). «Ihr [Israel] aber werdet Priester-des-HERRN genannt werden» (Jes 61,6). «Ihr [die Gemeinde] aber seid ein auserwähltes Geschlecht, eine königliche Priesterschaft» (1Petr 2,9). Christus hat durch seine Erlösung «aus uns [den Christen] ein Königreich gemacht […], eine Priesterschaft für Gott» (Offb 1,6). Das allgemeine Priestertum, so ist dies zu deuten, kommt zunächst einer Gemeinschaft zu, dem Volk Israel im Alten und der christlichen Gemeinde, der Kirche im Neuen Testament. Natürlich danach auch den Einzelnen, die dieser Gemeinschaft angehören, aber diesen eben nur in dem Masse, da sie Teil von Israel bzw. der Kirche sind. Es geht in diesem Priestersein zunächst «um das *gemeinsame* Privileg und die gemeinsame Verantwortung des glaubenden Volkes Gottes».[18]

Soweit es um das Priestersein von Christinnen und Christen geht, gibt es also laut biblischem Befund eine klare Vorordnung der Gemeinschaft vor die Einzelnen. Und das Priestertum ist, wie wir gesehen haben, lediglich eine spezielle Weise, vom Glauben zu sprechen, ähnlich wie die Erwählung (die im Alten wie im Neuen Testament ebenfalls zuerst an einer Gemeinschaft und erst durch diese auch an den Einzelnen geschieht). Das mag eine arge Kränkung für den so gehätschelten protestantischen Individualismus sein, ist aber gut reformatorisch. Der Genfer Reformator Calvin lässt kein Missverständnis offen, wenn er schreibt,

16 Friedrich Schleiermacher, Der christliche Glaube nach den Grundsätzen der evangelischen Kirche im Zusammenhange dargestellt. Aufgrund der zweiten Auflage und kritischer Prüfung des Textes neu hg. von Martin Redeker, Berlin 1960, 137.

17 Auch Kraemer erwähnt in seinem Buch zum Laientum mehrmals die Gefahr des Individualismus im allgemeinen Priestertum: Laientum (Anm. 3), 49, 76.

18 Peter Toon, Art. Priesthood of Believers, in: Donald McKim (Hg.), The Westminster Handbook of Reformed Theology, Louisville/Kentucky 2001, 182. Übersetzung und Hervorhebung MZ.

dass, wer Gott zum Vater habe, die Kirche zu seiner Mutter haben müsse,[19] um dann fortzufahren: «Denn es gibt für uns keinen anderen Weg ins Leben hinein, als dass sie [die Kirche] uns in ihrem Schosse empfängt, uns gebiert, an ihrer Brust nährt und schliesslich unter ihrer Hut und Leitung in Schutz nimmt, bis wir das sterbliche Fleisch von uns gelegt haben.»[20]

Gottes Priesterschaft ist die Kirche, Priesterinnen und Priester können wir deshalb nur sein, indem wir in der Gemeinschaft der Christinnen und Christen leben. Diese Abhängigkeit – schwächer sollte man Calvins Sätze nicht verstehen – erinnert uns daran, dass wir alles und vor allem den Glauben nicht selbst hervorgebracht, sondern bekommen haben. Oder wie der Apostel Paulus rhetorisch fragt: «Was aber hast du, das du nicht empfangen hast» (1Kor 4,7). Damit sind allfällige, noch so fromme Autonomiephantasien des religiösen Individuums kräftig relativiert.

8. Individualität: Priestersein heisst, Glauben nicht delegieren zu können

Unter einem anderen Gesichtspunkt kann man allerdings die Individualität des Glaubens und damit des Priestertums nicht genug stark machen, und zwar dort, wo es um seine Unvertretbarkeit geht. Was sich allerdings auch wieder zu einem Ärgernis auswachsen kann. Denn meinen Glauben kann ich an niemanden delegieren, Glauben lebe ich selber und verantworte ich selber.

Um nicht gleich wieder in individualistische Missverständnisse (Vereinzelung, Autonomie, Überlastung) abzugleiten, gilt es, sich nochmals vor Augen zu halten, dass hier von der Individualität *des Glaubens* die Rede ist. Und diese kann nur *theologisch* angemessen verstanden werden. Wir sind der Individualität des Glaubens bereits begegnet, als von den Charismen, den Gaben des Geistes an jede und jeden Glaubenden, zu sprechen war. Daran, dass allen Glaubenden je individuelle Gaben verliehen werden, ist abzulesen, dass die Individualität des Glaubens zuerst geschenkte Individualität ist: Wir werden zu Einzelnen, weil Gott uns durch seine uns persönlich zugemessenen Gaben zu Einzelnen macht. Und dann, weil derselbe Gott uns mit diesen Gaben auch je individuelle Aufgaben anvertraut. Gott nimmt mich als Einzelnen in Verantwortung und will auf seine Anrede an mich meine Antwort, die nur ich allein geben kann. Versteht man die Individualität des Glaubens in dieser Weise theologisch, wird deutlich, dass Christenmenschen ein grosses Interesse an einer – richtig verstandenen – Individualität haben dürfen, ja müssen. Dies gilt es festzuhalten gegen eine ver-

19 Calvin, Institutio (Anm. 7), IV,1,1.
20 Calvin, Institutio (Anm. 7), IV,1,4.

breitete, manchmal etwas vorschnelle Individualismusschelte innerhalb der Kirchen.

Die Unvertretbarkeit des Glaubens kann man gerade in Kirchen, die sich wie die reformierten Kirchen in der Schweiz als Volkskirchen definieren, nicht genug unterstreichen. Die Volkskirche ist eine Kirche, in welcher eine grosse Vielfalt von Glaubenshaltungen und Frömmigkeitsformen anerkannt und gelebt wird.[21] Zu dieser Vielfalt gehört auch eine grosse Diversität der Nähe und Distanz zur Kirche. Vorherrschend ist allerdings in den Schweizer Landeskirchen eine distanzierte Einstellung: Gemäss einer neueren religionssoziologischen Untersuchung sind von den katholischen Kirchenmitgliedern 66 %, von den reformierten sogar 70 % zu den sogenannt Distanzierten[22] zu rechnen.[23]

Distanzierte Kirchenmitglieder sind selbstverständlich unter sich nochmals höchst verschieden, eine Tendenz verbindet sie aber, nämlich, die Kirche als einen Dienstleistungsbetrieb zu sehen, der bestimmte religiöse Leistungen erbringt. Und sich selbst entsprechend als Bezüger dieser Leistungen. Der persönliche Glaube spielt bei diesem Verständnis von Kirche eine untergeordnete Rolle. Eine weitere Tendenz bei den Distanzierten besteht darin, einen engagierten Glauben eher als Sache der anderen, vorrangig der Pfarrerinnen und Pfarrer, zu verstehen. Die Pfarrperson erhält dabei die Rolle zugespielt, gleichsam stellvertretend für die Kirchenmitglieder ein exemplarisches oder gar vorbildliches christliches Leben zu führen.[24]

Es liegt auf der Hand, dass ein als Priestertum begriffenes Christentum diesen Weg des delegierten Glaubens ausschliesst. Eine vertretungsweise Verantwor-

---

21 Claudia Kohli Reichenbach/Matthias Krieg (Hg.), Volkskirche und Kirchenvolk. Ein Zwischenhalt, Zürich 2015; David Plüss/Matthias D. Wüthrich/Matthias Zeindler (Hg.), Ekklesiologie der Volkskirche. Theologische Zugänge aus reformierter Perspektive, Zürich 2016.

22 Zum Begriff der Distanzierten vgl. den Beitrag von David Plüss in diesem Band.

23 Jörg Stolz, Die Religiosität der Christen in der Schweiz und die Bedeutung der Kirchen in der heutigen Gesellschaft. Forschungsresultate aus ausgewählten Projekten des Nationalen Forschungsprogramms «Religionsgemeinschaften, Staat und Gesellschaft» (NFP 58), Bern 2011, 12. Auch unter den Konfessionslosen gehören 68 % zu den Distanzierten (ebd.).

24 Die Erwartung, dass der Pfarrer exemplarisch, wenn nicht sogar stellvertretend Christsein zu leben habe, ist ein wichtiges Thema in der älteren pastoraltheologischen Literatur; vgl. Robert Leuenberger, Berufung und Dienst. Beitrag zu einer Theologie des evangelischen Pfarrberufs, Teil IV, Zürich 1966; Richard Riess (Hg.), Haus in der Zeit. Das evangelische Pfarrhaus heute, München 1979; Manfred Josuttis, Der Pfarrer ist anders. Aspekte einer zeitgenössischen Pastoraltheologie, München 1982; Wolfgang Steck, Im Glashaus: Die Pfarrfamilie als Sinnbild christlichen und bürgerlichen Lebens, in: Martin Greiffenhagen (Hg.), Das evangelische Pfarrhaus. Eine Kultur- und Sozialgeschichte, Stuttgart 1984, 109–125. Ein differenziertes Bild ergeben die Erinnerungen von «Pfarrhauskindern» aus verschiedenen Generationen, in: Sabine Scheuter/Matthias Zeindler (Hg.), Das reformierte Pfarrhaus. Auslauf- oder Zukunftsmodell (denkMal 7), Zürich 2013, 34–45.

tung vor Gott gibt es nicht. Wenn der Kern des allgemeinen Priestertums darin besteht, dass jede und jeder freien Zugang zu Gott erhält, dann bedeutet dies auch, dass nur ich für mich vor Gott stehen kann.

9. Verkündigungsamt: Kein Priestersein ohne Pfarrer/in

Ein zähes, deshalb aber nicht wahreres Klischee lautet, dass das allgemeine Priestertum das Verkündigungsamt relativiere. Das würde bedeuten, dass eine Stärkung des Priestertums aller Gläubigen stets eine Schwächung des Pfarramtes nach sich zieht. Das Klischee ist weder historisch noch theologisch tragfähig. Sowohl aus historischen wie aus theologischen Gründen muss man stattdessen unterstreichen, dass allgemeines Priestertum und Verkündigungsamt sich bedingen. Ohne Pfarrerinnen und Pfarrer ist ein allgemeines Priestertum nicht lebensfähig.

Wie sich der Begriff des allgemeinen Priestertums bei den Reformatoren noch nicht findet, so auch nicht die Idee, dass das Priestertum aller zu einer Schwächung des ordinierten Amtes führen könnte. Stattdessen ist den Reformatoren gerade wichtig, dass der Glaube der Gemeinde auf die regelmässige Auslegung der Bibel und damit auf jenes Amt, dem die öffentliche Bibelauslegung von der Gemeinde anvertraut worden ist, angewiesen bleibt.[25] Durch die Verkündigung der Amtsträger wird der Glaube der Gemeindeglieder geweckt, aufgebaut und erneuert, und erst damit werden diese in die Lage versetzt, ihr Priesteramt auszuüben. Diesen untrennbaren Zusammenhang von allgemeinem Priestertum und ordiniertem Amt unterstreicht auch Graham Tomlin, wenn er schreibt: «Priester [so die anglikanische Terminologie] sind jene Christen, die von der Kirche herausgerufen werden, um die Kirche dazu zu befähigen, zu sein, wozu sie berufen ist.»[26] Dem Verkündigungsamt kommt damit ein eigentliches «Wächteramt» in der Kirche zu: «Der Dienst am Wort ist der Dienst, die Kirche unablässig an ihre wahre Identität und ihre Berufung zu erinnern.»[27]

Das stärkste Argument für den untrennbaren Konnex von allgemeinem Priestertum und Verkündigungsamt ist aber auch hier ein biblisches. In seinem Brief an die christliche Gemeinde in Rom notiert der Apostel Paulus: «Also kommt der Glaube aus der Verkündigung, die Verkündigung aber geschieht durch das Wort von Christus» (Röm 10,17). Will heissen: Der Glaube erzeugt sich nicht selbst, sondern wird durch Gottes Wort erzeugt. Der Glaube, wie er im allgemeinen Priestertum wirksam wird, ist Antwort auf die Anrede und die Berufung Gottes. Diese Anrede und Berufung Gottes erwartet die Kirche seit ihren

25 Dazu Plüss, Allgemeines Priestertum (Anm. 1), 147–153.
26 Tomlin, Widening Circle (Anm. 13), 120.
27 Tomlin, Widening Circle (Anm. 13), 124.

Anfängen in den Schriften, die von Gottes Weg mit den Menschen Zeugnis ablegen, konkret: vom gelesenen und ausgelegten biblischen Text. Um einer möglichst qualifizierten Auslegung und Verkündigung der biblischen Botschaft willen hat die Kirche seit ihren Anfängen speziell geeignete und ausgebildete Menschen für den Dienst am Wort ausgesondert. Und dies mit dem Ziel, dass alle in der Kirche in der bestmöglichen Weise für ihren eigenen Priester- oder Verkündigungsdienst ausgerüstet würden.

Damit dürfte klar sein: Wo man allgemeines Priestertum und ordiniertes Verkündigungsamt einander meint entgegensetzen zu sollen, unterliegt man einem fatalen Missverständnis. Man verkennt sowohl das Angewiesensein des allgemeinen Priestertums auf die Verkündigung wie auch die Orientierung des ordinierten Amtes auf das allgemeine Priestertum hin. Und macht damit aus beidem eine Karikatur.

10. Gebet: Priestersein heisst, einen anderen Massstab zu haben

Das allgemeine Priestertum wird in den Gemeinden heute vor allem dann thematisiert, wenn es um Fragen der Leitung oder der Mitwirkung im Gottesdienst geht, also um die scheinbar zentralen kirchlichen Funktionen. Das führt gerne dazu, dass unter diesem Titel Fragen nach der Verteilung von Macht innerhalb der Gemeinde verhandelt werden. Nach allem, was bisher zum priesterlichen Auftrag aller gesagt wurde, eignet sich aber gerade dieser ausgesprochen schlecht, um Machtfragen damit auszutragen. Denn das allgemeine Priestertum macht alle in erster Linie zu solchen, die von Gott gefragt werden, inwiefern sie in der Gemeinde seinen Dienst wahrnehmen. Selbst Hendrik Kraemer, der grosse Anwalt der «Laien» in der Kirche, klingt in dieser Sache deshalb unüberhörbar kritisch: «Im Hinblick auf den gottgegebenen Dienst-Charakter der Kirche als Ganzheit gibt es weder in Bezug auf die Geistlichkeit noch in Bezug auf die Laien eine Frage der ‹Rechte›.»[28] Der allen gemeinsame Priesterdienst vereinigt die Gemeindeglieder vielmehr in der Hingabe – «bringt euren Leib dar als lebendiges, heiliges, Gott wohlgefälliges Opfer – dies sei euer vernünftiger Gottesdienst!» (Röm 12,1)[29]

---

28 Kraemer, Laientum (Anm. 3), 126.

29 In seiner Schrift «Dass eine christliche Versammlung oder Gemeinde Recht und Macht habe, alle Lehre zu beurteilen und Lehrer zu berufen, ein- und abzusetzen: Grund und Ursache aus der Schrift» (1523) betont deshalb Martin Luther statt des Rechts bedeutend stärker die *Pflicht* der Gemeinde, ihr Verkündigungsamt auch wirklich auszuüben (Luther Deutsch. Die Werke Luthers in Auswahl. hg. von Kurt Aland, Bd. 6: Kirche und Gemeinde, Göttingen ³1983, 47–55).

Privilegien lassen sich mit dem allgemeinen Priestertum demnach nicht einfordern – eher das Gegenteil. Es ist darum nur konsequent, wenn Luther das Priesteramt der Glaubenden in scheinbar bescheidenen Diensten konkretisiert sieht: in der Fürbitte vor Gott und im Dienst für den Nächsten durch Bezeugung des Evangeliums, Seelsorge und Beichte.[30] Der Priester ist im Alten Testament derjenige, der das Volk vor Gott vertritt und Gott dem Volk gegenüber. Vergleichbar damit bringen Christenmenschen einerseits die anderen Menschen und die Nöte der Welt im Fürbittegebet vor Gott, andrerseits im gelebten Zeugnis Gott vor die Menschen.

In einer von Macht und Erfolg getriebenen Welt wirkt solcher Dienst bescheiden und wenig wirkungsvoll. Es gehört aber zum Anderssein der priesterlichen Kirche, dass sie um einen anderen Massstab weiss, den Massstab des gekreuzigten, dann aber auferweckten Jesus Christus, dessen «Erfolg» in der eklatanten Erfolglosigkeit einer Hinrichtung am Kreuz wurzelt und der seine Macht im vollkommenen Machtverzicht hat. Konkret bedeutet dies für Christenmenschen, damit zu rechnen, dass das scheinbar wirkungslose Gebet wirkkräftiger ist als die «historischen» Taten der Mächtigen dieser Welt. Gemäss der Weltgerichtsszene im Matthäusevangelium hat anderes wirklich Bedeutung: Hungrige speisen, Durstigen zu trinken geben, Fremde aufnehmen, Nackte bekleiden, sich der Kranken annehmen und Gefangene besuchen (Mt 25,35f.). Priestersein bedeutet, diesen Massstab Gottes zum Massstab des eigenen Lebens zu machen. Und damit der Welt Gottes Gegenwart und das Kommen seines Reiches zu bezeugen.

30 Goertz/Härle, Art. Priester/Priestertum (Anm. 1), 404.

Ralph Kunz

Zur Notwendigkeit einer Theologie des Laientums und zu den Chancen und Stolpersteinen der gemeinsamen Verantwortung in Gemeinde und Kirche

1. Keine Priester – typisch reformiert?

1.1 Haben die Diener des Wortes eine Vormachtstellung?

In unserer Kirche sind Pfarrerinnen und Pfarrer für die Verkündigung des Wortes Gottes verantwortlich. Aber bei der Leitung der Gemeinden haben die Laien ein Wörtchen mitzureden! Man könnte von einer pragmatischen Arbeitsteilung sprechen, die in der presbyterial verfassten Gemeindeordnung eine (mehr oder weniger) lange Tradition hat. Die gemeinsam von Laien und Theologen verantwortete Leitung der Gemeinde gilt auf alle Fälle als typisch reformiert![1] In der Zürcher Kirche hat man dafür den Begriff «Zuordnungsmodell» geprägt, in der Aargauer Kirche wird von einer partnerschaftlichen Gemeindeleitung gesprochen. Das Leitwort zum entsprechenden Abschnitt im Aargauer Handbuch bringt die Stossrichtung des Modells treffend zum Ausdruck: «Keiner und keine soll den Dienst in der Gemeinde alleine tun, sondern getragen im Miteinander der Gemeinschaft.»[2]

Um diesen Grundsatz inhaltlich zu bestimmen und theologisch zu begründen, beruft man sich in der Regel auf das «allgemeine Priestertum» (1Petr 2,9) – nicht selten mit einem Seitenhieb auf das Amt. So behauptet etwa Samuel Jakob in einem Aufsatz über das Zuordnungsmodell: «Allgemeines Priestertum aller

1 Vgl. dazu Joachim Mehlhausen, Art. Presbyterial-synodale Kirchenverfassung, in: Theologische Realenzyklopädie, Bd. 27 (1997), 331–334.

2 Reformierte Landeskirche Aargau, Handbuch zur Gemeindeleitung, Aarau 2015, 25–27, 25 (www.ref-ag.ch).

Gläubigen. Dieses Schlagwort der Reformation steht dafür, die Vormachtstellung der Ordinierten zu relativieren.»[3]

Es mag durchaus zutreffen, dass die Formel so verwendet wurde und auch weiter verwendet wird. Ob sie sich tatsächlich als «Schlagwort der Reformation» *gegen* die Ordinierten eignet, ist hingegen fraglich. Zumindest finden sich bei den Reformatoren keine Belege für eine solche Frontstellung. Was mit dem allgemeinen Priestertum gemeint ist, erschliesst sich vielmehr durch die Besinnung auf die Bedeutung des «Opferns».

Schon im Alten Testament wird diese Kernaufgabe des priesterlichen Dienstes metaphorisch verstanden. Opfern in diesem übertragenen Sinn wird als eine Aufgabe des *Volkes Gottes* angesehen.[4] Auf die entsprechenden Schlüsselstellen im Alten Testament (Ex 19,5 f.; Lev 20,26; Jes 43,20f.) nimmt auch 1Petr 2,9–16 Bezug. Mit dem priesterlichen Dienst ist die Praxis und sind die Praktiken der Heiligung gemeint: Treue, Lob, Dank, Fürbitte und letztlich die Darbringung des ganzen Lebens (vgl. Ps 50,14.23; Ps 51,19; Ps 116,17; Hos 6,6). Paulus' anstössige Rede der «Hingabe des eigenen Leibes» in Röm 12,1ff. ist in dieser Tradition der Opfermetaphorik zu lesen. Er richtet sich dabei selbstverständlich an alle «Brüder» bzw. die ganze Gemeinde in Rom.[5]

In den Pastoralbriefen lässt sich die weitere Entwicklung der paulinischen Gemeindeordnung nachvollziehen. Es kommt erstens zu einer Ausdifferenzierung der verschiedenen Dienste. Dabei kommt dem *Wortdienst* eine herausgehobene Stellung zu. Die Autoren, die sich auf die Autorität des Apostels beriefen, rückten den (durch Irrlehrer verwirrten) Gemeinden den Kopf wieder zurecht und erinnerten an das Fundament der Lehre. Auch die Aussagen des ersten Petrusbriefes sind in diesem Zusammenhang zu hören. Der Autor liest den angeschriebenen Gemeinden im eigentlichen Sinn des Wortes die Leviten, insofern er das Kernanliegen der Heiligung von Leviticus (Lev 19,1–4) aufnimmt. Zugleich bleibt er dem Grundsatz treu, den Jesus für seine Wandergemeinschaft geprägt hat. «Wer unter euch gross sein will, sei euer Diener, und wer unter euch der Erste sein will, sei euer Knecht.» (Mt 20,26f.)

Die Reformatoren argumentieren also ganz auf der neutestamentlichen Linie, wenn sie einzig für Christus den Titel eines Priesters akzeptieren und das allgemeine Priestertum der Getauften als Aufruf zur Heiligung eines jeden Chris-

3 Samuel Jakob, Reformierte Gemeindeleitung – Das Zürcher «Zuordnungsmodell», SJKR 19 (2014), 47–62, 47.

4 Dem entspricht in neutestamentlicher Diktion die Gemeinschaft der Heiligen: 1Kor 3,11; 1Kor 6,11; Röm 1,17.

5 Vgl. Volker Gäckle, Allgemeines Priestertum: zur Metaphorisierung des Priestertitels im Frühjudentum und Neuen Testament, Tübingen 2014. Siehe auch Harald Goertz, Wilfried Härle/Henning Schröer, Priester/Priestertum. II. Allgemeines Priestertum, in: Theologische Realenzyklopädie, Bd. 27, 1997, 402–413.

tenmenschen interpretieren. Die *Dienst-* und *Geistgemeinschaft* in der Nachfolge Jesu kennt weder eine Unterordnung unter ein Priesteramt noch einen gesonderten geistlichen Stand. Sie ist zur Freiheit des Glaubens befreit (Gal 5,1; Eph 6) – eine Freiheit, die sich in der Liebe zu den Mitmenschen erfüllt und sich der ganzen Schöpfung verpflichtet weiss.

Und warum braucht es die Pfarrer und Pfarrerinnen? Jemand muss der vergesslichen Gemeinde immer wieder ins Gedächtnis rufen, wer sie ist. Darum hat die Gemeinde ein Amt der Erinnerung, das sich der Freiheit der Verkündigung verpflichtet weiss.[6] Und exakt diese Unterscheidung der Heiligung des allgemeinen Priestertums (*sacerdotium*) vom besonderen prophetischen Dienst oder Dieneramt (*ministerium*) ist wiederum typisch reformiert. So heisst es im wichtigsten Lehrbekenntnis der Reformierten:

> «Die Apostel Christi nennen nun freilich alle, die an Christus glauben, Priester, nicht im Sinne eines Amtes, sondern weil wir, da wir Gläubigen alle zu Königen und Priestern gemacht sind, durch Christus Gott geistliche Opfer darbringen können (Ex 19,6; 1Petr 2,9; Offb 1,6). Ganz verschiedene Dinge sind also dieses allgemeine Priestertum und das Dieneramt. Während jenes allen Christen gemeinsam ist, [...] ist das bei diesem nicht der Fall.»[7]

1.2 Charismen

Aus der Ablehnung einer priesterlichen Hierarchie lässt sich demnach keine Abwertung der Leitungsfunktion des Ministeriums herauslesen. Im *Dieneramt* eine *Vormachtstellung* zu sehen, ist ein Widerspruch in sich selbst. Hingegen ist es richtig, seinen *Vorrang* anzuerkennen, insofern dem Dieneramt eine grundlegende Funktion für das Leben der Dienstgemeinschaft zukommt. Es sind die Diener des Wortes, die die Gemeinde daran erinnern, dass «alle Gläubigen zu Königen und Priestern gemacht sind».

Das königliche und priesterliche Amt ist gesalbt (Lev 4,3; 1Sam 10). Durch die Salbung wird eine Kraft vermittelt und symbolisch übertragen. Paulus nimmt u. a. die Bedeutung der Salbung auf, wenn er die Begabung der Gemeinde als Geistbegabung interpretiert und dafür den Begriff der *Charismen* geprägt hat. Es sind Dienstgaben, die auf das Ziel der Erbauung des Leibes hin gleichsam gemeindetheologisch gebündelt werden.[8] Allerdings lässt sich am Ringen des Paulus

---

6 Seinen Ausdruck findet es in der Zürcher Kirchenordnung Art. 107, Abs. 2.: «Die Pfarrerinnen und Pfarrer sind im Gehorsam gegenüber Jesus Christus und gebunden an das Ordinationsgelübde in der Verkündigung frei.»

7 Heinrich Bullinger, Das Zweite Helvetische Bekenntnis. Ins Deutsche übertragen von Walter Hildebrandt und Rudolf Zimmermann, Zürich [5]1998, 92f.

8 Vgl. dazu die Studie von Dirk Kellner, Charisma als Grundbegriff der Praktischen Theologie. Die Bedeutung der Charismenlehre für die Pastoraltheologie und die Lehre vom

mit der Gemeinde in Korinth ablesen, dass das Ideal einer charismatisch-christuszentrischen Leitung störungsanfällig ist. Sei es, dass sich die Starken mit ihren Begabungen aufblasen, sei es, dass sich die Schwachen nicht getrauen, ihre Talente zu leben.

Das spricht nicht zwingend gegen die charismatische Ordnung! Es macht nur deutlich, warum es Paulus für nötig hielt, den kreativen Dynamiken im Organismus der Glaubensgemeinschaft durch seine theologische Interpretation ein Fundament zu geben.

Es sollte aber anders kommen. Die Entwicklung der charismatischen Gemeindeordnung hin zu einer hierarchischen Institution hat ihre eigene Logik und Tragik. Sie ist eine Konsequenz des Aufstiegs zur römischen Reichskirche und der Anfang eines Irrwegs im Labyrinth von Macht und Ohnmacht.[9] Der Versuch, das Charisma durch das Amt zu schützen, förderte ein System, das die Charismen der Gemeinde in das Amtscharisma einsperrte und später für einen geistlichen Stand reservierte.[10] Die Reformation reagierte auf diese Fehlentwicklungen. Sie protestierte gegen die Zweiwege-Ethik, die zwischen Religiösen und Laien unterschied. Auch hinter der theologischen Kritik der Messe steckt letztlich eine Rückweisung des Priesteramts. Bestritten wurde die Vorstellung, dass sich christliches Priestertum aufgrund der Pflicht definiere, ein «Messopfer» darzubringen. Die Hierarchie der Leitung, die sich aus einer solchen Aufgabe ableitet, wird in aller Schärfe abgelehnt, was wiederum Folgen für die Theologie der Kirchenleitung und das Kirchenrecht bis heute hat.[11] Da es keine «Priesterklasse» mehr geben kann, obliegt die Leitung der Kirche den Laien. Zum Volk (griech. laos) gehören auch diejenigen, die den besonderen Dienst der Leitung innehaben – einen Dienst, den die Reformatoren eng mit dem Predigtamt verknüpften.[12]

Gemeindeaufbau, Zürich 2012, 277–364 (Anm. 51). Wichtige Unterscheidungsmerkmale im Vergleich zu Salbung oder Amtsweihe: die Charismen sind individuell, aktual und im Verbund und Verband der Gemeinschaft verliehen.

9 Eine gut verständliche Übersicht bietet Gregor Emmenegger, Im Labyrinth von Macht und Ohnmacht, in: Walter Dürr/Ralph Kunz (Hg.), Gottes Kirche Re-Imaginieren. Reflexionen über die Kirche und ihre Sendung im 21. Jahrhundert, Münster 2016, 57–73 (Studia Oecumenica Friburgensia Bd. 76).

10 Vgl. dazu die umfassenden auf Max Weber basierenden Studien von Winfried Gebhardt u. a. (Hg.), Charisma: Theorie – Religion – Politik, Berlin/New York 1993.

11 Im Widerstand gegen die Nazidiktatur wurden in der Barmer Erklärung wesentliche Punkte noch einmal bekenntnishaft festgehalten: die verschiedenen Ämter in der Kirche begründen keine Hierarchie und dienen dem Ziel der gemeinsamen Nachfolge Christi. Vgl. dazu Dietmar Konrad, Der Rang und die grundlegende Bedeutung des Kirchenrechts im Verständnis der evangelischen und katholischen Kirche, Tübingen 2010, 238.

12 Die Leitungsfunktion der Predigt in der Institution kann aber nicht telquel auf die Leitung einer Organisation übertragen werden. Vgl. dazu Jan Hermelink, Die kirchenleitende Funktion der Predigt, in: ders., Kirche leiten in Person, Leipzig 2014, 66–84, 83f.

1.3 Von der babylonischen Gefangenschaft der Kirche und der babylonischen Verwirrung der Begriffe

Die Reformation hat ein theologisches Fundament für das Verständnis von Gemeinde und Amt im Sinne eines *allgemeinen Laientums* gelegt, das auch fünfhundert Jahre später noch seine Gültigkeit besitzt. Aus heutiger Sicht besteht die eigentliche Crux der Argumentation in der *Nomenklatur*. Sowohl unter «Laie» als auch unter «Priester» und erst recht unter einem «Opfer» versteht man heute auf Anhieb etwas anderes, als die alten Bekenntnisse zu verstehen geben. Man denkt bei «Laien» an Leute, die nicht professionell oder weniger kompetent arbeiten als Profis. «Laienhaft» hat je nach Sprechsituation sogar die Bedeutung des Stümperhaften. Erschwerend kommt dazu, dass die Grunddimension des Glaubensvollzugs, die im 1. Petrusbrief *priesterlich* genannt wird, eine intensive Form christlicher Gemeinschaft voraussetzt, die weder den Erfahrungen noch den Erwartungen eines durchschnittlichen Gemeindeglieds in der Landeskirche entspricht und «der Fortbestand der bürokratischen Kernorganisation der Kirche von der aktiven Mitwirkung ihrer Mitgliedschaft weitgehend unabhängig ist».[13] Und schliesslich wird das, was im Bekenntnis das Dieneramt genannt wird, von vielen Leuten immer noch sakral missverstanden: nämlich als ein priesterlicher Dienst, der die Amtsträger wieder zu «Geistlichen» macht. Das widerspricht reformiertem Amtsverständnis. Als Attribut, das für das Amt *reserviert* ist, lässt «Geistlichkeit» das alte Missverständnis aufleben. Denn auch wenn *einer* oder *eine*, berufen ist, Wort und Sakrament auszuteilen, so bleiben doch *alle* Glieder der Gemeinde Geistliche![14]

Und schon ist das Durcheinander perfekt! Martin Luther hat in einer seiner frühen Schriften von der babylonischen Gefangenschaft der Kirche gesprochen und darin klipp und klar erklärt, dass es keine Priester mehr geben könne.[15] Mit Blick auf die Ausdifferenzierung der Kirche ist eher von einer babylonischen Sprachverwirrung zu reden, weil für dieselben Begriffe komplett unterschiedliche Bedeutungen und Problemwahrnehmungen herumgeistern. Was ist gemeint, wenn die Beteiligung der «Laien» gefordert und die Vormachtstellung der «Pfarrer» oder «Theologen» in der Gemeinde- und Kirchenleitung bekämpft wird? Hat sich aber die Diskussion über das allgemeine Priestertum einmal in der Po-

---

13 Messerscharf erklärt von Joachim Matthes, Kirche und Gesellschaft, Hamburg 1969, 92.

14 Was nicht ausschliesst, dass auch der Dienst ehrenamtlicher Nichtordinierter für Predigt und Sakramentsverwaltung gefordert und gefördert werden könnte. Vgl. Konrad, Recht, 238 (Anm. 11).

15 Grundlegender noch die Schrift Martin Luthers, An den christlichen Adel deutscher Nation. Von des christlichen Standes Besserung (1520), in: Karin Bornkamm/Gerhard Ebeling (Hg.), Martin Luther. Ausgewählte Schriften, Bd. 1: Aufbruch zur Reformation, Frankfurt/M. 1982, 151–237.

lemik von Pfarrerschelte, Katholikenhaue oder Laienverachtung verstrickt, wird eine sachliche und weiterführende Auseinandersetzung schwierig. Ein kurzes Fazit fasst die wichtigsten Einsichten zusammen, mit deren Hilfe ich das Knäuel zu entwirren versuche:

- Das «allgemeine Priestertum» ist weder ein Schlagwort gegen das ordinierte Amt noch ist «allgemein» so zu verstehen, dass der Pfarrer alles tun muss oder die Pfarrerin allein alle Aufgaben erfüllen kann. Die Formel erinnert vielmehr an das *Selbstverständnis der Kirche*, welche aufgerufen ist, als *Gemeinschaft der Heiligen* in der Welt zu leben, oder wie die Aargauer es auf den Punkt bringen, an einer Leitungskultur zu arbeiten, in der «keiner und keine [...] den Dienst in der Gemeinde alleine [...], sondern getragen im Miteinander der Gemeinschaft [tun soll]. »
- Alle geistbegabten Glieder dieser Gemeinschaft sind im theologischen Sinne *Laien*. Sie werden «heilig» genannt, weil sie sich in ihrer Lebensführung am Ethos der «Mitbürger der Heiligen und Gottes Hausgenossen» (Eph 2,19) orientieren. Mit Nachdruck betonen die Reformierten, dass auch die Gemeinschaft der Heiligen der *Leitung durch das Wort Gottes* bedarf und begründen daraus einen Vorrang des Wortdienstes.
- Die *Gemeindeleitung* ist dasjenige Handlungsfeld der Kirche, in dem häufig von Laien in Abgrenzung von Amtsträgern *oder* Profis gesprochen wird – und folglich die grösste Verwirrung herrscht! Die Frage wie das, was in der biblischen Tradition Prophetie und in der kirchlichen Tradition das *ministerium verbi divini* heisst, die Leitung der Gemeinde im eigentlichen Sinn «bildet», verlangt nach einer sachlichen Klärung.
- Mit Blick auf den Kontext der Volkskirche ist es deshalb von vitalem Interesse, wie die *Mitverantwortung der Gemeinde* nicht nur in der Leitung, sondern auch als Mitarbeiter Gottes (1Kor) in den Handlungsfeldern Gottesdienst, Seelsorge, Diakonie und Bildung wahrgenommen, gestärkt und weiterentwickelt werden kann.
- Wenn zwischen der Mitarbeit von Nichtordinierten und der Arbeit des/-r ordinierten Dienste/-s in der Kirche unterschieden wird, ist von Fall zu Fall zu klären, was zur Debatte steht: die *berufliche Expertise*, das arbeitsrechtliche Verhältnis zur *Organisation* (angestellt oder ehrenamtlich) oder die *Pflichten* und *Rechte des Wortdienstes* und anderer kirchlicher Berufe.

2. Gemeinsam verantwortete Leitung – contra Pastoralmacht?

2.1 Geteilte Leitung

Am meisten zu reden gab und gibt das Priestertum aller Gläubigen in Bezug auf die Leitung der Kirchgemeinde. In den reformierten Landeskirchen der Schweiz kennen wir generell eine gemeinsame oder geteilte Leitung. Dabei obliegt die Gesamtleitung der Kirchenpflege, während Pfarramt und weitere (in einigen Landeskirchen auch ordinierte) Dienste, die einen rechtlich definierten eigenen Leitungsbereich ausweisen, an der Leitung teilnehmen.[16] In den meisten Kirchen dürfen die Pfarrerinnen und Pfarrer sowie Angestellte nicht Mitglieder der Kirchenpflege oder Kirchenvorstände sein.[17]

Im Sinne einer groben Orientierung unterscheidet man die Verantwortung des Presbyteriums als *strategische Leitung* von der Aufgabe des Pfarramts und der Gemeindedienste als *operative Umsetzung* der strategischen Vorgaben. Strategische und operative Leitung lassen sich aber nicht ganz und vor allem nicht in jedem Bereich strikt trennen und erst recht nicht als Über- und Unterordnung verstehen.[18] Beides widerspräche dem Sinn und Geist der geteilten Leitung. So hat der theologische Kernbereich, der in die Zuständigkeit des Pfarramts fällt, selbstredend eine strategische Bedeutung.[19] Auch die Kirchenpflege hat eine geistliche Verantwortung für den Aufbau der Gemeinde. Das Modell der geteilten Leitung versucht vielmehr zwei Ideale zu kombinieren: erstens die Kompetenzbereiche möglichst klar zu definieren und zweitens das Zusammenwirken der Leitungsgremien – Pfarramt, kirchliche Berufe, Behörden und Verwaltung – zu fördern.

2.2 Ämterlehre

Die Aufzählung der Gremien verrät, warum eine Theologie des Laientums, die sich auf das Gegenüber von Pfarramt und Gemeinde fixiert, der komplexen Sachlage im Handlungsfeld Leitung nicht gerecht werden kann. Das Pfarramt ist immer noch *das* Amt, aber seit den 1960er Jahren haben sich andere kirchliche

16 Jakob Frey, Kirchgemeindeleitung in Zusammenwirken zwischen Kirchenvorsteherschaft und Pfarrerschaft, in: SJKR/ASDE (2014), 11–46, 45.

17 Kirchengesetz des Kantons Zürich, Kant GSlg. 180.1, § 12 Absatz, 2.

18 Martin Röhl, Teilrevision der Zürcher Kirchenordnung, in: SJKR/ASDE 11 (2006) 164ff.

19 Christian Tappenbeck, Evangelisches Kirchenrecht – Insbesondere in seiner reformierten Prägung, in: René Pahud de Mortanges u. a. (Hg.), Religionsrecht, Zürich 2010, 217. Jetzt als Buch erhältlich: ders., Das evangelische Kirchenrecht reformierter Prägung. Eine Einführung, Zürich 2017.

Berufe etabliert und professionalisiert.[20] Die Aufgabe, das geistliche Leben der Gemeinde zu fördern, gehört auch zu ihrem Aufgabenbereich, weshalb sie (in den meisten Kirchen) in der Leitung involviert sind.[21] Das führt zu Spannungen. Denn im Unterschied zu den gewählten Pfarrerinnen und Pfarrern sind die anderen kirchlichen Berufe im Anstellungsverhältnis. Also muss die Kirchenpflege ihnen gegenüber ihre Personalführungsverantwortung wahrnehmen.[22] Gleichzeitig hat sie die theologisch definierte Mitwirkung durch das Amt an der Gemeindeleitung zu respektieren. Pfarrer und Pfarrerinnen dürfen nicht zu Befehlsempfängern der Behörden werden.[23] Gilt das nicht auch für andere kirchliche Berufe?[24] Ebenfalls ungelöst ist die Frage, welche Funktionen dem relativ neuen Beruf des Kirchgemeindeschreibers in der Kirchenverwaltung zukommen könnten.[25]

Um die Kompetenzbereiche (im Sinne von Zuständigkeiten) zwischenberuflich gut abzugrenzen, gibt Calvins Ämterlehre hilfreiche Impulse. Calvin sah für die Ordnung der Gemeinde *vier Ämter* vor: nämlich Pastoren oder Hirten (pasteurs), Lehrer (docteurs), Älteste (anciens) und Diakone (diacres).[26] Die presbyteriale Ordnung Calvins ist inspiriert von Paulus und beruft sich auf eine geschwisterliche Gemeinschaft – sie ist eine Gestalt der Ekklesia, also im prinzipiellen Sinn Ausdruck des allgemeinen Priestertums und darauf aufbauend Leitung der Kirche und Anleitung zum gemeinsam geübten Christsein. Noch in der grössten Verirrung und Verfinsterung einer moralisch enggeführten Kirchenzucht ist das geschwisterliche Ideal der kollektiven Selbstleitung zu erkennen. Um es auf den Punkt zu bringen: königliche Priesterschaft hat im Prinzip keine Leitung, sie *ist* ein Leitungsprinzip. Diese Präzisierung ist wichtig. Verwischt man sie, besteht die Gefahr, das spezifisch Christliche der Kirchenleitung aus den Augen zu verlieren und falsche Differenzen aus anderen Machtsystemen in sie einzutragen.

---

20 Tappenbeck, Kirchenrecht reformierter Prägung, 50 (Anm. 19).

21 Tappenbeck, Kirchenrecht reformierter Prägung, 38 (Anm. 19).

22 Diese kommen dem Kirchenrat und in Delegation den Dekanen zu. Vgl. §§ 84 und 85 der Personalverordnung der Evangelisch-reformierten Landeskirche des Kantons Zürich.

23 Jakob, Zuordnungsmodell, 56.

24 Es stellt sich auch die Frage der *Professionalität*. Das oben beklagte «Durcheinander» kann mit einem theologisch begründeten Amt nicht bekämpft werden. Vgl. dazu Petra Brunner, Zur Professionalität des diakonisch-gemeindepädagogischen Handelns, in: PTh 105 (2016), 185–204.

25 Dazu Werner Näf, Geist und Verwaltung, in: Interpares März 2017.

26 Calvin geht in seiner *Institutio Christianae Religionis* von 1559 (Abschnitt IV, 3) auf die Ämter ein und bezieht sich u. a. auf Eph 4,11. Die Aufgaben von Ältesten und Diakonen sieht Calvin vor allem in Röm 12,8 beschrieben.

2.3 Pastoralmacht

Die königliche Priesterschaft, wie sie der erste Petrusbrief seinen Lesern zuspricht, ist eine Eigenschaft des *Volkes Gottes*. Im Psalm singt der Beter: «Sein Volk sind wir und die Schafe seiner Weide.» (Ps 100,3) Im Bild des Schafes steckt das Hirtenbild für die Leitung Gottes (Jer 31,10; Joh 10,1–18; Ps 23) – oder eher umgekehrt: Über den Hirten kommt man zu den Schafen, den Böcken und den Lämmern samt Herdentrieb und Leithammel. Das alles gehört zur Pastoral. Keine Metapher hat mehr Schaden angerichtet und die Idee der christlichen Selbstleitung gründlicher korrumpiert.

Das Bild der Gemeinde als einer Herde, die *unter* der Leitung eines Hirten steht, verleitet dazu, Eigenschaften des göttlichen Erzhirten (1Petr 5,4) auf den menschlichen Hirten zu übertragen. Auf dieser schiefen Grundlage entsteht ein Gefälle zwischen Pfarrer und Laie. Man könnte es mit Michel Foucault *Pastoralmacht* nennen. Gemeint ist damit eine Verkehrung des für das christliche Ethos und das Verständnis des Laien so zentralen Motivs der Hingabe in eine religiöse Machttechnik.[27] Auf Seiten des Hirten ist Pastoralmacht die Fähigkeit, bei seinem «Schäfchen» die «innere Wahrheit» aufzuspüren, die seiner Leitung bedarf und eine Macht begründet, der sich das Gegenüber zu unterwerfen hat.[28]

Foucault sieht im Konzept der antiken *Selbstsorge*, das an eine Praxis der Freiheit anknüpft, eine überzeugende Alternative zum christlichen Ethos der Unterwerfung – und übersieht oder unterschätzt die Dialektik von Gehorsam und Freiheit in der christlichen Glaubenspraxis. Die Kritik an der Pastoralmacht ist theologisch anschlussfähig. Denn die Nutzung des Machtgefälles zwischen «Hirt» und «Herde» oder «Hirt» und «Seele» verändert den Charakter des Amtes grundlegend. Es dient nicht, sondern bedient sich der Gottesbeziehung, wenn es Hingabe, Opfer und Disziplinierung kirchlich instrumentalisiert. Ein Amt aber, das herrscht, baut die Gemeinde nicht auf, sondern zerstört im Keim, was sie zusammenhält. Man muss also nicht die Konsequenzen ziehen, die Foucault gezogen hat, um zu erkennen, dass seine kritische Analyse der Pastoralmacht auf einen Schatten verweist, der (auch) auf den Protestantismus fällt. Man vertreibt ihn nicht, wenn nur immer wieder die reformatorische Kritik am Priesteramt wiederholt wird. Das Unbehagen verstärkt sich, wenn man realisiert, dass aus dem Dieneramt des Wortes tatsächlich ein umfassendes pastorales Versorgungsamt geworden ist. Jedenfalls ist es bezeichnend, dass das Hirtenamt und Prophe-

27 Michel Foucault, *Diskurs* und *Wahrheit*: Die Problematisierung der Parrhesia. Sechs Vorlesungen, gehalten im Herbst 1983 an der Universität von Berkeley/Kalifornien, Berlin 1996.

28 Die säkularisierte Pastoralmacht spielt nach Foucault eine wichtige Rolle bei der Aufrechterhaltung und Reproduktion der gesellschaftlichen Verhältnisse.

tenamt in Calvins Ämterlehre im Laufe der Zeit zu einem Amt verschmolzen sind. Aus der Vierämter- wurde eine Dreiämterlehre.[29]

Muss man das Pfarramt abschaffen, um das Laientum zu stärken? Es gab immer wieder Anläufe in diese Richtung. Wer zum Angriff auf die Pfarrerzentrierung ansetzt, muss jedoch bedenken, dass die von Foucault so scharf beschriebene Pastoralmacht gerade auch dort auftreten kann, wo kein Amt im Spiel ist. Religiöse Machtspiele finden auch ausserhalb der Institution statt. Gute Leitung schützt vor Übergriffen. Deshalb gehört es zu den zentralen Aufgaben der Praktischen Theologie, über gute Amtsführung nachzudenken.

3 Engagierte Laien – kein Thema für die Praktische Theologie?

3.1 Der pastorale Röhrenblick und die Weitung der Praktischen Theologie

Mit dem Terminus allgemeines Priestertum eröffnet sich – das hat ein erster Blick auf das Leitungshandeln gezeigt – ein denkbar breites Themenspektrum. Denn eigentlich betrifft alles, was die Praktische Theologie bedenkt, die Lebenspraxis der Glaubensgemeinschaft. Es ist deshalb umso auffälliger, dass eine *Laientheologie,* die für diese Diskussion ein Fundament bieten würde, in der Ekklesiologie nur am Rand traktiert wird. Vor allem wäre zu erwarten, dass sich insbesondere im Bereich der Praktischen Theologie mehr Überlegungen dazu finden liessen. Wenn die Gemeinde der Ort ist, wo sich das priesterliche Leben der Gläubigen manifestiert, hätte die Praktische Theologie eigentlich die Aufgabe, darüber nachzudenken, wie das Leben der Dienstgemeinschaft gestärkt wird und wie es sich weiterentwickeln kann.[30]

Tatsächlich dominiert in der Praktischen Theologie nach wie vor das *pastoraltheologische Paradigma.* Als akademische Disziplin versteht sich Praktische Theologie in erster Linie als Praxistheorie für den Pfarrberuf.[31] Die Arbeit der

29 Ausführlich beschrieben, in: Eberhard Busch (Hg.), Calvin-Studienausgabe. Bd. 2: Gestalt und Ordnung der Kirche, Neukirchen-Vluyn 1997, 238–259 und Holsten Fagerberg, Amt/Ämter/Amtsverständnis VI, in: Theologische Realenzyklopädie, Bd. 2 (1978), 552–574.

30 Der systematischen Theologie zuzuordnen ist das kleine Bändchen von Hans-Martin Barth «Einander Priester sein». Allgemeines Priestertum in ökumenischer Perspektive, Göttingen 1990. Neueren Datums: Wolfgang Hering, Priestertum in der evangelischen Kirche, Neuendettelsau 2009. Im Grenzbereich zur Praktischen Theologie: Okko Herlyn, Sache der Gemeinde. Studien zu einer praktischen Theologie des «allgemeinen Priestertums», Neukirchen-Vluyn 1997.

31 Zur Geschichte vgl. Dietrich Rössler, Grundriss der Praktischen Theologie, Berlin/New York ^{2}1995. Die Nomenklatur für das Fach spiegelt das wider. Praktische Theologie heisst

anderen kirchlichen Berufe oder der Ehrenamtlichen und Freiwilligen, insbesondere die Leitung der nichtordinierten Laien werden in der praktisch-theologischen Forschung nur am Rand wahrgenommen. Auf einen kurzen Nenner gebracht: Die Praktische Theologie hat bezüglich des allgemeinen Priestertums blinde Flecken.[32]

Dennoch wäre es kurzschlüssig, zu behaupten, Laien seien kein Thema der Praktischen Theologie. Die Fokussierung und Fixierung der Theorie auf die pastorale Praxis ist ein Spiegelbild der volkskirchlichen Verhältnisse und muss entsprechend differenziert wahrgenommen werden. Im Rahmen des Theologiestudiums liegt der Fokus der Praktischen Theologie logischerweise auf den Tätigkeiten der Schlüsselprofession. Dabei ist selbstverständlich auch die *Bildung der Gemeinde* (Gemeindeaufbau, Diakonie oder Gemeindepädagogik) mit im Blick – aber eben aus der Sicht einer Profession, die für andere etwas tut. Aus bildungspragmatischen und organisationslogischen Gründen richtet sich die Literatur in der Regel an diejenigen, die das Sagen haben, um (im besten Fall) andere anzuleiten, als mündige Christen zu leben. Es legt sich in Bezug zum allgemeinen Priestertum deshalb nahe, drei Blickrichtungen im Feld der Praktischen Theologie zu unterscheiden:

- Es gibt eine Praktische Theologie, die in erster Linie als *Praxistheorie für den Pfarrberuf* konzipiert ist, aber die Kernaufgabe des Amtes gerade darin sieht, die Gemeinde im Sinne des allgemeinen Priestertums zu stärken und Impulse zu ihrer Entwicklung zu geben.
- Es gibt weiter eine praktisch-theologische Literatur, die sich direkt an Menschen richtet, die einen Dienst in der Gemeinde wahrnehmen und für diese Adressaten eine theologisch fundierte, elementar formatierte *Bildung* bereitstellt.
- Es gibt schliesslich eine Praktische Theologie, die sich in erster Linie mit dem *Aufbau der Gemeinde* im Sinne einer Stärkung und Entwicklung des allgemeinen Priestertums befasst und sich dabei an die verschiedenen Verantwortlichen auf dem Praxisfeld der Kirchgemeinde wendet.

Die Unterscheidung der drei Perspektiven erlaubt es, ein differenzierteres Bild der Praktischen Theologie des allgemeinen Priestertums zu zeichnen. Das Bild würde freilich schnell unübersichtlich, wenn dieser Beitrag allen Bezügen und Facetten

---

im Englischen Pastoral Theology. Pastoraltheologie ist die übliche Bezeichnung im katholischen Bereich.

32 Für die Seelsorge vgl. Ralph Kunz (Hg.), Seelsorge Elementar, Göttingen 2016. Was die Predigt angeht, ist der Blick auf andere Kirchen interessant. Vgl. Jens Martin Sautter, Keine Angst vor Ehrenamtlichen. Prädikantinnen und Prädikanten in der Kirche der Zukunft – ein Blick auf die Church of England, in: PTh 105 (2016), 283–301.

gerecht werden wollte. Darum beschränke ich mich auf einen Überblick und gehe weiter unten näher auf die Perspektive des Gemeindeaufbaus ein.

3.2 Spannungen im System – Dialektik der Freiheit

Eigentlich ist es nicht erstaunlich, dass in der reformierten Kirche eine grosse Sensibilität für die Kompetenz der Gemeinde besteht.[33] Das «allgemeine Priestertum» ist für das reformierte Gemeindeverständnis grundlegend. So hält beispielsweise die St. Galler Kirchenordnung unter dem Titel «Die dienende Gemeinde» fest: «Jedes Gemeindeglied ist im Sinne des allgemeinen Priestertums aufgerufen, mit Rat, Tat und Fürbitte an der gegenseitigen Verantwortung mitzutragen.»[34]

Die gemeinsame Verantwortung aller Gemeindeglieder, die ihren Glauben mit Worten und Taten als Einzelne und als Gemeinschaft bezeugen, findet in der presbyterial-synodalen Verfassung der Kirche ihre konsequente Umsetzung. Rechtshistorisch bildete die vorstaatliche Form der Korporation ein wichtiges Bindeglied zur Entstehung der Kirchgemeinde.[35] Aus der Übertragung des freiheitlichen Systems der Demokratie auf die Landeskirchen entwickelten sich im 19. Jahrhundert die oben erläuterten Leitungsmodelle. Sowohl das Leben wie die Leitung der Gemeinde orientieren sich am Ideal der Partizipation.

Aber die Umsetzung dieses Ideals stösst in den realexistierenden Verhältnissen der Volkskirche an Grenzen. Das liegt sicher daran, dass bezüglich der Bindung und des Engagements unter den Mitgliedern grosse Unterschiede bestehen. Mit dem Ende des Kirchgangzwangs wurde das aktive Gemeindeleben als eine Option angesehen und immer mehr zur Sache einer (signifikanten) Minderheit. Der relativ hohe Anteil an Mitgliedern, die zur sogenannten Kerngemeinde Distanz hält, ist ein Merkmal aller Grosskirchen und Ausdruck ihrer organisationsförmigen Verfassung.

Die Begründungen für dieses Phänomen variieren. Bei den Reformierten verweist man gerne auf ein Ideal, das eine Imagekampagne im Jahr 2000 provokativ auf den Slogan «selber denken» brachte. Die Losung ist interpretationsbedürftig. Die Einen hören den freiheitlichen Protest gegen eine religiöse Bevormundung und leiten daraus das *Recht* ab, die Distanz zur Gemeinschaft (samt einer vermuteten Doktrin) selber zu bestimmen; die Anderen entnehmen daraus die *Pflicht* einer Selbstbewegung, zu der jedes Gemeindeglied «aufgerufen» ist.

---

33 Vgl. dazu Ralph Kunz, Die Kompetenzen der Gemeinde, in: Thomas Schaufelberger/Juliane Hartmann (Hg.), Perspektiven für das Pfarramt. Theologische Reflexionen und praktische Impulse zu Veränderungen in Berufsbild und Ausbildung, Zürich 2016, 105–119.

34 St. Gallen, KO §88, S. 25 (1980).

35 Vgl. dazu den Artikel «Korporationen» von Hans Stalder im Historischen Lexikon der Schweiz, in: www.hls-dhs-dss.ch/textes/d/D10262.php (18.04.2017).

Ob Pflicht zur Beteiligung oder Recht auf Verweigerung – dass ihre Mitglieder selber denken, glauben und handeln können, macht ein Engagement der Kirchenleitung im Bereich der Mobilisierung ihrer Mitglieder gerade nicht überflüssig. In ihren Ordnungen verpflichtet sich die Kirche, alle, die sich aktiv am Gemeindeleben beteiligen wollen, entsprechend zu fördern. Die Unterscheidung von *ministerium* und *sacerdotium* im Helvetischen Bekenntnis kann als Aufgabenteilung aufgefasst werden, die diesem Ziel dient: Der Leitung der Gemeinde obliegt die Aufgabe, die Glaubensgemeinschaft als Dienstgemeinschaft anzusprechen und dabei die Freiheit des Glaubens zu wahren. Diejenigen, die das Sagen haben, tragen Sorge dafür, dass die Gemeindeglieder mündig bleiben oder wieder mündig werden – sei es mittels religiöser Unterweisung, Erwachsenenbildung oder durch andere geeignete Formen der Beteiligung.

Der Hinweis auf Kontinuität in der Tradition darf die Diskontinuität in der Umsetzung ausblenden. Mit dem Ende der Kirchenzucht ist jeder autoritäre Gestus einer kirchlichen Obrigkeit obsolet geworden. In einer liberalen Ordnung darf kein Zwang ausgeübt werden. Das ist nicht nur eine dem Zeitgeist geschuldete Anpassung an die kulturellen Verhältnisse. Die Kritik klerikaler Allüren ist dem Geist des Evangeliums verpflichtet.

Bei allem Pathos muss freilich auch die Kehrseite der Freiheit erwähnt werden. Sie gab schon in der Aufklärung zu reden. Wenn die «Aufrufe» zur Beteiligung ins Leere verhallen, kann das am schwachen Auftritt der Rufer liegen. Es muss aber auch mit der Möglichkeit einer selbstverschuldeten Unmündigkeit der Hörer gerechnet werden.[36] Mit anderen Worten: Es besteht eine Spannung zwischen dem *Recht*, Distanz und Nähe zum Gemeindeleben selber zu bestimmen und der *Selbstverpflichtung* der aktiven Kirchenbürgerschaft. Diese Spannung kann weder vermieden werden, noch ist sie spezifisch kirchlich. Sie ist ein typisches Merkmal aller freiheitlichen Kollektivsysteme.

3.3 Erwachsenenbildung für theologisch interessierte Laien – eine reformierte Pionierleistung

Eine konstruktive Antwort auf die Schwächen dieses Systems heisst Bildung. Zu den grossen Verdiensten der Reformierten gehört die Förderung der Selbstbestimmung und Selbstverantwortung ihrer Mitglieder im Bereich der *Erwachsenenbildung*. Ihre Blütezeit hatte diese Arbeit, als in den 1960er Jahren überall in der Schweiz Bildungshäuser entstanden sind. Der Boom der kirchlichen Bildung

36 Immanuel Kant, Beantwortung der Frage: Was ist Aufklärung?, Berlinische Monatsschrift, 1784, 2, 481–494. Immanuel Kant, Faulheit und Feigheit «Es ist so bequem, unmündig zu sein […] Habe ich einen Seelsorger, der für mich Gewissen hat, brauche ich mich ja nicht zu bemühen.»

ebbte allerdings in den 1990er Jahren ab. Die Gründe sind komplex. Die Veränderung der Lebensgewohnheiten, die Digitalisierung des Wissens und die Konkurrenz durch andere Anbieter auf dem Weiterbildungsmarkt liessen die Nachfrage einbrechen.[37]

Ob das Überangebot die Baisse erklärt? Ein flüchtiger Blick in die Büchergestelle und ins Internet genügt, um festzustellen: An gutem Kursmaterial herrscht kein Mangel. Es gäbe eine Fülle von Glaubenskursen, Erwachsenenkatechismen und Unterlagen, die geeignet sind, die Aus- und Weiterbildung in den Gemeinden zu fördern. Aber das Wissen, das sich Laien auf diesem Weg aneignen, qualifiziert sie nicht für eine Tätigkeit in der Gemeinde. Möglicherweise könnte die Attraktivität der Erwachsenenbildung gesteigert werden, wenn sie mit mehr Verantwortung gekoppelt würde? Für diese Vermutung spricht, dass Schulungen im Bereich der Freiwilligenarbeit guten Zuspruch finden.[38]

Die Forderung nach einer starken Beteiligung der Laien in der Gemeinde entspricht dem institutionellen Selbstverständnis der reformierten Kirche. Sie kann auch ganz handfest ökonomisch begründet werden. Mit den sinkenden Mitgliederzahlen und dem damit zu erwartenden Ressourcenschwund steigt der Bedarf an ehrenamtlicher Mitarbeit. Solche Nützlichkeitserwägungen können jedoch problematische Nebeneffekte erzeugen, wenn sie nicht von theologischen Überlegungen begleitet sind.

Gerade weil die Beteiligung der Freiwilligen ein Kernanliegen des Gemeindeaufbaus ist, muss in einer hochprofessionalisierten Dienstleistungsgesellschaft das Problem des Kompetenzgefälles zwischen «Laien» – hier im Sinne von nicht angestellten oder nicht ausgebildeten Gemeindegliedern – und kirchlichen Mitarbeiterinnen und Mitarbeitern gleichwohl zur Sprache kommen. Die Rolle der angestellten Mitarbeiterinnen und Mitarbeiter innerhalb der Dienstgemeinschaft lässt sich nicht auf die der Ausbildung oder Animation reduzieren. An den Grenzen des Kompetenzbereichs gibt es bei der Zusammenarbeit von Angestellten, Ehrenamtlichen und Freiwilligen ein latentes Konfliktpotential. Das spricht nicht gegen ein Modell der Zusammenarbeit – es macht nur die Notwendigkeit einer praktisch-theologischen Reflexion der Mitarbeiterkirche offensichtlich.[39] Fehlt diese, fehlt der reformierten Ekklesiologie das Fundament.

---

37 Vgl. den Beitrag von Angela Wäffler-Boveland in diesem Band.

38 Schulungen im Bereich des Besuchsdienstes erhöhen auch die Wirkung. Vgl. dazu Silvia Angst Fuchs/Sandra Oppikofer, Besuchsdienst «va bene» – besser leben zuhause. Evaluationsbericht. Wirksamkeit regelmässiger «va bene» Besuche bei älteren Menschen, Zürich 2014.

39 Eine Ausnahme: Bernhard Petry, Leiten in der Ortsgemeinde. Allgemeines Priestertum und kirchliches Amt – Bausteine einer Theologie der Zusammenarbeit, Gütersloh 2001.

3.4 Das allgemeine Priestertum als Anliegen der Theologie und der weltweiten Kirche

Hellsichtig und prophetisch warnte schon der holländische Theologe Hendrik Kraemer vor dieser Gefahr. Das von Lukas Vischer als «Klassiker» bezeichnete Buch «Theologie des Laientums» ist ein Werk, das der Kirche wesentliche Impulse gab.[40] Kraemer, der von 1948 bis 1955 Leiter des Ökumenischen Instituts des Ökumenischen Rates der Kirchen in Bossey war, schreibt in seiner Einleitung:

> «Dieses Buch ist aus der Überzeugung heraus geschrieben worden, dass dieser starke neue Impuls [scil. der Dienst der Laien], der in so mancher Hinsicht Anlass zur Dankbarkeit und Freude gibt, vielleicht wieder absterben müsste, wenn der Laientätigkeit kein festes, zuverlässiges theologisches Fundament zugrunde läge. Wenn diesem frischen Tatendrang der Laien kein solides Baugerüst in Form einer wirklich durchdachten Theologie des Laientums auf biblischer Grundlage gegeben wird, das ein natürlicher und unabtrennbarer Teil des gemeinschaftlichen Verständnisses der Kirche ist, nach dem zu suchen heute eines der zentralsten Erfordernisse der oekumenischen Bewegung darstellt, dann werden den neuen Bestrebungen die Fundamente fehlen, die es für die Verständigung unter den verschiedenen Kirchen braucht.»[41]

Zweifellos hat Kraemer mit seinem Buch einen wesentlichen Beitrag zu der von ihm angemahnten Verständigung vorgelegt. Gleichzeitig atmet Kraemers Vision einer Kirche als «vermittelnder Gemeinschaft»[42] den Geist der Zeit. Das Wort «Dienst an der Welt» wurde damals inflationär verwendet und lässt auch die Einflüsse der ökumenischen Diskussion und der Theologie der Weltkirchenkonferenzen von Evanston 1954, Neu-Delhi 1961 und Uppsala 1968 erkennen. Einige von Kraemers Forderungen sind in der Folge aufgegriffen und weitergeführt worden. Anderes ist bis heute obsolet oder kann durchaus als visionär gelten:

- Kraemer postuliert *neue Wege der Vergemeinschaftung*, wenn er Kirche als «eine christokratische Brüderschaft» sieht, die durch das gemeinsame Zeugnis und den gemeinsamen Dienst «christliche Zellen inmitten der Wüste des modernen Lebens»[43] bildet.

---

40 Hendrik Kraemer, Theologie des Laientums. Die Laien in der Kirche, Zürich 1959. Aus katholischer Sicht Yves Congar, Der Laie. Entwurf einer Theologie des Laientums, Stuttgart 1964.

41 Kraemer, Laientum, 10 (Anm. 40).

42 Kraemer, Laientum, 154–156 (Anm. 40).

43 Kraemer, Laientum , 146f (Anm. 40).

- Laien sollen sich stärker in *Liturgie und Predigt* engagieren können. Ihre Begabungen sollen sich auswirken im Gottesdienst.[44]
- Schliesslich brauche es strukturell eine *Bereitschaft zur Dezentralisation*. «Es ist unbedingt nötig, mit wachsamen Augen die verschiedenen Milieus zu erkennen und zu beobachten.»[45]

4. Gemeindeaufbau – ein frommer Wunsch?

4.1 Gemeindebewegung – neue Wege der Vergemeinschaftung

Für die Stärkung der kirchlichen Laienbewegung gibt es neben dem politischen (und dem ökonomischen) auch ein religiöses Interesse. Um dieses Interesse besser zu verstehen, ist es hilfreich, die Gemeinde als eine soziale Grösse *sui generis* zu verstehen, in der die Lebensfunktionen des Glaubens in einzigartiger Weise zusammenkommen. Die Dienstgemeinschaft (*koinonia*) feiert miteinander und betet füreinander (*leitourgia*), sie bezeugt den Glauben (*martyria*) und lebt ein Leben in der Nachfolge Jesu (*diakonia*). Das sogenannte Gemeindeleben ist keine fromme Freizeitbeschäftigung, sondern die soziale Gestalt einer evangelisch inspirierten und vom Glauben geprägten Lebenspraxis.

Im deutschsprachigen Protestantismus hat sich für die ständige Revitalisierung dieser Gemeinschaft der Begriff «Gemeindeaufbau» eingebürgert.[46] Er bringt das Anliegen ekklesiologisch auf den Punkt. Denn der «Gemeindeaufbau» nimmt Bezug auf ein *konstruktives Prinzip* der Kirche, auf das Paulus im 1. Korintherbrief immer wieder verweist, wenn er Kraft und Wirkung der christlichen Versammlung zu beschreiben versucht. Mit der Losung «alles geschehe zur Erbauung» (1Kor 14,26) werden die Gaben der Gemeinde auf ein Ziel hin ausgerichtet. Das Gute und Wohlgefällige soll wachsen, die Gemeinschaft gestärkt werden – aber die Kraft, die diese Bewegung auslöst und in Gang hält, ist der Geist.

Der deutsche Afrikamissionar Bruno Gutmann hat den Begriff Gemeindeaufbau in den 1920er Jahren in die theologische Diskussion eingeführt. Er

44 Vgl. zu diesem Punkt David Plüss, Allgemeines Priestertum und Amt, in: ders./Matthias Zeindler/Kathrin Kusmierz/Ralph Kunz (Hg.), Gottesdienst in der reformierten Kirche. Einführung und Perspektiven, Zürich 2017, 145–161.

45 Kraemer, Laientum, 147 (Anm. 40).

46 Zur Übersicht: Ralph Kunz, Gemeindeaufbau, in: ders./Thomas Schlag (Hg.), Handbuch für Kirchen- und Gemeindeentwicklung, Neukirchen-Vluyn 2014, 269–277. Zur Vertiefung: Ralph Kunz, Gemeindeaufbau im Umbau der Kirche, Zürich 2015.

versteht unter Aufbau ein *kritisches Prinzip.*[47] Die Gemeinde ist (noch) nicht, was sie sein könnte: ein Ort und Hort der Glaubensgemeinschaft, die in der anonymen und sich schnell wandelnden Gesellschaft den Verlorenen und Vereinsamten zur geistlichen und sozialen Heimat wird. Gemeinde muss (wie in der Mission) aufgebaut, die geselligen Dynamiken müssen für ein verbindliches Miteinander genutzt werden.

In eine ähnliche Richtung gingen die Reformbestrebungen von Emil Sulze – einem Pionier der «Gemeindebewegung». Der Hintergrund seines Programms zur Förderung der «Selbsttätigkeit der Gemeinde»[48] war der desolate Zustand der Grossstadtparochien. Sulze schlug vor, die Gemeinde in Unterbezirke von 200 Gemeindegliedern aufzuteilen und Schlüsselpersonen zur Wiederbelebung der Gemeinschaft zu ernennen. Diese Laien-Mitarbeiter nannte er «Presbyter». Zusammen mit bewährten «Hauseltern» leiten sie die übersichtlichen Teilgemeinden und organisieren mit Helferinnen und Helfern die seelsorgliche und diakonische Begleitung der Gemeindeglieder. Für Sulze war klar, was das Ziel sein muss: «dass in der Gemeinde eine Arbeit von allen an allen geschieht [...] Dann regt sich in den Gemeinden ein selbstständiges Leben, das die Geistlichen nur im Gange zu erhalten und zu leiten haben. Eine über das Mass der Kraft [...] hinausgehende Produktivität braucht dann nicht mehr von ihnen gefordert zu werden. Ihre Arbeit wird bescheidener und doch reicher an Inhalt und Erfolg.»[49]

Bemerkenswert ist die Rolle, die Sulze den Pfarrern zutraut und zumutet. Ihre Leitungstätigkeit soll sich darauf beschränken, das selbstständige Leben zu erhalten. Zu Recht betont Dirk Kellner: «Sulze tritt demnach für eine Aktivierung der Laien zu gegenseitigem Dienst in Seelsorge und Diakonie ein – ‹ein revolutionärer Gedanke in einer Zeit, in der ausschliesslich das geordnete Amt der Kirche dafür zuständig war› [...] Jedenfalls nimmt er das reformatorische Prinzip des allgemeinen Priestertums in seiner ekklesiologischen Bedeutung ernst.»[50]

4.2 Gemeindeaufbau als missionarisches Programm

Als Projekt der Volksmission entfaltete der Gemeindeaufbau von Anfang an eine grosse Breitenwirkung weit über die Grenzen der kirchlichen Organisation hinaus. Das parakirchliche Vereinswesen wurde neben der Familie zu einem wichtigen Sozialisationsfaktor. Wer sich im CVJM, in einer Gruppe der Jungen Kirche

47 Bruno Gutmann, Gemeindeaufbau aus dem Evangelium: Grundsätzliches für Mission und Heimatkirche, 1925.

48 Emil Sulze, Die evangelische Gemeinde, Leipzig 1912, 34.

49 Sulze, Gemeinde, 49.59 (Anm. 48).

50 Dirk Kellner, Charisma als Grundbegriff der Praktischen Theologie. Die Bedeutung der Charismenlehre für die Pastoraltheologie und die Lehre vom Gemeindeaufbau, Zürich 2012, 84.

oder im kirchlichen Frauenverein engagierte, gehörte zur Kirche. Im «Vorhof» der Gemeinde wurde der Einsatz der Laien geschätzt, für das «Heiligtum» blieben nach wie vor die Pfarrer zuständig.[51] Die Arbeits- und Rollenteilung funktioniert auch und gerade im Bereich der Kasualien. Die meisten Mitglieder nutzen die «Kirche bei Gelegenheit».[52] Wer selten die Dienste der Kirche in Anspruch nimmt, wünscht im Fall der Fälle einen «richtigen» Geistlichen – am liebsten jemand, mit dem man reden kann und keinen Beamten.[53]

Das Fazit der zahlreichen Studien steht in einer gewissen Spannung zum Anspruch der Theologie des allgemeinen Priestertums. Die pastorale Versorgung ist samt kundennaher Verteillogistik in Quartieren und Dörfern ein zentraler Faktor für die hohe strukturelle Stabilität des parochialen Systems.[54] Eine Kosten-Nutzen-Analyse macht auf Verluste aufmerksam, die in einer rein organisationsförmigen Optik nicht auftauchen. Die punktuelle Betreuung und Begleitung durch Pfarrer und Pfarrerin ist zeit- und kräfteraubend. Vor allem Beerdigungen schlagen schnell zu Buche. Wenn zwei «Programme» nebeneinander und nicht selten auch gegeneinander laufen, droht eine Überlastung.

Eine kleine, mit spitzer Feder geschriebene Kampfschrift des aus dem Berner Oberland stammenden Heidelberger Theologen Rudolf Bohren verwies schon 1960 auf diesen Missstand und machte einen Vorschlag, der die Gemüter in Wallung brachte. Er stellte nämlich einen Konsens infrage, der im Begriff der «Amtshandlungen» treffend zum Ausdruck kommt.[55] Insbesondere die Beerdigungen könnten, so Bohren, auch Gemeindeglieder übernehmen – damit die Theologen wieder die nötige Zeit und Ruhe fänden, das zu tun, wozu sie berufen sind: das Wort Gottes zu verkünden. Das sei nämlich ihr Amt. Trauernde zu begleiten sei im Grunde genommen ein Liebesdienst. Die Gemeinde könnte ihn erweisen und ein Zeugnis ihres Glaubens geben. Zu meinen, der Pfarrer könne die Amtshandlungen als missionarische Gelegenheit nutzen, sei ein Selbstbetrug und letztlich kontraproduktiv.

---

51 Der Vergleich mit dem Tempel ist biblisch fundiert. Vgl. dazu Wolfgang Bittner, Kirche, wo bist Du?, Zürich 1995.

52 Vgl. dazu Michael Nüchtern, Kirche bei Gelegenheit. Kasualien – Akademiearbeit – Erwachsenenbildung (= Praktische Theologie heute. Bd. 4), Stuttgart 1991.

53 Dieses typische Verhalten ist in den deutschen Kirchenmitgliedschaftsuntersuchungen analysiert worden. Vgl. www.evangelisch.de/themen/kirchenmitgliedschaftsuntersuchung (07.11.2017).

54 Diese Stabilität ist auch ein wesentlicher Faktor für den Reformstau, der schon in den 1960er Jahren beklagt wurde. Vgl. dazu Hans Schmidt, Morphologischer Fundamentalismus, in: Hans Jochen Margull (Hg.), Mission als Strukturprinzip. Ein Arbeitsbuch zur Frage missionarischer Gemeinden, 1965, 127–130.

55 Rudolf Bohren, Unsere Kasualpraxis – eine missionarische Gelegenheit?, Bd. 83 von Neue Folge, Theologische Existenz heute, München 1960.

Bohrens Gelegenheitsschrift wirft Licht auf zwei Kernprobleme der Laientheologie: das unscharfe Verständnis von Amtshandlungen einerseits und der Kompetenz der Gemeinde andererseits. Von Laien nur im erhöhten Ton als priesterlichem Volk zu sprechen, kann so falsch klingen wie das verächtliche Wort von den «getauften Heiden»[56]. Beides verstärkt und bestätigt nur die eingangs erläuterte Frontstellung von Amt und Gemeinde.

4.3 Die «Ladenkirche» – Laien werden gehört

Es ist sicher kein Zufall, dass die Forderung einer Laientheologie in der sogenannten «Kirchenreform» der 1960er Jahre – einer Zeit des gesellschaftlichen und kulturellen Aufbruchs – vermehrt aufgegriffen wurde. In der ökumenischen Bewegung versammelten sich die fortschrittlichen Kräfte. Es kam zu einem fruchtbaren Austausch zwischen den unterschiedlichen theologischen und kirchlichen Kulturen.[57] In Deutschland und in der Schweiz konnte das volksmissionarische Anliegen der *Beteiligungskirche*, mit den Zielen der Emanzipationsbewegung verbunden, eine neue Stosskraft entfalten. Aus betreuten, belehrten und bevormundeten Gemeindegliedern sollten gleichberechtigte mündige Bürger werden.

Der Modernisierungsschub fand auch in der praktisch-theologischen Theoriebildung Widerhall. Dabei sticht im deutschsprachigen Raum ein Name besonders heraus. In den Publikationen von *Ernst Lange* zeigt sich ein Ringen um eine kirchliche Praxis, in der Partizipation kein leeres Wort bleiben soll.[58] Berühmt wurde eine Art Fresh Expression of Church der ersten Stunde: die Ladenkirche am Brunsbütteler Damm.

Eingeweiht wurde sie zu Pfingsten 1960. Die Ladenkirche hatte nach dem Vorbild einer New Yorker Gemeinde, von der Lange inspiriert wurde, ein grosses Schaufenster, einen Versammlungsraum, Büro, Küche, Toiletten und einen Raum für die Kinder. Die Kirche sollte im Alltag der Menschen verankert werden – in Form eines Nachbarschaftszentrums mit Besuchsdiensten in Familien und bei Vereinen, gemeinsamen Seminaren und Nachbarschaftssonntagen. Der Hamburger Praktische Theologe Wolfgang Grünberg resümiert: «Hinter dem Experiment Ladenkirche stand die Frage, wie eine Kirche der Laien in einer Großstadt gestaltet werden kann.»

56 Eberhard Hauschildt/Uta Pohl-Patalong, Kirche. Lehrbuch Praktische Theologie, Gütersloh 2013, 290, hier auf Michael Herbst Bezug nehmend.

57 Im theologischen «melting pot» entfalteten auch die Theologie Bonhoeffers und insbesondere seine Briefe aus dem Tegeler Gefängnis internationale Wirkung.

58 Ein beredtes Zeugnis der Krisenstimmung: Hans-Dieter Bastian (Hg.), Kirchliches Amt im Umbruch, München 1971.

Mitverantwortung und Wertschätzung der Gemeindemitglieder waren die tragenden Säulen des Konzepts. Nach dem Gottesdienst blieben die Gemeindemitglieder zum Kaffeetrinken zusammen, es wurde ein Predigtvorbereitungskreis eingerichtet, bei dem die Pfarrer zusammen mit den Laien den jeweiligen Predigttext besprachen. Regelmässig fanden im Laden Elternseminare statt. Eigenverantwortlich organisierte die Gemeinde Ausflüge.

Typisch für das Ladenkirchenexperiment war auch sein politischer, befreiungstheologischer und antihierarchischer Drall. So setzte die Gemeinde durch, dass im Kirchenkreis Spandau das Superintendenten-Amt abgeschafft und durch ein Leitungsgremium ersetzt wurde. Eine Veränderung, die bis heute eine Besonderheit in der Berliner Kirchenlandschaft ist. Und in der Gemeinde legten der Pfarrer und sein Vikar den Talar ab, um zu signalisieren: Geistliche und Gemeinde stehen auf einer Stufe.[59]

Das Ideal der religiösen Sprachfähigkeit der Laien und der damit gegebenen Emanzipation der mündigen Laien von den Klerikern entfaltete vor allem in der Predigtlehre eine nachhaltige Wirkung. In Ernst Langes homiletischem Ansatz geht es um die Frage, wie die Kanzelrede zu einem Gespräch mit dem Hörer werden kann. Dabei sollen die Laien als «Sachverständige des Alltags» ihre Lebens- und Glaubenserfahrungen im Gesprächsgottesdienst einbringen können.

4.4 Das Werk der Generationen

Dank der regen publizistischen Tätigkeit Ernst Langes wurde die Ladenkirche das vielleicht berühmteste Projekt der Kirchenreform-Bewegung in Deutschland. Bezeichnenderweise blieb die Ladenkirche ein Experiment, das wenig Nachahmung fand. Die Strukturen liessen sich nicht so schnell ändern. Wenn man den Erfolg an den unbescheidenen Reformversprechen ihrer Sprecher misst, fiel die Bilanz der Kirchenreform aufs Ganze besehen relativ bescheiden aus. Mitte der 1970er Jahre wechselte die Stimmung.[60] Die erste Kirchenaustrittswelle war einerseits ein Schock für Kirchenleitungen, aber bestärkte andererseits die Stabilität des pastoralen Versorgungssystems.

Wieder zehn Jahre später gab es in der Deutschschweiz eine ganze Reihe von kirchlichen Reformbewegungen, die sich über ein ausgeprägt starkes «Laien-

59 Die Beschreibung des Gemeindelebens der Ladenkirche in diesem Abschnitt ist zitiert und zusammengefasst aus: «Experimentierfeld Ladenkirche. ‹Kirche der Laien› – ein Gemeindemodell mit Zukunft?», in: Zeitzeichen 08/2010 (zeitzeichen.net/archiv/religion-kirche-theologie/ladenkirche [07.11.2017]).

60 Eine ausführliche Analyse des Scheiterns findet sich bei Uta Pohl-Patalong, Ortsgemeinde und übergemeindliche Arbeit im Konflikt: eine Analyse der Argumentationen und ein alternatives Modell, Göttingen 2003, 112–115. Pohl-Patalong plädiert für ein Mischmodell von Parochien und subsidiären Strukturen, die sie kirchliche Orte nennt.

Selbstbewusstsein» auswiesen, einen Teil der Basis zu mobilisieren vermochten und über den Gang durch Instanzen, durch Dokumente und Personen die Kirchenpolitik prägten.[61] Man kann in der Abfolge dieser «Reform-Wellen» den Einfluss von Generationen erkennen. In diesem Lichte besehen hat schon die Kirchenreform der 1960er Jahre mehr Spuren hinterlassen, als es den Anschein macht. Wo der Akzent lag, wird auch im Vergleich mit der Gemeindebewegung deutlich.

Das Generationenwerk dieser Bewegung war die Erfindung des Kirchgemeindehauses. Es dient der *Sammlung der Gemeinde*, die ein Netzwerk von Zellen bildet und sich unter der Woche trifft, sei es als Arbeits- oder Unterrichtsgruppe, Leitungsgremium, Chor oder Verein. Die Nachkriegsgeneration hat mit ihrem Zug zur «Welt» hin das Bewusstsein für die *Sendung der Kirche* in die «Gesellschaft» hinein geschärft. Zusammen mit den Bildungshäusern wurden kirchliche Spezialpfarrämter und Dienststellen ausgebaut, um Menschen in besonderen Notlagen oder mit speziellen Interessen nahe zu sein.

Und wo stehen wir heute?

Das Erbe der 1960er und 1970er Jahre ist für die Kirchen zur finanziellen Belastung geworden. Das Personal und die Infrastrukturen, die die gesellschaftliche Präsenz der Kirche markieren und ihre Sendung lesbar machen, sind (zu) teuer geworden. Auf der anderen Seite kann die lange Erfolgsgeschichte des Kirchgemeindehauses nicht darüber hinwegtäuschen, dass auch die Sammlung der Gemeinde schwieriger geworden ist. Die Verkleinerung der Parochie in übersichtliche soziale Einheiten hat die Entstehung eines kirchlichen Milieus befördert, das vor allem für Menschen in traditionellen Lebenswelten Anknüpfungspunkte zu bieten vermag.[62] Andere finden keinen Anschluss.

4.5 Missionale Ekklesiologie – dezentrale Strukturen

Das Stichwort *Milieuverengung* muss genügen, um das Problem zu markieren, das sich schon in Kraemers Ansinnen der dezentralen Strukturen finden lässt.[63] Die Gemeinde ist herausgefordert, kreativ und kontextsensibel auf Pluralisierung und Individualisierung zu reagieren. Laien sind keine amorphe Masse und das Kirchenvolk eine höchst heterogene Grösse, die differenziert wahrgenommen

61 Auf nationaler Ebene war dies die «Schweizerisch Evangelische Synode» (1981–1988), im Kanton Zürich die «Disputation 84». Zu nennen sind auch das Konzil «Gerechtigkeit, Frieden und Bewahrung der Schöpfung» oder die «Ökumenische Frauenbewegung».

62 Michael Meyer-Blanck, Gottesdienstlehre, Tübingen 2014, 247–250.

63 Der Verlust der sogenannten Arbeiterschaft beschäftigte die Praktische Theologie schon im 19. Jahrhundert. Die gesellschaftlichen und kulturellen Differenzierungsprozesse in den 1960er und 1990er Jahren schärfte das Bewusstsein für die Milieuorientierung des kirchlichen Handelns.

werden muss. Lebensweltstudien, die das Knowhow aus Soziologie und Marktforschung kombinieren, vermitteln ein relativ akkurates Bild der Bedürfnisse, Leitwerte und ästhetischen Präferenzen, die auch für den religiösen Bereich relevant sind. Sie geben eine Art Karte an die Hand, um passgenaue Konzepte für Gemeindeprogramme zu entwickeln.[64] Die Frage ist nur, mit welchem Ziel.

Wenn das Ziel Gemeindeaufbau heisst, kommt man nicht umhin, Laientheologie mit dem Anliegen der Mission zu verknüpfen.[65] Der Begriff ist belastet. In den 1980er Jahren hatte der Gemeindeaufbau eine dezidierte missionarische Ausrichtung und wurde entsprechend kontrovers diskutiert. Kritisiert wurde die Tendenz, die «Eingemeindung» mit einem frommen Programm zu verbinden und so eine Art «Zweiklassengesellschaft» in der Gemeinde zu fördern. Am «Missionarischen» haftete der pietistische Stallgeruch, der denen in die Nase gestochen hat, die den Duft des «Volkskirchlichen» bevorzugten.[66]

Seit der Jahrtausendwende ist ein frischer Wind in die Diskussion gekommen. Sie hat mit der Leitvorstellung einer *missionalen Ekklesiologie* eine neue Stossrichtung gefunden.[67] Was der Wechsel vom missionarischen zum missionalen Paradigma ausmacht, lässt sich an der veränderten Wahrnehmung der Laien ablesen. Sie werden nicht länger als *Objekte* einer Strategie angesehen, mit der die Kirche versucht, Mitglieder bei der Stange zu halten. Sie sind vielmehr *Subjekte* einer Mission, die sich von der Sendung Gottes bewegt weiss. Das Ziel der kirchlichen Mission lässt sich mit der Geburtshilfe vergleichen. Es sollen Ressourcen und Räume zur Verfügung gestellt werden. Nicht um Menschen in die Kirche hineinzubringen, sondern um ihnen zu ermöglichen, eine christliche Gemeinschaft in ihrer Lebenswelt aufzubauen. Um es mit einem Vergleich zu sagen: In Ernst Langes Ladenkirche haben Menschen mit ihren Alltagssorgen Gehör gefunden – in missionalen Gemeinschaften können sie ihre Sprache sprechen.[68]

Die Vision der missionalen Ekklesiologie fasziniert und vereint ganz unterschiedliche kirchliche Lager. Alte Fronten haben sich aufgeweicht. Es bleibt indes eine kybernetische Knacknuss, welche Strukturen sich am besten eignen, um neuen Gemeinden oder Zellen zum Leben zu verhelfen – welche Couleur oder welches Odeur sie auch immer aufweisen. Die praktischen Antworten darauf

64 Vgl. dazu Roland Diethelm/Matthias Krieg/Thomas Schlag (Hg.), Modelle kirchlicher Zukunft, Zwei Bände, Zürich 2012.

65 Matthias Zeindler, Mission in der Volkskirche, in: Walter Dürr/Ralph Kunz, Kirche reimaginieren, 175–192 (Anm. 9).

66 Grundlegend und klärend sind die beiden Bände von Christian Möller, Lehre des Gemeindeaufbaus, Göttingen 1989/1990.

67 Eine gute Übersicht gibt Tobias Faix, Mission und Evangelisation, in: Ralph Kunz/Thomas Schlag (Hg.), Handbuch für Kirchen- und Gemeindeentwicklung, Neukirchen-Vluyn 2014, 441–449.

68 Michael Moynagh, Einführung in Theorie und Praxis, Giessen 2016, 217–243.

fallen – je nach Kontext – sehr verschieden aus. Ein Teil der Emergent Church versteht sich als Grasroot movement und zeigt insgesamt ein kleines Interesse, sich in den kirchlichen Strukturen einzurichten.

Näher an unseren kirchlichen Verhältnissen ist die *fresh expressions of church movement* in der Kirche von England. Sie ist wiederum Teil einer Reformbewegung, die schon in den 1980er Jahren begonnen hat und verschiedene Strömungen in sich vereint. Missionale Ekklesiologie bildet den theologischen Rahmen für den grösseren Zusammenhang der kirchlichen Erneuerung, die von Anfang an eine Politik der «Mixed Economy» verfolgte.[69] Zur Mehrfachstrategie gehören nebst den kontextuellen Gemeinschaften auch Kommunitäten (New Monasticism), klassischer Gemeindeaufbau (Parish Renewal) und Gemeindegründungen (Church Planting).

5. Ausblick

Wie man Erfahrungen aus England oder anderswo auf hiesige Verhältnisse übersetzen und für Reformen nutzen kann, ist nicht allein eine Frage der *Kybernetik*, also der Steuerung, Leitung und Entwicklung der Organisation Kirche. Es ist auch und gerade im Blick auf die Motivierung und Mobilisierung der Laien eine Frage der *Ekklesiologie*, die das geistliche Fundament der Kirche wieder stärker ins Zentrum rückt und kybernetisch, synergetisch und energetisch verknüpfen kann. Sie fragt nicht nur nach der guten Leitung (Kybernese), sondern auch nach der Kraft (Energie), die bei jedem und jeder Einzelnen ansetzt und Gemeinde aufbaut.[70] Das entscheidende Bindeglied – und man muss mit Blick auf die gegenwärtige Diskussion von einem *missing link* sprechen – ist die Frage, wie Menschen mit unterschiedlichen Gaben und Kompetenzen am Aufbau der Gemeinde zusammenarbeiten können (Synergie).

Mein Rundgang schliesst mit der Forderung, dass das allgemeine Priestertum aus der Frontstellung gegen das Amt befreit werden muss. Nicht nur die Leitung, sondern auch die anderen Themenfelder – Seelsorge, Bildung und Gottesdienst – wären für eine Weiterarbeit und theologische Vertiefung des Gemeindeaufbaus vermehrt zu berücksichtigen. Dabei ist das *Zusammenspiel* von Haupt- und Ehrenamt in der Kirche als Chance und nicht nur als Problem zu verhandeln.[71] Hier könnte gerade die reformierte Ekklesiologie und Theologie mit ihrer starken

69 Vgl. Sabrina Müller, Atmosphärische Bedingungen kirchlicher Erneuerung, in: Dürr/Kunz, Kirche re-imaginieren, 75–100 (Anm. 9).

70 Die Zusammenschau von Kybernetik, Synergetik und Energetik ist ein Desiderat der praktischen Ekklesiologie.

71 Cornelia Coenen-Marx/Beate Hofmann, Symphonie – Drama – Powerplay. Zum Zusammenspiel von Haupt- und Ehrenamt in der Kirche, Stuttgart 2017.

Betonung des Heiligen Geistes sehr viele wertvolle Impulse beisteuern. Vielleicht muss man von einem Schatz sprechen, der noch nicht gehoben wurde?

Wird die Mitarbeit in Gemeinde und Kirche *pneumatologisch* fundiert, steht die geistliche Formation aller an der Mitarbeit Beteiligten auf der Agenda. Was im Englischen «spiritual formation» heisst, ist in unseren Gemeinden noch nicht angekommen oder wird nur im Horizont der Selbstformation wahrgenommen. Wenn aber spirituell gebildete Persönlichkeiten das Fundament der christlichen Gemeindepraxis sind, kann gar nicht genug für ihre Bildung und Schulung getan werden. Tun wir es nicht, verliert das Leitungsmodell der Reformierten seine geistliche Basis.[72] Eine vertiefte Diskussion über «Discipleship», die in der englischen Kirchenerneuerung ein zentrales Element bildet, könnte dafür eine geeignete praktisch-theologische Perspektive bieten.[73] Es gibt also noch viel zu tun in den nächsten fünfhundert Jahren. Die Reformation hat erst begonnen.

72 So konstatierte schon die erste Kirchenmitgliedschaftsstudie Helmut Hild (Hg.), Wie stabil ist die Kirche? Bestand und Erneuerung, Ergebnisse einer Meinungsbefragung, Gelnhausen/Berlin 1974, 275: «Der empirische Befund stellt die Kirche als System vor die Alternative, ob sie die Tatsache, dass die pastorale Struktur der Volkskirche vorerst ziemlich unversehrt ist, positiv aufnehmen und ausbauen will oder ob sie sich langfristig auf den gemeindekirchlichen Aspekt, die volle Mitbestimmung und Mitverantwortung der Laien, die Gleichwertigkeit aller Ämter, Dienste und Verantwortungen als Ziel einlassen will.»

73 Der Begriff ist schwierig zu übersetzen. Am ehesten trifft es «Nachfolge». In Michael Moynagh, Einführung, 363–389 (Anm. 69). Vgl. dazu auch Kunz, Aufbau der Gemeinde, 101–111 (Anm. 47).

Martin Sallmann

Das allgemeine Priestertum in kirchengeschichtlicher Perspektive

1. Der Priester als Mittler zwischen Gott und Menschen

Die biblischen Zeugnisse nehmen die Begriffe des Priesters (gr. ἱερεύς) nur zurückhaltend auf.[1] Die frühe christliche Gemeinde verstand sich selbst nicht eingeordnet in die kultischen Zusammenhänge des Priesters, der im Tempel (gr. ἱερόν) mit den heiligen Dingen (gr. ἱερά) umgeht. Jesus Christus ist nach dem Hebräerbrief der Hohepriester, der den vorausgehenden Opferkult durch das einmalige Opfer am Kreuz vollendete (Hebr 4–10). Die ganze christliche Gemeinde wird zum Volk Gottes, zur heiligen und königlichen Priesterschaft, das Gott geistliche Opfer darbringt (1Petr 2,4f.9f.; Offb 1,6; 5,10). Die Gemeinden bezeichneten die Träger besonderer Aufgaben unter anderem als «Apostel», «Episkopen» (Aufseher), «Diakone» (Diener) und «Presbyter» (Älteste). Diese Begriffe entstammten nicht der zeitgenössischen Sprache des Kultischen oder der Administration, sondern spiegelten die wesentlichen Erfahrungen der Sendung zur Verkündigung und den Dienst an der Gemeinde wider.[2] Im 2. Jahrhundert zeigte sich ein dreigliedriges Amt mit dem Bischof, welcher der Ortskirche vorstand, sowie den Presbytern und Diakonen. Sowohl in der kirchlichen als auch in der monastischen Ausgestaltung des Christentums entwickelte sich dann im weiteren Verlauf der Geschichte das Priestertum, das für die Liturgie zuständig war.[3] Wesentliche Aufgabe des Priesters war jetzt der Kult, die Feier der Sakramente. In der Messe bereitete er Leib und Blut Christi kraft seiner Weihe durch die Konsekration und brachte damit Gott das Opfer dar. Diese zentrale Stellung führte schliesslich im Frühmittelalter dazu, dass der Priester als Mittler zwischen Gott und den Menschen be-

---

1 Gottlob Schrenk, Art. το ἱερόν und ἱερεύς, in: ThWNT 3 (1938), 230–247. 257–265.

2 Arnold Angenendt, Geschichte der Religiosität im Mittelalter, Darmstadt 1997, 440; Georg Kraus, Art. Priestertum. III. Christentum. 1. Katholisch, in: RGG[4] 6 (2003), 1652–1654, 1652.

3 Angenendt, Religiosität, 441–444 (Anm. 2).

zeichnet wurde, – eine Stellung, welche die Pastoralbriefe noch allein Christus zugesprochen hatten (1Tim 2,5). Auch wenn die scholastische Theologie daran erinnerte, dass die alleinige Mittlerschaft Jesus Christus zukomme, blieb die vermittelnde Funktion des Priesters erhalten. Damit verbunden war die klare Unterscheidung zwischen dem geweihten Klerus und dem einfachen Kirchenvolk der Laien, so dass es zwei Arten von Christen (*duo genera Christianorum*) gab.[4]

2. Taufe und Glaube als Vermittlung zwischen Gott und Menschen

Martin Luther brachte im Kampf mit der römischen Kirche in seinen reformatorischen Schriften des Jahres 1520 das Argument des allgemeinen Priestertums ein.[5] Nachdem er schon mit der Kritik der Busspraxis in den 95 Thesen von 1517 auch die Stellung der Priester kritisiert hatte,[6] nahm er das Anliegen in seiner Schrift «*An den Christlichen Adel deutscher Nation von des Christlichen standes besserung*»[7] auf, in der er eine Reformation der Kirche forderte und auch ausführte. Er wandte sich an die weltliche Obrigkeit, weil die geistliche Obrigkeit sich hinter drei Mauern, die sie selbst errichtet habe, verstecke und damit die Reformation der Kirche verhindere. Die erste Mauer sei die Unterscheidung zwischen weltlicher und geistlicher Gewalt, wobei die geistliche Gewalt die Überordnung über die weltliche Gewalt behaupte und sich damit dieser entziehe. Die zweite Mauer bestehe in der Unterordnung der Schrift unter die päpstliche Lehrgewalt. Und die dritte Mauer sei aufgerichtet im Anspruch des Papstes, allein ein Konzil einzuberufen.[8] Die Stossrichtung der Schrift ging gegen den Klerus und vor allem gegen den Papst und seine Befugnisse. In der Ausführung zur ersten Mauer kritisierte Luther die Unterscheidung zwischen geistlichem und weltlichem Stand, denn alle Christen seien wahrhaftig geistlichen Standes «*unnd sein gleyche Christen, den die tauff, Evangelium und glauben, die machen allein geistlich und Christen volck*».[9] Nicht salben, ordinieren, weihen, Tonsuren schneiden und

---

4 Angenendt, Religiosität, 444–446 (Anm. 2).

5 Hans-Martin Barth, Einander Priester sein. Allgemeines Priestertum in ökumenischer Perspektive (Kirche und Konfession 29), Göttingen 1990, 29–53; Bernhard Lohse, Luthers Theologie in ihrer historischen Entwicklung und in ihrem systematischen Zusammenhang, Göttingen 1995, 308–310.

6 Martin Luther, Disputatio pro declaratione virtutis indulgentiarum, in: D. Martin Luthers Werke. Kritische Gesammtausgabe [= WA], Bd. 1, hg. von Joachim Karl Friedrich Knaake, Weimar 1883, [229] 233–238, 233.

7 Martin Luther, An den Christlichen Adel deutscher Nation von des Christlichen standes besserung, in: WA 6, hg. von Joachim Karl Friedrich Knaake, Weimar 1888, [381] 404–469, 404,1f.

8 WA 6, 406,21–29.

9 WA 6, 407,18f.

andere Kleidung tragen mache den Christen oder den geistlichen Stand aus, sondern alle würden durch die Taufe zu Priestern geweiht.[10] Weil also auch die Inhaber der weltlichen Gewalt getauft seien, denselben Glauben teilten und das gleiche Evangelium hörten, gehörten sie dem geistlichen Stand an und hätten als Amtsträger Pflichten gegenüber der Gemeinde.[11] Wenn die geistlichen Amtsträger die kirchlichen Missstände nicht behöben, seien die weltlichen Amtsträger verpflichtet und dazu auch in der Lage.[12] Luther führte das allgemeine Priestertum im Zusammenhang der Auseinandersetzung mit dem Klerus aus, der seinen Aufgaben nicht nachkommt. Die Inhaber der weltlichen Gewalt werden als Glieder der christlichen Kirche angesprochen, die ihre Aufgabe für die Kirche wahrnehmen dürfen und müssen. Wichtig ist, dass Luther die Unterscheidung zwischen dem Stand der Priester und der Laien zwar scharf kritisierte, aber am Unterschied des Amtes festhielt. Priester, Bischof und Papst haben ein bestimmtes Amt, das aber an der christlichen Gemeinde hängt und nicht umgekehrt. Das kirchliche Amt beruht nicht auf der Angehörigkeit zu einem bestimmten Stand, sondern auf der Beauftragung, dieses öffentlich für die Kirche auszuüben: «*Dan was ausz der tauff krochen ist, das mag sich rumen, das es schon priester, Bischoff und Bapst geweyhet sey, ob wol nit einem yglichen zympt, solch ampt zu uben.*»[13] Diese Unterscheidung zwischen Priestertum und Amt bringt er 1530 in der Auslegung zu Psalm 82 klar zum Ausdruck: «*Es ist war, alle Christen sind priester, Aber nicht alle Pfarrer. Denn uber das, das er Christen und priester ist, mus er auch ein ampt und ein befolhen kirchspiel haben. Der beruff und befelh macht Pfarher und Prediger.*»[14]

Die Stossrichtung, dass gegenüber dem Versagen der kirchlichen Amtsträger alle Christen zur Abhilfe der Missstände aufgerufen und verpflichtet sind, lässt sich auch bei den zwei folgenden Mauern beobachten. Das wahre Schriftverständnis kann durch den Heiligen Geist allen Christen erschlossen werden. Und jeder Christ kann für die Behebung kirchlicher Missstände sorgen, wenn die kirchlichen Amtsträger es nicht tun und ein entsprechendes Konzil an der Überordnung des Papsttums scheitert. Die Betonung des allgemeinen Priestertums hat grundlegende ekklesiologische Implikationen, die aber mit Blick auf die kirchlichen Missstände formuliert werden.

Luther konnte die Begründung des allgemeinen Priestertums unterschiedlich akzentuieren. Taufe, Glaube und Evangelium erwähnte er schon in der Adels-

---

10 WA 6, 407,19–23.

11 WA 6, 408,8–11.

12 WA 6, 410,3–8.

13 WA 6, 408,11–13.

14 Martin Luther, Der LXXXII. Psalm (1530), in: WA 31 I, hg. von Karl Drescher, Weimar 1913, [183] 189–218, 211,17–20. Siehe dazu auch Harald Goertz, Allgemeines Priestertum und ordiniertes Amt bei Luther (Marburger Theologische Studien 46), Marburg 1997.

schrift, wobei der Akzent auf der Taufe lag. Er kann aber zur Begründung auch auf den Glauben rekurrieren. Schon 1520 heisst es in «*Eyn sermon von dem newen Testament, das ist von der heyligen Messe*»[15]:

> «sihe, alle die, wo sie sein, das seyn rechte pfaffen, und halten warhafftig recht meß, erlangen auch damit, was sie wollen. Dan der glaub muß allis thun. Er ist allein das recht priesterlich ampt, und lesset auch niemant anders seyn: darumb seyn all Christen man pfaffen, alle weyber pffeffyn, es sey iunck oder alt, herr oder knecht, fraw oder magd, geleret oder leye. Hie ist kein unterscheidt, es sey denn der glaub ungleych.»[16]

Der argumentative Zusammenhang ist das rechte Verständnis und die rechte Feier der Messe, so dass hier das allgemeine Priestertum mit Blick auf Vergebung und Erlösung akzentuiert ist. Auch später kann Luther diese Begründung in Predigten oder in Auslegungen wieder festhalten.[17]

In dieser frühen Phase der Reformation war das Prinzip des allgemeinen Priestertums vom Anliegen geprägt, den Stand der Kleriker und dessen weitreichende Befugnisse zu begrenzen, um damit dem reformatorischen Wirken in der Kirche Raum zu schaffen und die entsprechende Begründung zu geben. Luther äusserte sich in den späteren Jahren nicht mehr in dieser zugespitzten Weise zum allgemeinen Priestertum. Die Begründung des allgemeinen Priestertums mit Taufe und Glaube eröffnete die Möglichkeit, die unterschiedlichen Berufe und Stände in Kirche und Welt in ihrer Gleichwertigkeit wahrzunehmen. Dennoch zog Luther aus dem allgemeinen Priestertum keine grundlegenden ekklesiologischen Schlüsse. Es wurde nicht zur Grundlage einer evangelischen Kirchenverfassung, und er strebte auch nicht eine kongregationalistische Kirche an. Vielmehr dürfte ihn der Streit mit dem sogenannten linken Flügel der Reformation in dieser Hinsicht skeptisch gemacht haben.

Auch *Huldrych Zwingli* nahm in seiner Abhandlung zum Schriftverständnis 1522 auf das allgemeine Priestertum Bezug. Mit dem «königlichen Priestertum» (*regale sacerdotium*) zu begründen, dass die geistliche Obrigkeit auch weltliche Obrigkeit sein könne, lehnte er rundweg ab. Die entsprechende Bibelstelle (1Petr 2,9) meine vielmehr, dass alle Christen durch Jesus Christus zu königlicher Würde und Priesterschaft erwählt worden seien. Sie brauchten daher keinen vermittelnden Priester, der für sie opfere. Jeder sei selbst ein Priester, der sich Gott

15 Martin Luther, Eyn sermon von dem newen Testament, das ist von der heyligen Messe, in: WA 6, [349] 353–378.

16 WA 6, 370,22–28.

17 Martin Luther, Predigt in der Pfarrkirche zu Weimar. 19. Sonntag nach Trinitatis am 26. Oktober 1522, in: WA 10 III, hg. von Paul Pietsch, Weimar 1905, 394–399, 398,24–29; Martin Luther, Epistel Sanct Petri gepredigt und ausgelegt. Erste Bearbeitung 1523, in: WA 12, hg. von Paul Pietsch, Weimar 1891, [249] 259–399, 307,22f. 316,26f.

als geistliches Opfer darbringe.[18] Im grösseren Zusammenhang der Begründung des Schriftprinzips, nämlich dass Gottes Wort ohne menschliche Bestätigung auskomme, kritisierte er als Beispiel für menschliche Lehre die Begründung fürstbischöflicher und päpstlicher Stellung mit dem «*regale sacerdotium*». Die Ausführung der Bibelstelle im engeren Sinne erhält dann aber eine soteriologische Akzentuierung. Einen das Heil vermittelnden Priester braucht es nicht mehr.

3. Allgemeines Priestertum als ekklesiologische Grundlage für die kongregationalistische Gemeinde

Obwohl das Täufertum keine ausführliche Lehre vom allgemeinen Priestertum entwickelte, ist dieses für das täuferische Verständnis der christlichen Gemeinde der Sache nach grundlegend geworden.[19] Schon das frühe Täufertum war stark geprägt vom Antiklerikalismus, der nicht nur den Klerus der römischen Kirche traf, sondern nach dem Bruch mit den Reformatoren auch gegen diese gerichtet war.[20] Der Kreis um Konrad Grebel beispielsweise schlug gegenüber Zwingli, der ein zurückhaltendes Vorgehen bei der Umsetzung der Reformation in Zürich befürwortet hatte, antiklerikale Töne an. In zwei Briefen an Thomas Müntzer beurteilte Grebel 1524 die Achtung sowohl des päpstlichen Wortes als auch des Wortes der «*widerbepstlichen*» Prediger als Verachtung des göttlichen Wortes und stellte das «*pfäffische*» Gehabe den Bräuchen der Apostel gegenüber.[21] Die Reformatoren in Zürich und Wittenberg fielen täglich von einer «*gschriftverkerung*» in die andere und seien daran, wahre «*bäpstler und bäpst*» zu werden.[22] Ein expliziter, positiver Bezug zum Klerus war daher weder gefragt noch möglich. Vielmehr wies Grebel darauf hin, dass sie den Mangel der Hirten erkannt hätten, nachdem sie selbst «*die gschrift ouch zehand genommen habend*».[23] Grebel hatte Zwinglis Auffassung zum Schriftverständnis aufgenommen, wonach

18 Huldrych Zwingli, Von Klarheit und Gewissheit des Wortes Gottes, in: Huldreich Zwinglis Sämtliche Werke [= Z], Bd. 1, hg. von Emil Egli/Georg Finsler (Corpus Reformatorum 88), Berlin 1905, [328] 338–384, 376,34–377,5.

19 Daniel Geiser-Oppliger, Art. Priestertum, allgemeines, in: MennLex V/2 (www.mennlex.de, 10.08.2017).

20 Hans-Jürgen Goertz, Die Täufer. Geschichte und Deutung, München ²1988, 43–51; Hans-Jürgen Goertz, Antiklerikalismus und Reformation. Sozialgeschichtliche Untersuchungen, Göttingen 1995; Olaf Mörke, Die Reformation. Voraussetzungen und Durchsetzung (Enzyklopädie deutscher Geschichte 74), Berlin/Boston ³2017, 121–125.

21 Konrad Grebel und Genossen an Thomas Müntzer (05.09.1524), in: Quellen zur Geschichte der Täufer in der Schweiz. Bde. 1–4, Zürich 1952–2008 [= QGTS], Bd. 1: Zürich, hg. von Leonhard von Muralt/Walter Schmid, Zürich ²1974, 13–21 (Nr. 14), 14. 16.

22 QGTS I, 13–21 (Nr. 14), 20f.

23 QGTS I, 13–21 (Nr. 14), 14.

jeder, der nach Gottes Wort verlange, es auch erhalten werde.[24] Das Licht Gottes leuchtet und der Heilige Geist atmet im Wort Gottes und bringt daher seine Klarheit und Erleuchtung mit, so dass der Gläubige es versteht und bekennt.[25] Es braucht daher kein geweihtes Amt und keine philologische Gelehrsamkeit, um die Schrift zu verstehen und auszulegen. Damit war eine wesentliche Grundlage gegeben, um zu einer Gemeindeordnung zu gelangen, wie sie die Schleitheimer Artikel von 1527 widerspiegeln. Um den Abendmahlstisch versammeln sich die wahrhaft Gläubigen, die durch die Taufe Zugang zur Gemeinde erhalten haben und die zusammen mit Schwestern und Brüdern in der Nachfolge Jesu Christi stehen.[26]

4. Geistliche Erneuerung der Gemeinde durch das allgemeine Priestertum

Die kirchliche Reformschrift, die Philipp Jakob Spener erstmals 1675 in einer Vorrede zu einer Neuausgabe von Johann Arndts Evangelienpostille, einer Predigtsammlung für Sonn- und Festtage, veröffentlicht hatte und die danach als eigene Veröffentlichung unter dem Titel «*Pia desideria*» ihren Weg als pietistisches Reformprogramm antreten sollte, umfasste sechs Reformvorschläge.[27] Grundlegend waren die ersten zwei Punkte über die Schrift und das allgemeine Priestertum. Das Wort Gottes sollte vermehrt unter die Gemeindeglieder kommen. Spener schlug drei mögliche Vorgehen vor: Zum einen sollte jeder die Schrift vermehrt lesen, wobei Spener mit dieser Privatlektüre an die Lektüre des *Pater familias* im Haus anknüpfte. Zum anderen sollten ganze biblische Bücher in einer *lectio continua* öffentlich in der Gemeinde gelesen werden. Und schliesslich sollten Versammlungen stattfinden, in denen die Heilige Schrift gelesen und miteinander besprochen wird. Diese Vorschläge intensiverer Lektüre der Schrift wollte Spener nicht in Konkurrenz zur traditionellen Predigt verstanden wissen. Vielmehr berief er sich dazu auf Luther. Als zweiten Reformpunkt führte er, wiederum in expliziter Anknüpfung an Luther, das «geistliche Priestertum» aus. Alle Christen seien von ihrem Erlöser zu Priestern gemacht, mit dem Heiligen Geist gesalbt und zu priesterlichen Verrichtungen fähig. Das Predigtamt werde dadurch nicht eingeschränkt. Vielmehr erhalte der Prediger als Leiter und ältester Bruder eine wichtige Hilfe.[28] Nur zwei Jahre später veröffentlichte Spener eine

24 Z I, 359,34–360,1.

25 Z I, 365,16–19; 364,15–18; 361,31f.

26 [Michael Sattler], Brüderliche Vereinigung (24.02.1527), in: QGST II: Ostschweiz, hg. von Heinold Fast, 1973, 26–36 (Nr. 26).

27 Siehe zum Ganzen Barth, Einander Priester sein, 54–78.

28 Philipp Jacob Spener, Pia desideria (Kleine Texte für Vorlesungen und Übungen 170), hg. von Kurt Aland, Berlin ^{3}1964, 53,31–60,29; Johannes Wallmann, Der Pietismus, Göttin-

eigene Publikation, in der er das «geistliche Priestertum» ausführte.[29] Es umfasst drei Aufgaben: (1) Die Gläubigen bringen sich Gott als Opfer dar, stellen Leib und Seele in den Dienst Gottes und widmen sich auch den Bedürftigen. Die tätige Frömmigkeit, die sich an Gott ausrichtet und sich aktiv im Leben einbringt, wird hier sichtbar. (2) Fürbitte und Segen, die Christen für ihre Mitmenschen üben, schliessen sich als zweite Aufgabe an. (3) Die dritte Aufgabe ist der Umgang mit dem Wort Gottes, den Spener auch als das prophetische Amt der Christen bezeichnen kann. In den «*Pia desideria*» war dies der erste Reformpunkt. Alle Christen dürfen die Schrift selbst lesen und die Lehre ihrer Prediger überprüfen. Um die Schrift zu verstehen, bedarf es nicht eines Studiums. Die Gläubigen verstehen, was ihnen zum Heil und Wachstum des inneren Menschen dient, weil sie durch den Heiligen Geist gesalbt und erleuchtet werden. Was sie lesen und verstehen, sollen sie miteinander teilen. Eigentlich gehören alle Christen diesem Stand an, weil Christus das «geistliche Priestertum» allen erworben habe. Spener nimmt aber wahr, dass nicht alle dieser Berufung nachkommen. Daher sind es die mit dem Heiligen Geist «gesalbten» Menschen, die dadurch wiedergeboren sind und die dem «geistlichen Priestertum» angehören. Damit sind auch die Frauen gemeint, die an den erwähnten priesterlichen Aufgaben teilhaben.[30]

Diese Konzeption ging über die Ausführungen in den «*Pia desideria*» hinaus. Die Versammlungen konnten auch ohne Pfarrer stattfinden und Frauen waren ausdrücklich gleichgestellt. Allerdings waren die Grenzen von Reden und Lehren der Frauen mit der Öffentlichkeit der Veranstaltungen gegeben.[31] Hatten die Reformatoren sich mit dem allgemeinen Priestertum kontroverstheologisch in erster Linie gegen den Priesterstand der römischen Kirche gewendet, richtete sich dieses jetzt gegen die eigene Kirche.[32] Das Motiv Speners war in erster Linie die Belebung der kirchlichen Praxis und nicht die Darlegung eines neuen ekklesiologischen Modells. Die *collegia pietatis* sah er nicht in Konkurrenz oder als Alternative zu seiner Kirche mit ihren Predigtgottesdiensten, sondern als wiederentdeckte Form der Ausgestaltung christlichen Lebens.

Im lutherischen Pietismus ging die innerkirchliche Bewegung der separatistischen Bewegung voraus. Den ersten Gesprächskreis, das *Collegium pietatis*, wie es bald genannt wurde, hatte Spener 1670 im Studierzimmer des Pfarrhauses eingerichtet. Seit 1675 entstanden weitere Konventikel in Frankfurter Bürgerhäu-

---

gen 2005, 82f.; Martin Brecht, Philipp Jakob Spener, sein Programm und dessen Auswirkungen, in: Der Pietismus vom siebzehnten bis zum frühen achtzehnten Jahrhundert (Geschichte des Pietismus 1), hg. von Martin Brecht, Göttingen 1993, 278–389, 307f.

29 Wallmann, Pietismus, 96 (Anm. 28).

30 Barth, Einander Priester sein, 62–69 (Anm. 5).

31 Ruth Albrecht, Frauen, in: Glaubenswelt und Lebenswelt (Geschichte des Pietismus 4), hg. von Hartmut Lehmann, Göttingen 2004, 522–555, 524–527.

32 Barth, Einander Priester sein, 56 (Anm. 5).

sern. Im Saalhof am Mainufer traf sich der Kreis der «Saalhofpietisten» um Johanna Eleonora von Merlau, Maria Juliana Baur von Eyseneck und Johann Jakob Schütz. Seit 1676 besuchte Schütz das Abendmahl wegen der – gemäss seiner Einschätzung – grossen Zahl der Unwürdigen nicht mehr, seit 1682 blieb er auch dem öffentlichen Gottesdienst fern. Nachdem aus diesem Kreis die lutherische Abendmahlslehre als Götzendienst verunglimpft worden war, sagte sich Spener von seinen Freunden los.[33] Geprägt von mystisch-spiritualistischen Auffassungen, kritisierten die radikalen Pietisten die institutionalisierte Kirche, die kirchliche Sakramentsverwaltung und schliesslich auch die entsprechende kirchliche Abendmahlslehre. Bei den «Saalhofpietisten» wurde sogar die Auswanderung als Möglichkeit in Betracht gezogen, um aus dem «Babel» Frankfurts in die Neue Welt in Nordamerika zu gelangen. Schütz gründete mit Gesinnungsgenossen die Frankfurter Landcompagnie und erwarb in Pennsylvania einen umfangreichen Landbesitz.[34] Auch nach Speners Weggang bestanden in Frankfurt separatistische Kreise fort. Schütz lehnte noch auf dem Sterbebett das Abendmahl ab und erhielt kein kirchliches Begräbnis. Seine Frau blieb weiterhin der Kirche fern und verweigerte die Konfirmation ihrer Kinder. Eine Tochter blieb der separatistischen Tradition verbunden.[35]

Das allgemeine Priestertum wurde also sowohl im kirchlichen als auch im radikalen Pietismus vertreten, so dass es ekklesiologisch in beide Richtungen gehen konnte. Im radikalen Pietismus diente es wohl noch stärker der Ermächtigung: Johanna Eleonora Peterson geb. von Merlau bezog es in der Vorrede zu einer Publikation ausdrücklich auf sich, um möglichen Kritikern zuvorzukommen, dass sie als Frau publiziere.[36]

5. Allgemeines Priestertum als ekklesiologische Grundlage für die Volkskirche

Nach der politischen Zäsur der Französischen Revolution kam es zu einem langwierigen Prozess, in dem sich die Zuordnung zwischen Kirche und Staat in unterschiedlichen Kontexten ausdifferenzierte. Nachdem im *Ancien Régime* Religion im Wesentlichen territorial organisiert war und die weltliche Obrigkeit eine prägende Rolle für die Kirchen spielte, wurde Religion im 19. Jahrhundert als Indi-

33 Wallmann, Pietismus, 76–79. 96–99 (Anm. 28).

34 Wallmann, Pietismus, 141f (Anm. 28).

35 Hans Schneider, Der radikale Pietismus im 17. Jahrhundert, in: Der Pietismus, hg. von Martin Brecht, 391–437, 400.

36 Kaspar Bütikofer, Der frühe Zürcher Pietismus (1689–1721). Der soziale Hintergrund und die Denk- und Lebenswelten im Spiegel der Bibliothek Johann Heinrich Lochers (1648–1718) (Arbeiten zur Geschichte des Pietismus 54), Göttingen 2009, 425.

vidualrecht bestimmt. Die Gewissens- und Glaubensfreiheit wurde dem einzelnen Bürger zugestanden. Neben den etablierten Kirchen organisierte sich das Christentum in neuen institutionellen Formen, nämlich den Vereinen, die Gleichgesinnte versammelten, um einen gemeinsamen, bestimmten Zweck zu erreichen.[37]

Die erwecklichen Kreise im 19. Jahrhundert knüpften an die pietistische Bewegung an. Im Gegensatz zum Pietismus, der seine reformerischen Bewegungen im Inneren der Kirchgemeinden angesetzt hatte, versuchten die erwecklichen Gruppierungen das Gesamte der Gesellschaft zu erreichen. Die «innere Mission» strebte in einer Analogie zur «äusseren Mission» an, die formal einer Kirchgemeinde angehörenden, getauften Mitglieder zu erreichen und damit zugleich die gesamte Gesellschaft zu erneuern. Johann Hinrich Wichern hatte das Programm der «inneren Mission» in einer Grundsatzrede auf dem Wittenberger Kirchentag 1848 entworfen und ein Jahr später ausgeführt in einer Denkschrift mit dem Titel «*Die innere Mission der deutschen evangelischen Kirche*» publiziert.[38] Als Definition hielt er fest:

> «Als innere Mission gilt uns nicht diese oder jene einzelne, sondern die gesamte Arbeit der aus dem Glauben an Christum geborenen Liebe, welche diejenigen Massen in der Christenheit innerlich und äußerlich erneuern will, die der Macht und Herrschaft des aus der Sünde direkt oder indirekt entspringenden mannigfachen äußern und innern Verderbens anheimgefallen sind, ohne daß sie, so wie es zu ihrer christlichen Erneuerung nötig wäre, von den jedesmaligen geordneten christlichen Ämtern erreicht werden.»[39]

Da die vorgesehenen Ämter allein diese «innere» und «äussere» Erneuerung nicht leisten konnten, wurden mit der «inneren Mission» alle Christen mobilisiert. In diesem Zusammenhang wurde das allgemeine Priestertum, zu dem sich Wichern immer wieder geäussert hat, grundlegend. Ausdrücklich bezog er sich dabei auf Luther und Spener,[40] wies aber darauf hin, dass es im allgemeinen Priestertum nicht nur um das Recht des einzelnen Gemeindeglieds, sondern auch um das Bewusstsein der persönlichen Verpflichtung gehe, denn der Herr fordere Dienst,

---

37 Dieter Kraus, Schweizerisches Staatskirchenrecht. Hauptlinien des Verhältnisses von Staat und Kirche auf eidgenössischer und kantonaler Ebene (Jus Ecclesiasticum 45), Tübingen 1993, 28–39.

38 Johann Hinrich Wichern, Die innere Mission der deutschen evangelischen Kirche. Eine Denkschrift an die deutsche Nation, in: ders., Sämtliche Werke, hg. von Peter Meinhold, Bde. 1–10, Berlin/Hannover/Hamburg 1958–1988 [= SW], Bd. 1: Die Kirche und ihr soziales Handeln (Grundsätzliches und Allgemeines), Berlin/Hamburg 1962, 175–366; siehe insgesamt Barth, Einander Priester sein, 79–103 (Anm. 5).

39 SW 1, 180.

40 SW 1, 162. 193. 312 mit Anm.*.

Fürbitte und Opfer der Liebe für die miterlösten Brüder.[41] Jeder und jede, Pfarrer, Eltern, Handwerker, Kaufleute, Beamte, Bauern, Angestellte, Soldaten und Bürger, alle könnten im Geist der «inneren Mission» wirken.[42] Damit würden sich nicht allein die geistlichen, kirchlichen und sozialen Verhältnisse bessern, sondern die Kirche werde sich darin vollenden: «*Dieses Tun ist die Verwirklichung des* allgemeinen Priestertums *(das Laienprinzip), in welchem die Kirche sich aus sich selbst, und zwar in Christo, der sich in den einzelnen als rettenden Heiland verklärt, vollendet.*»[43] Ziel der «inneren Mission» war die Rettung der ganzen Gesellschaft, aus der auch Staat und Kirche zu neuem Leben auferstehen sollten.[44] Kirchliches Amt und allgemeines Priestertum wollte Wichern nicht als Konkurrenz, sondern als gegenseitige Ergänzung sehen. Das Amt fördere das allgemeine Priestertum durch lebendige Predigt, und alle, die das allgemeine Priestertum übten, führten diejenigen, die fern waren, zum Wort und Sakrament des Amtes zurück.[45] Wichern ging von einem mehrfach gegliederten Amt aus: Das «Gemeindeamt» umfasste neben dem Predigtamt mit Wort, Sakrament und Seelsorge auch das Presbyterium und die Diakonie, wobei eine präzisere Zuordnung ausblieb. Eine besondere Verwandtschaft stellte er für Diakonie und «innere Mission» fest.[46] Wichern verband das Konzept der «inneren Mission» eng mit den bestehenden gesellschaftlichen Ordnungen. Familie, Staat und Kirche waren göttliche Stiftungen, die zusammenwirkten und Zentren der erwecklichen Aktivitäten werden sollten.[47] Die «innere Mission» strebte dadurch die Erneuerung der «Volkskirche» an, die eine restaurative Prägung erhielt.[48]

Das «allgemeine Priestertum» wird aber schliesslich auch grundlegend für die Begründung der etablierten Landeskirchen. Im Kanton Bern beispielsweise hielt das kantonale Kirchengesetz von 1874 die grundlegende Stellung der Kirchgemeinde fest.[49] Die Synode erliess auf dieser Grundlage nicht einfach eine «Predigerordnung», wie das bisher der Fall gewesen war, sondern eine «Gemeinde- und Prediger-Ordnung».[50] Um die Stellung und Aufgabe der Kirchgemeinde

41 SW 1, 312.
42 SW 1, 188.
43 SW 1, 188.
44 SW 1, 181.
45 SW 1, 324.
46 SW 1, 185.
47 SW 1, 182.
48 Barth, Einander Priester sein, 90 (Anm. 5).
49 Gesetz über die Organisation des Kirchenwesens im Kanton Bern, in: Gesetze, Dekrete und Verordnungen deß Kantons Bern, Jahrgang 1874, Der neuen Folge XIII. Band, Bern 1874, 10–30.
50 Gemeinde- und Prediger-Ordnung für die evangelisch=reformirte Kirche des Kantons Bern. (Vom 9. November 1880.), Bern 1881.

sowie die Pflichten und Rechte der Kirchgemeindemitglieder zu begründen, wurde ausdrücklich auf das allgemeine Priestertum verwiesen. An der Entfaltung des christlichen Glaubens und Lebens wirkten die Mitglieder in der Nachfolge Christi und in der Arbeit am Reich Gottes mit.[51] Daraus ergeben sich die gemeinsamen Pflichten, die im Folgenden als Aktivitäten des Gemeindelebens behandelt werden: Sonntagsheiligung, öffentlicher Gemeindegottesdienst, Familiengottesdienst im Haus, Sakramente, Ehe, Unterricht, Seelsorge, kirchliches Begräbnis, christliche Werke.[52] «Wahlen», «Verwaltung der Kirchgemeinde» und ein Vetorecht der Kirchgemeinde gegen die Synode folgen dann als besondere Rechte und Pflichten.[53] Organisation und Leben der Kirchgemeinde sind damit wesentlich auf das Prinzip des allgemeinen Priestertums bezogen. Auch das Pfarramt wird daran zurückgebunden:

> «Das allgemeine Priesterthum, welches ein Grundprinzip der evangelisch=reformirten Kirche bildet, kennt grundsätzlich keinen Unterschied zwischen Geistlichen und Laien. Deßhalb sind die geistlichen Funktionen des Pfarramtes an und für sich solche, die ihrem Inhalt nach Rechte und Pflichten aller Christenmenschen sind.»[54]

Allein um der Ordnung willen werden diese den Pfarrern in den Kirchgemeinden übergeben. Die Pfarrer aber sollen das allgemeine Priestertum fördern, die Kirchgemeindeglieder zur Übernahme von kirchlichen Aufgaben ermuntern und diese zur Mitwirkung in den Behörden gewinnen.[55]

Insgesamt lässt sich am Beispiel der Berner «Gemeinde- und Prediger-Ordnung» zeigen, dass das allgemeine Priestertum zur massgebenden ekklesiologischen Begründung einer presbyterial-synodalen Kirchenverfassung geworden ist, welche die Rechte der Kirchgemeinden stark fördert. Damit schliesst sich der Kreis zum 16. Jahrhundert, in dem die Reformatoren das allgemeine Priestertum zwar als scharfes Instrument gegen das geweihte Amt und die bischöfliche Verfassung der römischen Kirche eingesetzt hatten, dieses aber nicht positiv zur Begründung einer eigenen evangelischen Kirchenverfassung nutzten, was allein den Täufern möglich war, ohne allerdings das Prinzip ausdrücklich zu bemühen. Es bleibt der Hinweis, dass das starke Gemeindeprinzip der evangelischen Landeskirchen der Schweiz des 19. Jahrhunderts zwar dem politischen und gesellschaftlichen Liberalismus zu verdanken ist, aber im reformatorischen allgemeinen Priestertum die wesentliche theologische Begründung erhielt.

51 Gemeinde- und Prediger-Ordnung 1881, 6f. (§ 1).
52 Gemeinde- und Prediger-Ordnung 1881, 7–14 (§§ 2–10).
53 Gemeinde- und Prediger-Ordnung 1881, 14–18 (§§ 11–13).
54 Gemeinde- und Prediger-Ordnung 1881, 38 (§ 28)
55 Gemeinde- und Prediger-Ordnung 1881, 41 (§ 30).

B Entfaltung

Matthias Krieg

Partizipation aus Prinzip – ein Erfolgsmodell

Nachschriften von sechs Interviews mit Menschen in sechs Verantwortungsbereichen

Was in der Epoche der Reformation als *Priestertum aller Gläubigen* diskutiert und etabliert wurde, hat Ähnlichkeiten mit dem, was in der Epoche der Gegenwart als *Partizipation* in vieler Munde ist und zuweilen auch tatsächlich praktiziert wird. Damals wurde das Ende der Dreiständegesellschaft eingeläutet: Lehrstand, Wehrstand, Nährstand alias Pfarrer, Ritter, Bürger alias Clerus, Nobilitas, Civitas waren hinfort nicht mehr ontologisch und hierarchisch gestufte Wesenheiten. Die Reformation hatte dem *Ersten Stand* mit der Kommunisierung des Mahls, 1414 durch Hus in Prag, und des Worts, 1531 durch Zwingli in Zürich, gar die beiden Grundprivilegien genommen, die den Priesterstand zur Erlangung des Heils so unverzichtbar gemacht hatten. Hinfort gewann der *Dritte Stand* kontinuierlich an Bedeutung und Macht. Die reformierte Reformation insbesondere fasste überall Fuss als Bewegung freier urbaner Bürger, die auch in Fragen der Religion verantwortlich mitreden wollten. Volksentscheide traten an die Stelle von Fürstenentscheiden. Der *Dritte Stand* entschied anstelle des *Zweiten*. Heute signalisiert *Partizipation* die vernunftgeleitete und demokratisch organisierte Teilhabe derer, die von einer Entwicklung im öffentlichen Raum nachhaltig profitieren sollen.

Der klassische Weg, Informationen aus verschiedenen Bereichen zusammenzutragen, wäre die Recherche in der Literatur gewesen. Damit wäre aber gerade das unterlassen, was für echte Partizipation ausschlaggebend ist: die aktive Teilhabe am Zustandekommen der Information. So entschloss ich mich, diejenigen, um deren Erfahrungen und Einsichten es geht, von Anfang an zu beteiligen, indem ich ein Gespräch mit ihnen führte. Die Interviews nahm ich mit dem Smartphone auf, um aus ihnen die folgenden sechs Nachschriften zu erstellen. Meine Interviewpartner haben den sie betreffenden Text jeweils gelesen und bestätigt. An dieser Stelle möchte ich mich herzlich bei ihnen für die lebendige und inspirierende Stunde bedanken, die sie meinen Fragen und unserem Unterfangen geschenkt haben!

1. Die Weitsichtige. *Bei den Menschen fängt man an.*

Im Zürcher Stadthaus neben dem Fraumünster finde ich sie ganz oben im ausgebauten Dachstock. *Anna Schindler* ist Direktorin der Stadtentwicklung. Wir stellen uns einander vor, und wie selbstverständlich lässt sie einfliessen, dass sie mit den Pfarrern am Fraumünster und Grossmünster, den nächstgelegenen Altstadtkirchen, regelmässig im Gespräch sei.

Ich erzähle von Manila, wo ich gerade war. Wie das Taxi für die wenigen Kilometer zum Flughafen schier eine Stunde braucht, wie Mütter ihre Kleinkinder nie in einem Kinderwagen schieben können, wie lebensgefährlich markierte Fussgängerstreifen sind. Wie es zwar überall neue Quartiere gibt, aber unter den Brücken bereits die Squatter Camps der Habenichtse entstehen. Was Zürich Manila empfehlen würde? Keine konkreten Massnahmen, *nein, bei den Menschen fängt man an*, sagt sie. Es brauche *a right to live in the city*. Zuerst müsse dort ein Bürgerbewusstsein wachsen, und aus ihm müssten sich demokratische Grundregeln entwickeln, auch das Recht auf Grundbesitz, auf Bildung, auf Sozialstrukturen. *Gleichberechtigung der Bürger, Sichniederlassen und Existieren als Menschenrechte.*

Als Gegenstück zu Manila erzähle ich von Canberra, wo wir mal mit dem Wohnmobil Station machten. Wie sich die Sorge, in der Hauptstadt keinen Parkplatz zu finden, als geradezu lachhaft herausstellte, so gähnend war die Leere, so unbelebt und langweilig war diese Retortenstadt. Hunderte leerer Parkplätze gab es, grosse Parks ohne Menschen und breite Transversalen ohne Flaniergelegenheit oder Café. Wie man denn vorgehen müsse, dass die Menschen ein neues Quartier oder einen umgestalteten Platz als ihren Lebensraum annähmen. *Man kann eine Stadt nicht auf dem Reissbrett entwerfen*, findet sie, *oder man muss ihr viel Zeit geben*. Unsere europäischen Städte seien über Jahrhunderte *organisch gewachsen*. Immerhin höre man zu *Züri West* aber auch den Vorwurf, es lebe nicht. Ja, *es braucht Zeit*, dass sich die Menschen *den Raum aneignen*.

Ich frage, ob das veränderte Bild vom Architekten eine Rolle spiele. Ich sei aufgewachsen mit dem *einsamen Genie* wie Le Corbusier, doch heute spiele bereits im Studium die Kooperation mit anderen eine wichtige Rolle. Ja, um die *interdisziplinäre Sicht* gehe es. Noch viel besser müsse es gelingen, *im Städtebau die sozialräumliche Dimension, die gesellschaftliche Dimension ins Spiel zu bringen*. Heute seien immerhin die Landschaftsarchitekten akzeptiert. Man gehe auch *soziologisch und stadträumlich* vor. So müssten viele *von allem Anfang an mitplanen*.

Ich frage nach einem Beispiel, das auf erfolgreiche Kooperation und Interdisziplinarität, auch auf geglückte Partizipation, zurückgehe. Anna Schindler zögert und nennt dann doch den gerade eben neu gestalteten Fraumünsterplatz.

Es war *eine langatmige Geschichte*, die 2003 begonnen habe. *Schritt für Schritt* habe man Workshops gemacht, *mit Anwohnern, mit solchen, die dort arbeiten, mit dem Arbeitskreis Innenstadt usw.* Man hat das *Nutzungskonzept bei ihnen abgeholt*, um es zu entwickeln und umzusetzen. *Gestaltung war auch ein Teil der Partizipation*, und so habe es *keine Einsprachen mehr* gegeben.

Ein Grossprojekt, das noch unterwegs ist, sei von der SBB zusammen mit der Stadt lanciert worden. Hier würden erstmals alle Betroffenen von Anfang an voll einbezogen, nicht, indem man ihnen städteplanerische Studien oder Entwürfe vorlegt, sondern indem man alles *mit ihnen* erarbeitet. Das sei ein Risiko, denn das Experiment könnte auch scheitern. Im Bereich Partizipation sei *während der letzten dreissig Jahre wahnsinnig viel passiert: Dass man den genius loci des Ortes und seine Geschichten mit einbezieht, ist heute the state of the art.*

Weil sie Deutschland als führend darstellt, frage ich, ob die Not zerbombter Städte die Deutschen nach dem Krieg flexibler gemacht habe, während in der Schweiz die Denkmalpflege oft sehr konservativ und unflexibel wirke? Sie zögert. Man müsse halt einen pragmatischen Umgang mit der Denkmalpflege finden, damit man *eine Balance* erreiche *zwischen Alt und Neu*. Das Wachstum einer Stadt müsse sichtbar bleiben. Zwischen der unsanierten Altbauwohnung und der ökologisch richtigen Neubausiedlung müsse eine Balance entstehen. Das bedeute auch das Ineinander von alten Stadtgeschichten, die es noch gibt, und neuen, die erst im Entstehen sind. Sie stimmt zu, dass der Bahnhof Stadelhofen, gleichzeitig ein Kunstwerk und ein Verkehrsknotenpunkt, ein gelungenes Beispiel für alte und neue Geschichten sei, kündigt zugleich aber an, dass da die nächste grosse Herausforderung für Partizipation vor der Tür stehe: Als Nadelöhr des Verkehrs müsse er bereits dringlich erweitert werden …

Wie sie Menschen vermittle, dass langwierige Partizipation nötig ist? Natürlich wünsche sie sich auch, dass es nicht immer zehn bis fünfzehn Jahre brauche, lacht sie, doch wesentlich sei es, *Akzeptanz zu schaffen*. Formelle Partizipation sei in der Schweiz reich gegeben, komme aber *immer erst hinterdrein*, wenn das Projekt schon steht. Ob Stakeholder oder Bevölkerung, es lohne sich, sie von Anfang an informell einzubeziehen, weil es nachher viel weniger Einsprachen gebe. Das Wichtigste sei, den Beteiligten die Spielräume des Machbaren aufzuzeigen, ohne ihnen Nichtmachbares zu versprechen, und das sei *schwierig*. Mitwirken sei nicht Mitentscheiden!

Ob sie in andere Städte gereist sei, um zu sehen, wie man es dort macht? Doch, das mache man in allen Departementen. Interessant sei, dass Städte wie Singapur oder Hongkong, wo formelle Partizipation eigentlich nicht vorgesehen ist, eine hohe informelle Partizipation kennen. Ob aus ideellen oder finanziellen Gründen, sei unklar. Ich werfe ein, dass finanzielle ja auch legitim seien. Wer kann es sich politisch leisten, Millionen in den Sand zu setzen? Die Verkehrsberuhigung am Limmatquai habe ja entgegen allen Befürchtungen der Geschäftsleute zu einer Steigerung der Einkaufslust geführt.

Städte seien ein gutes Beispiel dafür, dass Bürger die Territorialität von Gemeinden oder Quartieren schon lange verlassen haben. Man geht nicht ins nächstgelegene Kino, sondern dorthin, wo die richtigen Filme laufen. Kirche müsse da noch lernen. Auch bei Veränderungsprozessen wie gerade jetzt *KirchGemeindePlus* in Zürich. Immerhin will Kirche in der Stadt nun auch die Territorialität verlassen, tut sich aber mit Partizipation an der Entwicklung des Neuen eher schwer. Was Anna Schindler der Kirche in Sachen Partizipation rate? Einerseits sei es sicher richtig, Menschen einzubeziehen, etwa mit der Frage, was für sie *identitätsstiftend* sei im Quartier oder in der Stadt; andererseits habe Kirche aber wie andere Institutionen auch die Aufgabe, einen *Rahmen* vorzugeben. Ich verweise auf die anglikanische Vision einer *mixed economy* aus traditionellem Rahmenwerk, das erhalten bleibt, und partizipativ entstehenden *fresh expressions*, die milieunah, aber nichtterritorial sind. So vertrage Zürich soziologisch sicher eine Jazzkirche, wie Manhattan sie schon lange kennt. Klar, für sie sei auch eine Technokirche denkbar. Wichtig sei ihr aber das Duale aus Alt und Neu. Gerade die Pfarrer von Fraumünster und Grossmünster seien da ja schon länger unterwegs. Aber eben, die Angst vor dem Verlust des Gewohnten müsse man den Menschen nehmen und sie gleichzeitig am Neuen beteiligen.

Beispiel Stadelhofen: Wie nimmt Anna Schindler den Menschen die Angst, wenn der Bahnhof demnächst schon wieder erweitert werden muss? Das sei eines der grössten politischen Probleme, mit der Angst vor Verlust umzugehen, wo doch dieselben Leute, mehr als alle ihre Vorfahren, Gewinner von Entwicklungen sind. Die Stadtentwickler wüssten es leider nicht. Angst sei etwas sehr Emotionales. Zuzuhören, mit Betroffenen zu reden und Emotionen möglichst nachzuvollziehen, sei sicher richtig. Partizpation halt. Ich frage, ob die hohe Geschwindigkeit des Neuen der Grund für solche Ängste sei, einfach das Gefühl, nicht mitzukommen. Die Frage bleibt im Raum stehen.

Ob die Stadt sich vorstellen könne, die Kirche an Neuentwicklungen zu beteiligen, Stadionbau zum Beispiel? In der Zürcher Bevölkerung gebe es zum Glück kaum religiöse Differenzen. Auch politisch nicht. Sie wisse, dass die Kirche wie auch der Sport Integrationsarbeit leistet, und die Stadt unterstütze beide darin. Wenn Kirche den Sprung in die Zukunft schaffe, sei sie weiterhin eine wichtige Beteiligte in der Stadt der Zukunft. *Religion verschwindet nicht. Kirche hat eine grundlegende kulturgeschichtliche Rolle gespielt, Wurzeln, die wir nicht loswerden können und die ich nicht loswerden will.*

2. Der Bürgerliche. *Beziehungsarbeit ist anstrengend und zeitraubend, aber es führt kein Weg an ihr vorbei.*

Anders Stokholm ist Stadtpräsident von Frauenfeld. Er empfängt mich im Stadthaus, einem schön renovierten Ensemble aus mehreren Häusern. Wir sitzen an einem riesigen runden Tisch. Den habe sein Vorgänger aufbauen lassen, meint er lächelnd. Er selbst sei mit fast zwei Metern vermutlich der grösste Frauenfelder Stadtpräsident aller Zeiten, entgegne ich. Wir lachen und nehmen Platz.

Woran ein Stadtoberer denn erkenne, dass Partizipation von Bedeutung ist? Bei allen grösseren Projekten sei dies der Fall, von der Umnutzung einer Strasse zur Begegnungszone bis zur Neubespielung der alten Kaserne, nachdem das Militär sie verlassen hat. *Die Herausforderung ist, Leute zu einem Zeitpunkt einzubeziehen, wo sie finden, das gehe doch noch ewig.* Beim Wort *ewig* verweilt die Stimme. Heute brauchten Planungsprozesse etwa fünf bis zehn Jahre. In der Altstadt wurde gerade eine Strasse zur Begegnungszone umfunktioniert. Jetzt regt sich Widerstand, weil eine zweite Strasse folgen soll. Die Frage sei, wie viele man einbezieht. Die Direktbetroffenen natürlich, doch könne man die ganze Region, aus der man jetzt zum Einkaufen hierher fährt, nicht vollständig einbeziehen. *Es gibt auch Grenzen.* Die Einladung zur Vernehmlassung war öffentlich. 113 Leute haben davon Gebrauch gemacht. Das sei anspruchsvoll. Eine Petition hingegen, die man nur unterschreiben müsse, habe fünfmal mehr Leute aktiviert.

Ich frage, wie er als Politiker das Verhältnis von *formeller* und *informeller* Partizipation sehe. Die formelle, zu der Vernehmlassung und Petition gehörten, sei in der Schweiz vemutlich die gesamteuropäisch am besten ausgeprägte. Formelle Stakeholder wie Denkmalpflege oder Gewerbeverband werden gewiss einbezogen. Doch wie organisiert er die informelle, die bei Politikern gelegentlich unterschätzt wird? Quasi eine öffentliche *Disputation* wie zu Zwinglis Zeiten? Doch, sogenannte *Fokusveranstaltungen* hätten sie auch schon gemacht. Da habe es allerdings Kopfschütteln bei Stadtparlamentariern gegeben, weil sie nicht eigens eingeladen waren. *Die informelle Partizipation wird nicht nur vergessen, sie wird gelegentlich auch diffamiert, wohl deshalb, weil sie gefürchtet wird.* Parlamentarier verstünden sich zwar als Volksvertreter, aber die repräsentative Demokratie sei ja gerade keine Schweizer Sache. Die Legislative habe eher Mühe mit der Partizipation als die Exekutive. Er als Stadtpräsident müsse *immer ran an die Leute.* Im Unterschied zur Legislative, wo man sich nur um die jeweiligen Wähler kümmere, könne er gar nicht wählen, sondern müsse den Kontakt zu allen suchen. Das eben erlaube die Fokusveranstaltung. Deren Grenze sei, *viel abzuholen, ohne alles berücksichtigen* zu können.

Informelle Partizipation ist ihrem Wesen nach eher nicht repräsentativ und quantitativ orientiert, dafür aber sicher qualitativ und narrativ. Ich erwähne Beispiele von Neunutzungen heruntergekommener Industriequartiere, bei deren

Planung sowohl die vergangenen Geschichten erhoben, die den Ort einst geprägt hatten, als auch die kommenden Geschichten erfragt wurden, die vorausschauend zeigen, wie der Ort werden soll, dass er ein guter, beliebter und angenommener Ort ist. Nun, Frauenfeld sei im Vergleich mit Hamburg oder Kopenhagen natürlich eine Kleinstadt, und die Bevölkerung sei mehrheitlich konservativ. Man sei den Dialog eher nicht gewohnt. Sein Vorvorgänger etwa sei 28 Jahre im Amt gewesen und habe einfach erklärt, *wo es durch geht*. Das habe man, manchmal zwar zähneknirschend, zur Kenntnis genommen, aber die Zeit war finanziell sicher, und so ging alles gut. Er selbst sei ein kommunikativer Typ und dazu von aussen nach Frauenfeld gekommen. Es sei auch gut, die alten Geschichten nicht zu kennen und beim Abholen von ihnen unbefangen zu sein.

Weil Anders Stokholm dänische Wurzeln hat, komme ich auf die Umnutzung der alten Hafenanlagen in Kopenhagen zu sprechen, die mir einen sehr gelungenen Eindruck machen. Ob er wisse, wie dialogisch und konfliktiv das zugegangen sei. Nein, nicht im Detail, aber er wisse natürlich, wie *open minded* man in den offenen Küstenlandschaften des Nordens schon seit jeher sei, zumal in Hafenstädten mit Weltkontakt. *Da ist viel Zukunftgerichtetheit und Offenheit. Man zieht dort hin, um Neues und Anderes zu entwickeln. Die Brücke etwa verbindet Dänemark mit Schweden.* Das ist eine vorausgerichtete Lebenshaltung. Hier, in Frauenfeld, sei man kleinstädtisch, beharrlich und eher verschlossen.

Was mich einen helvetischen Widerspruch zur Sprache bringen lässt: Soziologisch seien nicht nur Zürich und Genf weltoffen, sondern vielleicht vier Fünftel der Schweizer seien in ihrer Lebenshaltung urban, auch wenn sie auf dem Land oder in einer Kleinstadt wohnten. Die Schweiz der Touristik sei ja gerade nicht die Schweiz der Realität. Viele trügen einen ewigen Ballenberg nostalgisch im Kopf. Was Partizipation da für die Zukunft bedeute? Sicher brauche Partizipation Zeit, über die aber nur die Generation *sechzig plus* auch verfüge, meint Stokholm. Genau diese Leute hätten hier eher selten zukunftsorientierte Vorstellungen und seien *tendenziell sehr entwicklungskritisch*. So sei die Partizipation qualitativ eingeschränkt. Junge, die Entwicklung wollten, hätten für Partizipation keine Zeit.

Als alter Erwachsenenbildner werfe ich ein, man müsse den Leuten sicher erst mal bewusst machen, wie sie von Partizipation profitieren können. Sichtbar werde es ja besonders dort, wo Städte sich völlig ohne Bürgerbeteiligung entwickeln, wild wachsende Megacities wie Mexico City oder New Delhi, aber auch geplante Retortenstädte wie Astana oder Brasilia. Ja, man müsse dafür *über den Tellerrand schauen*. Ob er und seinesgleichen das denn täten. Doch, sie unternähmen immer wieder Exkursionen, etwa in andere Altstädte. Wegen der eigenen Kaserne habe man sich in Winterthur die Umnutzung des Sulzerareals angesehen. Der Planungs- und Umsetzungsprozess sei auch dort über Jahrzehnte gegangen.

Das bringt mich zu einem Problem: Wie stellt man politisch sicher, dass Veränderungsprozesse, die partizipativ eingeleitet werden, langfristig auch partizipativ umgesetzt werden, z. B. eine verkehrsfreie Altstadt, zu der es erst nach zwanzig Jahren kommt? Das brauche doch mehrere Legislaturen und Amtsdauern, und entsprechend gebe es wechselnde Akteure. Stokholm nennt zwei Faktoren, die solche Prozesse sichern: Die Fachleute, die im allgemeinen länger blieben, müssten gestärkt werden, und die Politiker, die solche Prozesse verantworten, müssten in übergreifenden Etappierungen denken. Wie beim *Leitbild Zwanzig Dreissig*, wo *über vier Amtsdauern hinweg gedacht* wird. Ob unsere Zeit für partizipative Prozesse nicht viel zu kurzatmig sei? Wer pflanzt noch Bäume, deren Früchte erst die Enkel ernten? Das genau sei die anfangs erwähnte Schwierigkeit, unterstreicht er, mit langem Atem dabeizubleiben. *Wieso sagt ihr uns nicht, was ihr wollt. Ja und Nein sagen, das können wir.* Solche Sätze aus der Bevölkerung machten das Beteiligen schwer. *Wir wollen Möglichkeiten erheben und nicht fixierte Pläne vorlegen.*

Eine Besonderheit der Schweiz sei wohl das starke Quartierbewusstsein, sagt der Stadtpräsident. So würden sie für die Quartierentwicklung immer wieder mal die Akteure eines Quartiers versammeln, um *mit ihnen statt für sie* zu entwickeln, was sie brauchen. Auf diese Weise seien hier ein *Alterstreffpunkt* und dort eine *Tauschbörse* entstanden, auch die Idee des *genossenschaftlichen Generationenwohnens.* Ich erwähne den Quartierverein als helvetische Besonderheit, gewiss ein guter partizipativer Partner mit hoher Eigenverantwortung und grossem Bürgerbewusstsein. Werden diese Vereine für Partizipation auch genutzt? Ja, es gebe jährliche Treffen, man kenne sich gut und arbeite zusammen. Ich erinnere an Länder mit minimalem Bewusstsein für den öffentlichen Raum. Privat halte man alles gut in Ordnung, aber bereits zwanzig Zentimeter draussen herrschen Unordnung, Chaos und Dreck. Da habe die Schweiz mit ihrem Bürgerbewusstsein doch einen wertvollen politischen Schatz. Ob der nicht verspielt werde, wenn etwa das Autonomiegefühl eines Vereins oder einer Gemeinde das Bewusstsein für Solidarität verschwinden lasse. *Das sei ein ewiges Seilziehen zwischen den Kräften.* Leider hätten Kräfte, für die das Geld die Welt regiert, inzwischen ein starkes Gewicht bekommen. So werde das Frauenfelder Hallenbad zwar auch von Auswärtigen benutzt, doch einen zusätzlichen Franken dürfe man dafür nicht verlangen. Ja, finanzieller Eigensinn gefährde die *benefits* des Gemeinsinns.

Was der Stadtpräsident, ein ehemaliger Pfarrer, der Kirche rät? Wie kann sie sich für die Zukunft gut aufstellen? Persönlich finde ich es schwierig, wenn man sich in Organisationsreformen verliert. Das A und O einer guten Kirche sind Seelsorge und Nähe zu den Leuten. Das muss unbedingt über die Kasualien hinausgehen. Viel von der Nähe, die wir verloren haben, müssen wir uns wieder erkämpfen. Zu wenig Beziehungsarbeit ist Gift. Distanzierung kommt in der Bevölkerung schlecht an. Das sind heikle Signale. Partizipation gehe doch nicht anders, finde ich, als dass man Beziehungen aufbaut und von ihnen dann gegenseitig profitiert. Beziehungsarbeit ist anstrengend und zeitraubend, sagt er, aber es führt kein Weg an ihr vorbei. Felder, die in Frauenfeld von der Stadtpolitik her belegt würden, Älterwerden im Quartier zum Beispiel oder Nachbarschaftshilfe, wären auch von der Kirchgemeinde zu belegen. Wer bringe die zusammen, die gleiche Aufgaben haben, sie aber getrennt angehen, frage ich Anders Stokholm. Sie hätten jährlich Treffen zwischen Stadträten und Kirchenpflegen. Im Sozialbereich gehe viel. Das hänge an bestimmten Personen.

Ich frage, ob man ihm als ehemaligem Pfarrer denn zutraue, religionsneutral zu sein, heute, wo in der Schweiz für alle Parteien *Religion Privatsache* sei. Nein und Ja. Es gebe Crossover-Projekte, wo man interkonfessionell und interreligiös gute Erfahrungen mache und Vertrauen aufbaue. Partizipation muss auch heissen, *dass Institutionen über ihre Grenzen hinausgehen.* Zum Thema Sicherheit hätten sie einen runden Tisch, an dem viele Institutionen beteiligt sind. Ein Imam etwa werde, wenn es um Fragen rund um den Islam geht, eingeladen, befragt und angehört.

3. Die Bewegte. *So eine kleine Krise würde schon helfen.*

Sie arbeitet als Organisationsentwicklerin in der gesamtkirchlichen Abteilung der Zürcher Kirche, die seit 2015 *Kirchenentwicklung* heisst. Sie hat Psychologie studiert und bringt viele Erfahrungen aus der Industrie mit, wo sie Reformprozesse begleitet hat. *Agnes Joester* schaut mich unternehmungslustig an, gespannt auf die erste Frage.

Wann in ihrem Leben Partizipation zum ersten Mal zum Thema wurde? Sie denkt nach. Na ja, sie komme aus der Jugendbewegung der Siebzigerjahre. Sie zögert. *Ich kenne das nicht anders.* Schon beim Spielen hätten sie sich alles irgendwo geholt. Und ja, eine Tante, die gewerkschaftlich engagiert war, hätte grossen Einfluss auf sie gehabt, damals im Ruhrgebiet. Ständig seien sie angeleitet worden, *fürs Gemeinwohl was zu säubern.* Dann hätten sie Häuser besetzt, um ein Jugendzentrum zu haben. Ausserparlamentarisch und basisdemokratisch sei sie gewesen. Ob sie an etwas beteiligt gewesen war, das grossen Erfolg gehabt habe? Ein Bahnhof in Bochum diene immer noch als Kulturzentrum. *Du machst es dann einfach, und irgendwann bist du so was wie Eventmanager.* So sei sie reingekommen. In der Kirche habe sie Ausbildungen zum Jugendarbeiter aufgebaut. Einmal auf Zeeland seien sie als Leiter *für drei Tage* von den auszubildenden Gruppenleitern *entmachtet* worden, so partizipativ seien sie damals gewesen. Joester lacht. Sie hätten sie machen lassen und den Prozessen vertraut. Wichtig war ihr, *Gestaltungs- und Erlebnisräume zu ermöglichen.*

Ob das auch eine Grundbedingung sei für gelingende Partizipation? Klar ja. Es müsse eine *Gegenwartsfreude* geben. Eine intrinsische Lust? Ja, total. Es bilde sich dann zwar immer auch Macht: *Die Vielschwätzer und die Schönschwätzer* bekämen Oberhand. Ob sich das nicht widerspreche, hier die intrinsische Lust und dort der ideologische Überbau? Dann muss man plötzlich *das Reich Gottes* herstellen oder *die Herrschaft des Proletariats.* Ja, diesen Widerspruch kenne sie, aber sie sei immer *ideologisch unkorrekt* gewesen. Das war auch bei der Kirche so.

Und wie das heute sei, wo sie in der Kirche arbeite? Ob wir einen Überhang an Ideologie hätten? Dürfe es bei uns so etwas wie intrinsische Lust auf Partizipation geben? Nach 35 Jahren Kirchenferne finde sie viele Veranstaltungen eigentlich ganz gut. Individuell seien sie, aber *von aussen betrachtet fehlt der Gemeinschaftsgeist.* Ich erzähle, wie man mich ungläubig ansehe, wenn ich als Theologe sage, Vergemeinschaftung sei unsere Mission, nicht die Herstellung und das Angebot von Produkten. Der Gottesdienst etwa werde als besonderer Vortrag wahrgenommen, nicht aber als Rede zur Gemeinde. Genau, unterstreicht sie mich, das Individuelle interessiert, aber bei der Kirche sei *Kollektivbildung* der Zweck.

Was in den Siebzigern und Achtzigern dran war, *community building*, wollten viele heute kaum noch. Nein, widerspricht sie mir entschieden, das erlebe sie gerade anders: Es gebe eine Renaissance, vor allem bei Ältergewordenen. Manche Projekte wie Ehe oder Kinder seien abgeschlossen, nun gehe es um das nichtisolierte Wohnen im Alter. *Nein, wir wollen das anders machen,* höre sie dazu oft. Es gebe eine Bewegung, die sagt: *Ich kümmere mich nicht nur um mich, sondern auch um andere.* Ob das nicht eine verschwindende Minderheit sei, werfe ich ein. Na ja, sie sei optimistisch und schaue immer auf *das, was da ist und geht.* Das sei wichtig für Partizipation. Nicht erst um die grosse Bewegung gehe es, sondern um die kleine, weil sie *einfach da* sei.

Ist man heute nicht viel lieber ein Konsument, der geniesst, als ein Partizipant, der sich die Hände schmutzig macht? Ja. Ob nicht der Konsument der eigentliche Gegner des Partizipanten sei? Es sei, findet sie, doch gerade in der konsumorientierten Schweiz eine *Chance der Kirche, etwas anzubieten, das nicht auch wieder Konsum bedeutet: Was ist da? Wie wollen wir leben?* Also Beziehungen statt Materielles. *Ja, Beziehungen wiederaufbauen.* Das grosse Leck sei das Gefühl, nicht eingebunden zu sein. Mit Erich Fromm gesagt: Wir haben furchtbar viel, aber wir sind ziemlich wenig? Da lacht sie: Ja, genau.

Was sind die Bedingungen, vom Haben wegzugehen und sich mehr dem Sein, der Gemeinschaft und der Beteiligung zuzuwenden? Na, sie habe auch schon mal gedacht, *so eine kleine Krise würde helfen.* Sich nicht mehr über materielle Identität zu definieren, könnte *ein politisch-gesellschaftliches Projekt der Kirche* sein. *Wir suchen eine andere Lösung.* Partizipation hat im Sinn der Polis also immer etwas Politisches, nicht als Parteipolitik, aber als Ausduck des Bürgersinns? Klar, der Einzelne will ja in der Regel kein Fall der Kirche werden, sondern er will Verantwortung übernehmen. Der Einstieg in Partizipation ist oft irgendeine Betroffenheit, doch dann entdeckt der Einzelne sein eigenes Gestaltungspotenzial: *Ich merke, ich kann was.* Das bedeute eine doppelte Motivation: Einerseits will ich ein Problem lösen, und andererseits entfalte ich mich dabei. *Es darf aber keine Entfaltungsmöglichkeit sein, wo ich gestutzt werde; dann höre ich auf.* Wer Partizipation pflegen will, müsse erstens *Betroffenheit* ernst nehmen, zweitens *Entfaltungsmöglichkeiten* geben und drittens auf *Balance* achten, damit nicht plötzlich Funktionäre entstehen, die alles wieder kippen, weil sie sich über Macht definieren. Der gute Moment von Partizipation habe etwas Chaotisches, und sie kippe um, wenn alles systemisch wird. Für die lokalen Gemeinschaften bedeute das, *die brennenden Themen* ausfindig zu machen, die Menschen betreffen und bewegen, *Themen, die wir einfach besetzen.*

Da entstehe natürlich die Frage, ob die *formelle Partizipation*, die Kirche über ihr presbyterial-synodales System ermöglicht, der Zukunft gewachsen ist. Man könne, wenn man Zustimmung zu Veränderung wolle, nicht radikal reingehen, denn wer formell da ist, das sind die Bewahrer. Die hätten eher Angst vor Chaotischem, Kreativem, Intellektuellem, ohne die es aber Veränderung nicht gebe. *Eigentlich braucht die Kirche wieder so eine Unsicherheitsphase.* Bei Unternehmensberatungen habe sie manchmal einfach das Budget um die Hälfte gekürzt, um zu sehen, welche Dynamik sich dann enfaltet. Auftrag sei gewesen, etwas Kreatives mit dem Verbliebenen anzufangen. Was ihr bei der Kirche auffalle, sei, wie wenig den Fähigkeiten im eigenen Laden zugetraut werde. *Einfach mal machen*, gehe eigentlich nie, müsse aber sein, wenn aus Partizipation Neues entstehen soll. Es sei *absolut absurd, Neues einfach anordnen zu wollen …* Dreissig Prozent vom Budget müssten grundsätzlich dafür bereit stehen. Um Menschen soweit zu bringen, dass sie in etwas hineingehen, ohne zu wissen, wohin es sie führt. Man müsse weg von der helvetischen Hochversicherungsmentalität.

Kirche habe überall dort gute Chancen, wo nicht Versicherung, Kontrolle, Konsum und dergleichen im Vordergrund stehen. Eine Chance habe sie *nur in direkten Beziehungen face to face.* Acht Stunden für eine Predigtvorbereitung ohne direkten Kontakt zu den Menschen seien *falsch investierte Arbeitszeit: Es geht um Berührung!* Sich durch Geschliffenheit abheben zu wollen, schaffe Distanz. Improvisation sei gefragt.

Weil wir übermorgen noch da sein wollen, gehen wir heute raus aus unseren gewohnten Verhältnissen. Diese Haltung wäre wichtig, sei aber noch kaum vorhanden. Im Moment erstickt die Kirche eher an ihrem Reichtum. Dabei sei vieles zwar super renoviert, aber inhaltlich leer. Vom Veränderungsprozess in Zürich sind derzeit etwa sechstausend Verantwortliche betroffen. Eine grosse

Kiste! Wer sich dabei um seine Stelle sorge, funktioniere im setting des Privaten; wer sich hingegen auch oder zuerst um seine Kirche sorge, funktioniere im setting des Partizipativen. Das Interesse am zweiten steige.

4. Der Grenzgänger. *Es setzt unheimliche Kräfte frei, erstmals überhaupt gefragt zu werden.*

Auf seinem Schreibtisch stapeln sich Papiere. In einer Schale liegen kleine Täfelchen Schokolade bereit. Er holt noch schnell Kaffee, dann geht es los. *Heinz Bichsel* leitet die grosse und schweizweit geschätzte Abteilung *Oekumene, Mission und Entwicklungshilfe* bei den Gesamtkirchlichen Diensten der Reformierten Kirche Bern-Jura-Solothurn. Vorher war er einige Jahre als Pfarrer in Südamerika tätig. *Entwicklungszusammenarbeit* heisst das heute, wofür Heinz Bichsel zuständig ist.

Wann er zum ersten Mal gemerkt habe, dass Partizipation eine Notwendigkeit ist und wohin es führt, wenn man sie nicht gewährt? In den Neunzigerjahren, in Argentinien und in der Begegnung mit der Urbevölkerung der Guaraní, sagt er. So viel sei vom politischen Apparat, auch von der katholischen Kirche, reingesteckt worden, und so wenig sei passiert, *weil die Leute auf keine Art und Weise involviert wurden.* Sie seien schlicht *Empfangende* gewesen und durften gelegentlich Nein sagen. *Das Paket, das ihr Glück sein sollte, war schon geschnürt gewesen.* Das sei ja wohl auch demütigend, finde ich, denn so seien die Indigenen ja nur Almosenempfänger. Genau, und vor allem würden die Zielsetzungen der Gaben nicht erfragt. Der grosse Aha-Effekt sei ihm durch Texte gekommen. Er gibt mir eine Kopie herüber, in der ich lese: *Human development is a process of enlarging people's choices.* Und ein paar Sätze weiter: *Essential areas of choice, highly valued by people, range from political, economic and social opportunities for being creative and productive to enjoying self-respect, empowerment and a sense of belonging to a community.* Mit dieser Definition von Entwicklung, nämlich die *Erweiterung von Wahlmöglichkeiten* und das *Gefühl der Zugehörigkeit,* werde Partizipation zum *Indikator von Entwicklung.*

Es gebe ja auch das umgekehrte Verfahren, vermute ich, so in Bhutan oder Bolivien, *Glück* von indigenen Traditionen her, also bottom up, zu definieren und sogar zum Staatsziel zu erklären. Ob das mehr Wirkung zeitige, frage ich. In Bolivien habe das sehr grosse Wirkungen, zum Beispiel auf die Geldströme von der Zentrale in die Gemeinden. Vor allem habe es *die Spielregeln fundamental verändert.* Bolivien nenne sich ja neu sogar *plurinacional*, d. h. erstmals sind die indigenen Völkerschaften sogar am Staatsnamen beteiligt. Ja, das sei erfolgreich, übrigens auch mit der Schweiz vergleichbar. Es werde eine sehr hohe Beteiligung der Gemeinden in den verschiedensten Bereichen gelebt. Vom kolonialen Erbe her gebe es in Südamerika fast keine formelle Partizipation, informelle schon grad gar nicht. Im Gegenteil, es war eine *Kultur der Ausbeutung* gewesen, die nachkolonial *mit anderen Mitteln weitergeführt* wurde.

Ob echte Nachhaltigkeit nicht doch bei der intrinsisch motivierten informellen Partizipation liege? Ja, klar. Sie werde politisch aber als chaotisch wahrgenommen, denn es setze bei den Leuten *unheimliche Kräfte frei, erstmals überhaupt gefragt zu werden.* Manche sind aber auch schlicht überfordert. Wie man mit Überforderung umgehen kann? Zuerst müsste man die Sprache vereinfachen, und vieles müsste sehr weit heruntergebrochen werden. Wir müssten auch zulassen, dass Menschen sich nicht so entwickeln wollen, wie wir Entwicklung verstehen und richtig finden. Wir hätten auch das Zeitproblem: Projektformate haben von uns her Laufzeiten von drei Jahren, doch oft kann man von ihnen her erst zur Hälfte dieser Zeit überhaupt anfangen. Die Geldgebenden laufen dann Amok, aber ohne Beteiligung der Nutzniessenden geht nichts. Clash of cultures. Die Vorherrschaft des europäischen Zeitempfindens sei immer noch kolonial. Zunehmend müsse viel Geld sehr schnell platziert werden, sonst stehe es nicht mehr zur Verfügung. Bei der Nothilfe ist das klar: Umsetzung ohne Partizipation. Sie stopfe aber nur Löcher und verändere nichts.

Selbst Subjekt zu werden vom Prozess, ist der nachhaltige Sinn von Partizipation. Das bedeute auch, den Erfolg eigener Arbeit zu sehen und stolz sein zu dürfen auf die erwirkte Verbesserung, ob Toiletten im öffentlichen Raum einer Stadt oder Hängebrücken über Schluchten im Gebirge. Extrem enttäuschend hingegen sei es natürlich, wenn, wie im bolivianischen El Alto geschehen, die Menschen in eigener Initiative ein Wasserversorgungssystem aufgebaut haben, das die Stadtverwaltung dann an einen Privaten verkauft. Gerade Wasser sei ja weltweit ein vorkoloniales und voreuropäisches Partizipationsprojekt, z. B. Reisterrassen auf den Philippinen oder auf Madagaskar. Viele Kulturen hätten seit Urzeiten partizipative Allmendstrukturen, behaupte ich und frage, ob man daran anknüpfen könne. Bei den andinen Völkern sei das sogar extrem. Nur sei das Wissen bei all denen verloren, die den Kontakt zu ihrer Herkunft abgeschnitten hätten und ins Strassenproletariat der Megastädte abgewandert seien. Entwurzelung macht überkommene kulturelle Kompetenz zunichte.

Das Heikle bei der Partizipation sei, dass sie immer auch politische Sprengkraft habe. Partizipation sei dem Wesen nach politisch. Bei Projekteingaben werde zwar immer der Einbezug der Bevölkerung erfragt, doch in der Realität sei das oft eine Alibiübung. Verschiedene Staaten seien in den letzten zehn Jahren nicht gut auf NGOs in ihren Ländern zu sprechen gewesen, weil diese die Partizipation ernstgenommen haben. Je autoritärer das Regime desto weniger Zustimmung zur Fremdfinanzierung von Projekten, weil Partizipation automatisch *die Zivilgesellschaft stärkt und revolutionäre Effekte* habe. Die Schweiz, in der Partizipation ein politisches Grundprinzip ist, spiele bei Dezentralisierungs- und Partizipationsprozessen in diesen Ländern oft eine gute Rolle. So in Bolivien oder Israel-Palästina. Ob das damit zusammenhänge, dass Partizipation spätestens seit der Reformation in den Genen der Schweiz verankert sei? Sicher, die Reformation habe viel beigetragen, aber einen direkten Zusammenhang gebe es eher nicht.

Ich frage nach den Erneuerungsprozessen, die gerade in den meisten Schweizer Kirchen laufen. Was Heinz Bichsel von seinen Südamerikaerfahrungen her uns, den Indigenen der Schweiz, in Sachen Partizipation rate? Die Tendenz, sich von der Landeskirche zum Verein hin zu bewegen, sei sehr schlecht, was Partizipation betreffe. Es würde die *Privatisierung der Kirche und des Gemeinguts Religion* bedeuten. In der Öffentlichkeit von Kirche entstehe ein Potenzial, das in der Privatheit eines Vereins nicht möglich sei, das habe er bei der Theologenausbildung in Bolivien gelernt. *Wir können nicht einfach Mitgliederbedienung betreiben*, das wäre nicht Kirche. Über Partizipation nachzudenken, bedeute immer, über die Öffentlichkeit von Kirche nachzudenken, und das hänge nicht an der Grösse. Zustimmung zur Privatisierung wäre das Ende des allgemeinen Priestertums.

Menschen zu ihren Möglichkeiten zu bringen, das sei der Gewinn der Partizipation, *Menschwerdung*. Das grosse Wort fällt nach einer Pause. Ohne Teil von etwas zu sein, habe man keine Chance. Ein Potenzial, das zeitweise schlummere und in anderen Zusammenhängen wieder wach werden könne, auch als Potenzial der Kirche. Aber auch das sei zu beachten: *Beteiligung kann nicht ohne die Frage der Macht diskutiert werden*. Diese Diskussion führe automatisch zur Frage nach Ausgleichsstrukturen.

Zwei Themen will Heinz Bichsel zum Schluss noch angesprochen haben: Frauen und Gender sei das eine Gebiet, wo Partizipation sehr viel Erfolg habe in den Entwicklungsländern. Das andere ist Bildung als *Voraussetzung von Beteiligung*. Vor allem bei der Bildung sieht er eine reformatorische Wirkung. Dort zu sparen, sei das Ende von Partizipation.

5. Die Strukturalistin. *Partizipation steht nicht am Schluss des Prozesses, sondern am Anfang.*

Wir kennen uns gut. *Jeannette Behringer* ist promovierte Politologin, war in Stuttgart auf Länderebene für politische Bildung zuständig und kam als Sozialwissenschaftlerin zur Fachstelle *Gesellschaft & Ethik* der ehemaligen Bildungsabteilung der Zürcher Landeskirche. Nun ist die Fachstelle in der neuen Abteilung *Lebenswelten* angesiedelt. Politik, Ethik, Demokratie, Europa und Nachhaltigkeit sind ihre Themen, und sie forscht seit langem zu Fragen politischer und sozialer Partizipation. Wir haben einen flotten Ton drauf und kommen schnell zur Sache.

Ob ihr spontan ein sehr gelungenes Beispiel von Partizipation in der Politik einfalle? Im Unterschied zum Stuttgarter Projekt, das missglückt und allen unter dem Label *Stuttgart 21* bekannt ist, hält sie den neuen Hauptbahnhof von Wien in dieser Hinsicht für geglückt. Dort hat man die Anwohnerinnen und Anwohner im Quartier beteiligt, aber auch die gesamte Stadt, diverse Akteure also in wachsenden Ringen, die Pendler natürlich auch. In Stuttgart wurde bereits die Motivation für das Projekt nicht korrekt kommuniziert, denn in erster Linie war es ein Immobilienprojekt, erst in zweiter Linie auch ein Verkehrsstrukturprojekt. Inzwischen ist der Spekulationsteil zurückgestutzt, auch durch den neu gewählten grünen Oberbürgermeister. Das Schiedsgerichtsverfahren, im Rathaus durchgeführt, habe Beteiligung zwar ermöglicht, aber erst, nachdem das Kind schon in den Brunnen gefallen und der Protest bereits auf der Strasse war. In Wien hingegen habe man Partizipation gewährt, bevor es zu irgendwelchen Festlegungen kam. *Sie steht nicht am Schluss des Prozesses, sondern am Anfang.*

Der Begriff sei sehr weit. *Parti-cipere, Teilhabe an Entscheidungen*, das könne viel bedeuten. *Formelle* und *informelle* Partizipation, lerne ich gerade, sei zwar der übliche Sprachgebrauch, korrekter aber sei aus politologischer Perspektive die Unterscheidung von *institutionalisierter* und *nichtinstitutionalisierter* Partizipation. Das *Informelle* sei schon längst in Regelmässigkeit übergegangen. Was über die Schriftlichkeit von Gesetzen hinausgehe, sei freiwillig, dürfe aber nicht abgewertet werden. Die Schweiz habe als halbdirekte Demokratie zwar ein hohes Mass an institutionalisierter Partizipation. Der Nachteil dieses Guts sei aber leider, dass Mittel nichtinstitutionalisierter Partizipation, also Zukunftswerkstätten, Runde Tische, Publiforen, es eher schwer hätten. Ausserdem kämen bei der institutionalisierten Partizipation viele gar nicht vor: Ausländer, Touristen, Asylanten, Pendler, vermute ich. Genau. Wichtig sei eben, dass nichtinstitutionalisierte Partizipation rechtzeitig, nämlich *zur Ideengenerierung*, eingesetzt wird. *Inputlegitimation ist politisch das entscheidende Moment*: Wer kann sich wie früh einbringen und mitdefinieren, worum es genau geht?

Zu den Vorteilen: Ich erzähle, wie ich als Benutzer etwa auf Flughäfen oder Bahnhöfen ablesen könne, ob das Leitsystem mit oder ohne Partizipation entstanden ist. Sie schaut mich fragend an. Na ja, wenn nicht ein Tourist, der noch nie dort durchgelaufen ist, beteiligt war, fehlten immer wieder Schilder an entscheidenden Stellen. Einheimische brauchten sie ja sowieso nicht. Auch bei den meisten Geräten, die ich kaufe, fehle die Partizipation bei den Bedienungsanleitungen. Wenn der Ingenieur sie selbst geschrieben hat, seien sie für mich praktisch nutzlos. Ich will damit sagen, dass nichtinstitutionelle Partizipation oft einen hohen praktischen Nutzen hat. Ja, sagt Jeannette Behringer, es gebe grundsätzlich zwei Entwicklungen, denen man mit Partizipation entgegenwirken könne: die Vorherrschaft der Experten und das Prinzip der Hierarchie. Beide wollten Partizipation verhindern, um allein das Sagen zu haben. Partizipation heisst deshalb immer auch, die Frage nach der Machtverteilung zu stellen. *Der sich in den letzten Jahrzehnten vollziehende Wertewandel weg von Pflichtwerten und hin zu Selbsterfahrungswerten war entscheidend* für die gewachsene Bedeutung der Beteiligung. Ihn muss man verteidigen.

Ich gebe die Vermutung zu bedenken, dass überall das Recht des Stärkeren gilt, wo Partizipation unbekannt sei. Ob das stimme? Ja, man könne *in der jüngeren Partiziptionsgeschichte Zyklen* beobachten: So sei die Stadtplanung einer der ersten grossen Schübe zugunsten der Beteiligung gewesen. Die neuen sozialen Bewegungen seit den Sechzigern hätten diverse solche Schübe ausgelöst, die direktdemokratische, die pazifistische, die ökologische, die feministische. Aber Stadtplanung sei das erste Feld und Zürich darin durchaus führend. *Grundvoraussetzung von Partizipation ist Vertrauen in den Prozess und in die Akteure.* Ist es nicht da, und ist man nicht bereit, Ergebnisse aus diesen Prozessen anzuerkennen, werde sie nur populistisch als Alibi missbraucht. Sie ist mehr als eine Methode: *Sie ist eine Haltung.* Sonst bleibe es beim Recht des Stärkeren.

Ob narratives Vorgehen eine Rolle spiele, um für neue Geschichten, die es geben soll, die alten, die es gab, wahrzunehmen und organisch anknüpfen zu können? Eine grosse Rolle spiele das *storytelling.* Besonders an sensiblen Orten, zu sehen beim Projekt *Stolpersteine,* einem europäischen Projekt des Gedenkens an die Zeit des Nationalsozialismus. Die Frage sei, wer eingeladen werde, Geschichten zu erzählen. *Akzeptanz und Legitimität* seien die entscheidenden Argumente für Partizipation: Das Alte soll gewürdigt, das Neue angenommen werden.

Ein anderer Bereich für nichtinstitutionelle Partizipation, in dem sie inzwischen politisch sogar vorgeschrieben ist, seien Infrastrukturfragen und Standorte: Sondermülldeponien, Kraftwerke, Landebahnen, Endlager usw. Immer gehe es dann auch um *das Bürgerbild und wie es sich entwickeln kann: Bürgerinnen als Ideengeneriererinnen und Kreative oder als Störenfriede.* Wie sie als Politologin es beurteile, wenn sich Partizipation verselbstständigt, weil die Politik trödelt: beim Areal des ehemaligen Stadtflughafens Tempelhof in Berlin zum Beispiel, den die Bürger inzwischen vielfältig, aber wild nutzen. Hausbesetzungen seien der Klassiker. Ja, das sei die extreme Form von Partizipation. Ich wende ein, dass diese Partizipation allerdings auch Anarchie bedeute. Ob man diese politisch zulassen könne? Klar, da müsse man den Kompromiss suchen. Ausnahme: Gewalt gegen Menschen oder Sachen.

Ob Partizipation nur ein Anliegen der Linken sei? Na ja, die derzeitigen Rechtspopulisten wollten ja auch die direkte Demokratie, gibt sie zu bedenken … Wegen ihres Erfolgs gibt es rechts wie links ein Interesse am Begriff der Partizipation, beide Lager greifen zurück auf den Begriff des *Volks* und verabsolutieren den Begriff der *Volkssouveränität.* Umso wichtiger sei es, seine Definition und seinen Gebrauch zu diskutieren.

Zum Schluss frage ich, wo nach ihrer Beobachtung die Kirche von politisch genutzter Partizipation unbedingt zu lernen hätte. Nach fünf Jahren Arbeit in ihr denke sie, die Kirche müsse sich stärker mit dem Begriff auseinandersetzen, denn er werde oft einfach verwechselt mit *Zusammenkunft, Gemeinschaft oder Information*: Wir sitzen mal zusammen und reden das zu Boden ... Letztendlich bedeute Partizipation aber, *neue Machtverhältnisse zu definieren und neue Ideengenerierung zu schaffen*. Das sei wesentlich mehr als Anhörung. *Weil sie denkt, sie tue es doch längst, tut sie es in Wahrheit noch zu wenig*. Ein Phänomen, das für viele Institutionen gelte: Partizipation sei dann nur ein in guter Absicht draufgeklebtes Schild. *Kirche als Teil der gegenwärtigen Zivilgesellschaft zu platzieren und einzubringen, eine zentrale Aufgabe von Gesellschaft und Ethik, ist nicht nur Imagearbeit, sondern vor allem Dialogarbeit und Beziehungsarbeit.* Eine Herkulesaufgabe ...

In der Veränderung, die der Andere erfährt, verändere ich mich auch. Das sei gewiss auch eine Folge, wenn man Partizipation zulasse und wolle. Klar, aber da liege auch ihr Risiko: *Du weisst vorher nicht, was passieren wird.* Echte Partizipation brauche Offenheit. Für die Kirche gehe es dabei auch um ihre *Identität: Wie sollen Glaube und Theologie in der heutigen Gesellschaft organisiert werden? Sich mit der Gesellschaft in Beziehung zu bringen, wäre vom Evangelium her doch eine Kernkompetenz von Kirche, oder?* Sie schaut mich auffordernd an, ich nicke.

6. Der Provokateur. *Du weisst nicht mehr, wo du bist.*

Wir sind zum Mittagessen verabredet. Ich hole ihn in einem Grossraumbüro ab, wo jeder Fotograf seine Nische hat, aber jederzeit Möglichkeiten zum Austausch, zu Kritik und Korrektur gegeben sind. Wir gehen zum Mittagessen über die Strasse, *Zeljko Gataric*, der Zürcher Kunstfotograf, und ich. Leider zeigt sich, dass der Geräuschpegel im Restaurant mein Smartphone doch ein wenig überfordert. So zeichne ich aus der Erinnerung nach, worüber wir geredet haben.

Ich erläutere Anliegen und Konzept. Verschiedene gesellschaftliche Verantwortungsbereiche wolle ich berücksichtigen, darunter auch den Bereich des Kulturschaffens. Das sei löblich, aber ob er, ausgerechnet er, zum Thema Partizipation etwas zu sagen wisse ...? Na ja, es gebe doch seit Jahrzehnten schon eine Zunahme von Kunstprojekten, bei denen Menschen beteiligt würden: als Passanten auf der Strasse, als Zuschauer im Theater, als Statisten in einer Performance, als Themensetzer im Playbackspiel. In der Fotografie gebe es Langzeitprojekte, in denen Menschen zwar die Fotografierten seien, etwa Jugendliche während der Pubertät oder Hinterbliebene während der Trauer, zugleich aber auch Einfluss nehmen könnten auf den Fotografen. Ob er so etwas auch mache?

Nein, so nicht. Vielleicht falle aber sein Grossprojekt *Sehnsuchtsorte* oder *Phantasieorte* unter das, was ich mir vorstelle. Da gehe es um echte Welten, aber in künstlicher Nachbildung. Er zeigt mir Bilder von einer Skipiste auf der arabischen Halbinsel: ein Hang, überspannt mit einer riesigen Plane und beschneit mit Schnee; Menschen, die für den Lift anstehen oder gerade hinunterfahren. Das Ganze mit grossem Aufwand heruntergekühlt in einem Land mit bis zu fünfzig Grad Hitze im Sommer. *Solche Kunstwelten werden nur angenommen, weil sie einen Nutzen haben und ein Interesse wecken.* Das könne unterhaltsam sein oder auch wissenschaftlich. Die Überbauung *Biosphäre 2* in Arizona zum Beispiel. Es soll beweisen, dass ein Ökosystem, das vollständig unabhängig von seiner Umgebung und also in sich geschlossen ist, langfristig Leben ermöglicht. Eine simulierte Welt sei dies, die funktioniere. Welt könne wissenschaftlich nachgebaut werden, auch wenn es gelegentlich kleine Probleme gebe. Eine Pflanze etwa, die zu viel Sauerstoff verbraucht. Auch davon zeigt er mir Bilder. Zeljko Gataric gerät ins Erzählen, denn *künstliche Welten* faszinieren ihn: Von zweihunderttausend Bewerbern seien tausend ausgewählt, die in zwölf Raumschiffen zum Mars fliegen sollen. *Eine beängstigende Vorstellung*, findet er, bald abzufliegen um 2030 dort anzukommen, *ohne zu wissen, ob und wie es funktioniert.* Ein Schweizer sei auch dabei. Wir jedenfalls seien *Zuschauer dieser Partizipation.*

Womit wir wieder beim Thema wären. Ob das Partizipation sei, frage ich, ihn und mich. Menschen kommen zwar auf allen Bildern vor, sind aber Statisten, Objekte, Versuchstiere. Gatarics Ziel sei *ein Buch mit Bildern von künstlichen Welten, aber in einer Mischung*, zum Beispiel links die wirkliche Welt, etwa der Eispalast in einem Schweizer Gletscher, und rechts die künstliche, etwa die Skihalle von Dubai. *Du weisst nicht mehr, wo du bist.* Ich füge ein weiteres Beispiel hinzu: Links ein Bild aus dem Regenwald der Masoala-Halbinsel im Norden Madagaskars und rechts ein Bild aus der Masoala-Halle des Zürcher Zoos. Es müsse so weit gehen, dass nichts hilft, die natürliche Welt von der künstlichen zu unterscheiden. Genau so, findet er.

Da geht mir auf, was hier, bei diesem Projekt eines Künstlers, die wirkliche Partizipation ist: Beim Betrachten des entstehenden Bildbands muss sich der Betrachter selbst einen Reim auf das Nebeneinander von natürlicher und künstlicher, echter und falscher Welt machen, muss sich selbst fragen, was für ihn wichtiger ist. *Du weisst nicht mehr, wo du bist*, diese Erkenntnis ist der Beginn der Partizipation. Sie bestehe im Erkennen und Nachdenken. Im Fall dieses Fotoprojekts in der Frage, ob der Mensch künstliche Welten brauche, Realityshows und Disneylands. *Vielleicht braucht es Disneyland gar nicht*, fragt er mich, *sondern man sollte mal wieder in den Wald gehen und eine Wurst braten.* Partizipation sei dann Beteiligung am Kunstwerk durch Betrachten und Weiterdenken, denn das Bild fordere *eigene Sensibilität, um zu entscheiden zwischen Fake und Wahrheit.*

Froh, im Gespräch doch noch gefunden zu haben, was im Fall von Kunst Partizipation ist, füge ich noch bei, dass es sogar die zugespitzte Auffassung gibt, dass Kunst überhaupt erst im Auge ihres wahrnehmenden und nachdenkenden Betrachters entstehe. Zeljko Gataric jedenfalls setzt ihn voraus und fordert ihn heraus.

Sabine Scheuter, Stephan Hagenow

Gemeindeleitung zwischen Schönwetter und Turbulenzen

Ein analytisches Gespräch

Teilnehmende: Sabine Scheuter (Gesprächsführung), Paul Baumann, Judith Borter, Barbara Fankhauser, Stephan Hagenow

Die Gesprächsteilnehmenden haben unterschiedliche berufliche Rollen[1] und leben in Landeskirchen mit je eigenen Begrifflichkeiten (z. B. Kirchgemeinderat/Kirchenvorsteherschaft/Kirchenpflege) oder mit Gemeindeleitungsmodellen, die eigene Akzente setzen. Aber es ist spannend zu sehen, wie sich gewisse Tendenzen und Problemstellungen unabhängig von den jeweiligen Strukturen ergeben. Nach wie vor gibt es eine hohe Motivation, in einer Kirchgemeinde Verantwortung zu übernehmen, aber es braucht mehr Schulungen und Begleitung in Krisensituationen. Mit zunehmender Säkularisierung müssen auch die jeweiligen Rollen und Zuständigkeiten immer wieder neu diskutiert und gelebt werden, weil kaum noch etwas selbstverständlich ist.

1. Motive und Erfahrungen

Barbara Fankhauser, was war Ihre Motivation, in das Amt der Kirchgemeindepräsidentin einzusteigen?

Barbara Fankhauser: Ich wurde für das Amt im Kirchgemeinderat (KGR) angefragt. Ich wohnte damals noch nicht lange in Solothurn, die Kinder waren noch klein. Mit einer der Gründe, weshalb ich Ja gesagt habe, war, dass ich Wurzeln in meiner Wohngemeinde schlagen wollte. Es ging mir auch darum, neue Menschen kennenzulernen und in einem für mich hoch sinnvollen Umfeld mitzuarbeiten.

1 Vgl. Verzeichnis der Mitarbeitenden S. 163f.

Kein hehres Engagement stand also im Vordergrund, sondern handfeste Gründe. Die Anfrage kam zum richtigen Zeitpunkt.

Haben Sie sich bewusst für die Arbeit in der Kirche entschieden? Welche Erwartungen oder Erfahrungen hatten Sie?

Barbara Fankhauser: Für mich war Kirche positiv besetzt, ohne dass ich mich zu diesem Zeitpunkt bereits engagiert hatte. Kirche entspricht mir, liegt mit am Herzen, ihre Botschaft ist mir wichtig.

Sind Ihre Erwartungen erfüllt worden?

Barbara Fankhauser: Teilweise. Einerseits habe ich viele Leute kennengelernt und unendlich viel gelernt in diesen Jahren. Andererseits gab es aber auch eine gewisse Ernüchterung. Auch in der Kirche sind Menschen am Werk – manchmal hat man das Gefühl, dass der göttliche Funke da ist, manchmal nicht.

Welche Erwartungen haben angehende Kirchenpflegerinnen und -pfleger? Werden sie im Amt erfüllt oder eher nicht?

Paul Baumann: Seit 20 Jahren habe ich mit Behörden zu tun. Seit ca. 10 Jahren leite ich jedes Jahr den Kurs «Neu in der Kirchenvorsteherschaft». Dort fragen wir die neuen Behördenmitglieder jeweils, was sie motiviert hat. Handfeste Motive sind sehr zentral dabei, es wird gesagt, ich will etwas Sinnvolles tun für die Gesellschaft und mich einbringen im Gemeinwesen.

Stephan Hagenow: Viele, die an den Kursen «Neu im Kirchgemeinderat» teilnehmen, tun das nach einer Pause mit der Kirche aufgrund der Lebensgeschichte, oder man steigt wieder ein, weil man jemanden kennt, der bereits in der Kirche mitmacht. Die Erfahrung zeigt aber auch, viele wollen irgendwie mithelfen und sind dann erstaunt, in den Kursen zu hören, dass sie auch noch führen und leiten sollen. Die Motivation, etwas Sinnvolles zu tun, heisst nicht unbedingt, dass ihnen klar ist, dass auch Leitungsaufgaben übernommen werden müssen.

Paul Baumann: Interessierte für Kirchenvorsteherschaften werden häufig für ein thematisches Ressort wie Diakonie oder Jugendarbeit angefragt. Am Ende des Einführungskurses sagen sie dann oft, wenn sie gewusst hätten, was der ganze Verwaltungsaufwand bedeutet, hätten sie es sich anders überlegt. Etwa ein Zehntel würde zu diesem Zeitpunkt am liebsten wieder vom Amt zurücktreten.

Worauf achtet man bei der Suche und Auswahl von neuen Mitgliedern für die Behörden?

Barbara Fankhauser: Was man vor allem findet, sind Pensionierte oder Frauen ab ca. 55 Jahren. Was wir zu wenig finden, sind junge Leute und berufstätige Männer. Das wäre für die Durchmischung jedoch sehr wichtig!

Judith Borter: Ich kann dem, was Barbara Fankhauser gesagt hat, zustimmen. Allgemein kann gesagt werden, dass eine sinnvolle Aufgabe gesucht wird, und auch der Aspekt der Gemeinschaft, in der gemeinsame Ideale gelebt werden können, ist wichtig. Man findet Menschen, die eine Gegenkultur zu ihrer beruflichen Tätigkeit suchen und Gemeinschaft schätzen. Es erstaunt immer wieder, dass dieser Aspekt ein so hohes Gewicht bei der Entscheidung hat, ein Amt zu übernehmen. Junge Menschen für diese Ämter fehlen, manchmal aber auch mutige Leute, Aktivistinnen und Aktivisten, die etwas anpacken und verändern wollen. Im Gesamten gibt es in den Behörden jedoch viele tolle Leute mit grossem Engagement.

Welche Konsequenzen hat dies für das Arbeiten in der Kirchenpflege?

Barbara Fankhauser: Impulse kommen bei uns häufig von aussen oder durch Pfarrpersonen oder diakonische Mitarbeitende, aber nicht unbedingt aus den Gremien selbst.

Paul Baumann: Das Durchschnittsalter in unseren Einführungskursen liegt zwischen 35 und 45 Jahren, vor allem in ländlichen Gemeinden. In städtischen Gemeinden sind die Leute 20 Jahre älter.

Ein typisches Profil hat jemand, der Jugendarbeit selber erlebt hat. Ein anderes typisches Profil ist das der Eltern von relativ kleinen Kindern bis etwa zur 6. Klasse. Solche Leute haben häufig nach jahrelangen Pausen oder Distanz wieder Kirchenkontakt. Wenn sie in ein Amt kommen, ist die Motivation stark inhaltlich geprägt. Je nach Vorbildung ist dann auch die Ernüchterung ein Thema.

Nur ein Drittel oder ein Viertel jüngere Männer im Alter von 35 bis 45 Jahren sind vertreten.

Judith Borter: Es ist interessant, dass Ihr auf dem Land mehr jüngere Leute habt. Bei uns ist dies nur vereinzelt der Fall.

Bei den Konfgesprächen habe ich die Behördenarbeit immer wieder angesprochen und gesagt: «Ihr gehört nun dazu, Ihr könnt auch ein Amt übernehmen.» Viele machten grosse Augen und fanden das recht spannend. Das Wissen über ein mögliches Amt in einer Behörde fehlt oft. In unserer Kirche wurde z. B. mittels Motivationsbroschüre oder spezieller Anlässe darauf aufmerksam gemacht. Bewusst soll gezeigt werden: «Wir sind eine lebendige Gemeinde, wo die Möglichkeit zur Mitgestaltung besteht.»

Stephan Hagenow: Eine heikle Beobachtung: In so manchen Räten befinden sich Menschen, die irgendwie einmal verletzt worden sind, die eine Seelsorgebeziehung mit Pfarrpersonen oder Diakonen hatten und über diese Schiene wieder Zugang zur Kirche erhalten haben. Dieses Phänomen trägt dazu bei, dass es wenige Leute in Behörden hat, die wirklich initiativ sind und Dinge verändern wollen. Es sind eher Menschen, die Halt und eine stabile Gemeinschaft suchen. Natürlich ist es auch gut, dass solche Menschen in der Kirche einen Platz finden, aber es entsteht daraus auch eine ganz bestimmte Führungskultur, die anders ist als etwa in einer Schulkommission.

2. Grenzen und Überforderungen in der (gemeinsamen) Leitung

Stephan Hagenow: Solange Schönwetter ist, funktioniert die Arbeit, dies meine Optik aufgrund zahlreicher Konflikte, die bei meiner Stelle auf den Tisch kommen. Aber plötzlich wird dann eine nette Kirchgemeinderätin zur Behördenfrau und beginnt zu führen und zu widersprechen. Damit haben einige Pfarrpersonen Mühe. Oft ist es dann ein Problem der Sprache, da gerade Pfarrpersonen rhetorisch geschult sind, während Präsident/innen mit dem sprachlichen Ausdruck teilweise Mühe haben. Kommen juristische Aspekte hinzu, wird es für Räte schwierig, sich über Wasser zu halten. Es braucht Rückgrat, Zivilcourage sowie eine hohe Sozialkompetenz, um Konflikte durchzustehen und zu lösen.

Judith Borter: Die geistliche Leitung und Gestaltung des kirchlichen Lebens geschieht durch die gewählten Kirchenpfleger, Kirchenpflegerinnen und Pfarrpersonen gemeinsam. Die personell-rechtliche Führung ist jedoch hierarchisch. In Baselland ist vieles in den Kirchgemeinden Aufgabe der Personalkommission. Die gemeinsame Leitung gestaltet sich nicht einfach und kann immer wieder zu Schwierigkeiten führen. Konflikte bezüglich der gemeinsamen Gemeindeleitung zu lösen, braucht viel Kompetenz.

Wo sind die Behörden heute überfordert?

Paul Baumann: Eine Überforderung kann zeitlich sein, inhaltlich-fachlich oder auch führungsmässig. Räte sind sich dies häufig zu wenig bewusst. Das von Stephan Hagenow zitierte Schönwettermodell ist ein Fakt, da Kirchenvorsteher bei Schönwetter zu wenig führen und es dann bei Schlechtwetter nicht können. Es werden keine unterstützenden Instrumente eingeführt; Mitarbeitergespräche werden zwar geführt, jedoch nicht immer optimal. Die Zeiterfassung wird häufig höchstens oberflächlich kontrolliert. Bei Konflikten ist die Überforderung enorm. Eine weitere Überforderung gibt es bei Entwicklungsschüben, z. B. bei Fusionen, da sind die Räte enorm gefordert. Mehr als die Hälfte hat keine Ahnung von Change Management!

Was heisst zeitliche Überforderung: Wie viel Zeit wird im Durchschnitt investiert?

Paul Baumann: Bei ganz «schlimmen» Kirchgemeinden wird gelockt mit der Zusicherung, es finde dann einmal im Monat eine Sitzung der Kirchenvorsteherschaft statt. Ich empfehle immer, realistische Zeiten zu kommunizieren.

Die Standards von Benevol empfehlen, nicht über vier Stunden die Woche hinauszugehen. Das ist es, was wir predigen, und das gelingt in Einzelfällen. Das Pensum in einem Präsidium liegt aber bei 10 bis 30 %, in vielen Gemeinden rein ehrenamtlich, nur mit Spesenentschädigung. Bei normalen Kirchenvorstandsmitgliedern gibt es eine grosse Bandbreite; die einen geben sich gerne auch ins Operative hinein, die anderen wollen nur strategisch arbeiten, aber schaffen die Abgrenzung nicht. Es besteht ein mangelndes Bewusstsein dafür, was strategische und was operative Aufgaben sind.

Frau Fankhauser, können Sie das einhalten mit den vier Stunden pro Woche?

Barbara Fankhauser: Nein. Als man mich anfragte, wurde mir gesagt, der Zeitbedarf für ein Amt liege bei ca. 30 Abenden im Jahr. Während der ersten drei Monate stimmte das, aber sobald man sich wirklich engagiert, stimmt es nicht mehr. Mein Zeitaufwand als Präsidentin liegt bei 40 bis 50 %.

Judith Borter: Ich teile diese Beobachtungen, das Engagement von vielen Behördenmitglieder ist sehr gross. Eine klare Kommunikation, was ein Amt genau beinhaltet, ist wichtig, damit keine Missverständnisse entstehen. Das Ehrenamt kann Behördenmitglieder manchmal fast noch mehr stressen als ihr anspruchsvoller Job.

Stephan Hagenow: Die Gesundheit der Mitarbeitenden ist ein wichtiges Thema, das uns ebenfalls sehr beschäftigt. Das muss bei den Behörden viel stärker thematisiert werden, da gibt es einen grossen Nachholbedarf. Behörden sind zu schulen, damit sie wahrnehmungs- und sprachfähig werden und Hilfsmöglichkeiten kennen. Ich habe einen Beraterstab sowie ein Netzwerk dazu; die Erfahrung zeigt, dass viele der Sachen, die sich unter anderen Titeln verbergen, eine starke gesundheitliche Dimension haben, dass jemand krank ist, ausgebrannt. Viele Kirchgemeinderäte haben Angst davor, in die Intimsphäre ihrer Mitarbeitenden einzugreifen. Es geht aber um die Fürsorgepflicht, ich versuche das in Kursen immer wieder zu betonen und merke, man ist sehr dankbar dafür. Jedoch gleichzeitig hilflos, was überhaupt getan werden kann, wie etwas angesprochen werden kann.

Judith Borter: Ich kann diesen Eindruck bestätigen. Burnout ist ein grosses Thema, das viele beschäftigt. Auch Behörden selbst sind davon betroffen. Die Kirchenpflege ist dafür zuständig, dass es Mitarbeitenden wie allen anderen (also auch den Behördenmitgliedern selbst) gut geht. Dies hängt auch mit dem Thema Arbeitszeitkontrolle zusammen. Es gibt Pfarrpersonen, die der Arbeitszeitkontrolle kritisch gegenüberstehen. Es wird dann aber schwierig, wenn jemand sagt, er sei überfordert, es aber nicht konkret nachweisen kann. Dort erlebe ich meine jungen Kolleg/innen anders, und auch ich selber empfinde die Arbeitszeitkontrolle als Schutz.

Stephan Hagenow: Viele Pfarrpersonen klagen auch über die fortschreitende Säkularisierung. Viele Räte wissen nicht mehr, dass die Kirche «anders tickt». Sie sind geprägt von einem Führungsstil aus Verwaltung oder Betrieben und bringen diesen dann in den Rat. Pfarrpersonen machen da nicht mit, denn Räte können z. B. nicht ohne sie darüber entscheiden, wie ein Kirchturm gebaut werden soll, da ein Bauwerk immer auch eine theologische Botschaft aussendet. Es ist kaum noch ein Gespür dafür da, dass Kirche ein anderes Wertesystem hat. Heute muss viel mehr theologische Übersetzungsarbeit geleistet werden. Sonst führt diese Entwicklung zu einer schleichenden Katholisierung: hier die hard facts wie Bau, Finanzen, Personal – und dann noch die vermeintlich weichen Themen wie Seelsorge und Gemeindeaufbau, die dem Pfarramt obliegen. Die reformierte Idee wäre aber, dass beide beides machen.

Judith Borter: Diese Beobachtungen finde ich sehr spannend. Eigentlich ist es super, dass es in den Räten Leute mit hohen Kompetenzen in Teilbereichen hat, als Pfarrperson benötigt man etwa im Bauwesen keine grossen Kenntnisse. Man muss sich aber einig werden können, in welche Richtung wir gehen, und was es ist, das uns zusammenhält. Besonders in Anbetracht dessen, dass man wenige Leute findet und froh ist, wenn man überhaupt jemanden hat, z. B. aus dem Personalbereich. Man überlegt dann oftmals womöglich zu wenig, was sie sonst zum Gemeindeleben beitragen wollen. Dadurch entsteht immer wieder die Situation, dass Kirchgemeinderätinnen und -räte nicht in den Gottesdienst kommen. Wenn harte und weiche Faktoren getrennt werden, wird die gemeinsame Entscheidungsfindung aber schwierig, auch im kirchlichen Leben. Deshalb soll bei der Rekrutierung über die konkreten Erwartungen gesprochen werden.

Paul Baumann: Laien sind auch Fachleute, einfach mit anderen Kompetenzen. Wenn sie überfordert sind, hat dies auch mit der Struktur und dem Selbstverständnis der Kirche zu tun. Das ist nicht so, weil wir in der Kirche alle Softies und konfliktscheu sind. Sondern es hat ganz tief mit dem gewollten System einer partnerschaftlichen Leitung zu tun. Die Kirchenbürger sollen mitreden, es muss an vielen Stellen ein Mitwirkungsverfahren erfolgen. Es ist für manche Leute aus der Wirtschaft zudem fremd, dass auch die Pfarrpersonen immer mitreden sollen. Das Bild, wo man miteinander im Boot sitzt, *alle* Kirchgemeinde sind, das ist ein Bild für das Priestertum aller Gläubigen, welches auch durch das System ausgedrückt wird. Der Bau eines Kirchgemeindehauses ist dafür ein gutes Beispiel oder auch, wenn Leitsätze für die Arbeit der Kirchgemeinde erarbeitet werden sollen. Dies geschieht nicht einfach in einer Retraite, sondern es soll mittels eines offenen Verfahrens entstehen. Positiv gesehen haben die Behördenmitglieder so die Chance, sich aus der Komfortzone zu bewegen und etwas über das Priestertum aller Gläubigen zu lernen, was es strukturell und methodisch bedeutet.

3. Partnerschaftliche geistliche Gemeindeleitung

Das System hat unterschiedliche Namen, in Zürich z. B. Zuordnungsmodell, im Aargau Modell der partnerschaftlichen Leitung. Es bestehen Unterschiede in der Ausprägung, aber es gibt auch viele Gemeinsamkeiten. Die gemeinsame Leitung der Kirchgemeinde ist ein Grundpfeiler des Priestertums aller Gläubigen. Im Aargau gab es dazu kürzlich eine Untersuchung, wie hoch die Zustimmung ist. Bei den Ordinierten lag sie bei 77 %, bei Behörden gar bei 94 %, ein Modell also, das sich bewährt. Andererseits entstehen gerade hier die grössten Konflikte. Wie sind da die Erfahrungen?

Barbara Fankhauser: Hier besteht die schon genannte Schönwetter-/Schlechtwettersituation. Solange man in die gleiche Richtung zieht, die Argumente sich treffen, da ist ein partnerschaftliches Modell selbstverständlich und problemlos, da macht es Spass und es geht vorwärts. Wenn es zu Differenzen kommt, wird es schwieriger. Häufig geht es auch um die Sprache. Wenn eine Pfarrperson sehr theologisch argumentiert, ohne das Gesagte herunterzubrechen, so dass auch der Rat die Anliegen wirklich versteht, kann es herausfordernd werden. Können sich Pfarrpersonen und Rat nicht einigen, entscheidet bei uns letztendlich der Rat.

Es krankt also manchmal an der Sprache, und dann versuchen Pfarrpersonen, die mangelnde Übersetzung mit Autorität zu kompensieren?

Barbara Fankhauser: Teilweise ja. Hinzu kommt, auch Pfarrpersonen sind Menschen, auch sie haben ihre Eigeninteressen.

Wie wird es in Beratungen oder Kursen erlebt?

Judith Borter: Es kommt immer wieder vor, dass die theologische Kompetenz auch ausgespielt wird. Hier ist es wichtig, dass auch die geistliche Leitung gemeinsam passiert und nicht nur bei der Pfarrperson liegt. Auch die Kirchenpflege kann in geistlichen Fragen (wie etwa bei Fragen zur Praxis des Abendmahls in der Gemeinde) mitentscheiden. Es ist wichtig, dass die Kirchenpflege weiss, dass sie auch eine geistliche Leitung hat, genau wie die Pfarrpersonen. Darin spiegelt sich das Priestertum aller Gläubigen. Am schwierigsten ist die Abhängigkeit dadurch, dass die Pfarrperson gleichzeitig auch Seelsorger oder Seelsorgerin in der Gemeinde ist. Respekt oder auch Angst schweben dabei oft mit.

Stephan Hagenow: Dies ist ein wirkliches Problem. Die geistliche Leitung der Ehrenamtlichen zu schulen, ist bei unseren Kursen für Räte kein Thema. Es stehen nur zwei Stunden im Grundkurs für die besondere Rolle des Pfarramts zur Verfügung, da kann mit Beispielen zwar etwas veranschaulicht werden, eine Vertiefung des Themas liegt aber nicht drin. Hier gibt es einen grossen Bedarf für Reformen, wobei ich nicht ganz sicher bin, ob diese auch gewollt sind. Viele Räte sind froh, wenn sie nur ihr Ding haben und nicht irgendetwas anderes. Sie überlassen das Theologische gerne den Profis. Oder es gibt das Umgekehrte, dass Pfarrpersonen ausgeschlossen werden und ihnen nur zugestanden wird, bei bestimmten Themen mitzureden.

Paul Baumann: Das partnerschaftliche Leiten ist einer der meist diskutierten Führungsaspekte. Aufgrund der Kirchenverfassung sind Pfarrpersonen bei uns automatisch mit Stimmrecht in der Kirchenvorsteherschaft. Es gab einen Präsidenten, der sein ganzes in seiner Firma erworbene Hierarchiedenken in die Kirchgemeinde hineinbrachte, oder einen anderen Präsidenten, der alles «auf Vordermann» bringen wollte, mit dem Resultat, dass innerhalb von fünf Jahren praktisch das ganze Personal wechselte, ein unglaublicher Knowhow-Abfluss. Dies sind auch Aspekte des partnerschaftlichen Leitens.

Judith Borter: Meine Beobachtung ist, dass auch hier eine klare Kommunikation wichtig wäre. Als junge Pfarrerin war ich bezüglich vieler Tätigkeiten in der Kirchenpflege zu wenig ausgebildet, hatte auch nicht gelernt, wie man Sitzungen leitet, wie ein Budgetantrag gestellt wird usw. Ich machte viele Stellvertretungen und wechselte oft die Kirchgemeinden, um möglichst viel zu sehen und zu erfahren. Das hat mir geholfen. Meiner Meinung nach müssten Pfarrpersonen bezüglich der Aufgaben in den Kirchenpflegen von Beginn an mehr geschult werden.

Paul Baumann: Eine weitere Frage dazu ist, was geistliche Leitung heisst. Im Lehrgang «Gemeinde gestalten und Leiten» gibt es dazu ein ganzes Modul, das vom Grundsatz in Kirchenverfassung und Kirchenordnung ausgeht: «Die Kirchenvorsteherschaft ist für den Aufbau der Gemeinde zuständig.» Was kann dies in der Praxis bedeuten? Das heisst nicht nur, einen Text lesen am Anfang der Sitzung. Das heisst auch, sich miteinander über Geistliches zu unterhalten bis hin zu geistlichen Zielen.

Stephan Hagenow: Ich begleite einen Stammtisch von Pfarrpersonen aus dem Ausland, die sich zweimal im Jahr treffen. Ein Punkt, der immer wieder genannt wird, ist die Frage, warum die Ratssitzungen nicht mit einem geistlichen Impuls wie einem Lied oder einem Text beginnen. Jenen Pfarrpersonen, die von aussen kommen, fehlt etwas in der Atmosphäre.

Judith Borter: Ich kann dies so nicht unterstreichen, es gibt Gemeinden, wo sich die Leute sorgfältig auf den Einstieg in die Sitzung (Lied, Gebet, Gedicht, Impuls) vorbereiten. Auch bei unserer Kantonalkirche, bei der Amtspflege der Stellen, beginnen Sitzungen in der Regel mit einem geistlichen Einstieg.

Letztes Jahr haben wir das Projekt des Kirchenbundes «Unsere Thesen für das Evangelium» umgesetzt. Dies wurde von vielen Seiten sehr ernst genommen worden, und in einigen Kirchenpflegen wurden Glaubensfragen diskutiert. Dadurch wurde vielen bewusst, dass die weichen Themen viel mehr Präsenz haben müssen. Eventuell könnte in der Sitzung des Kirchgemeinderats am Schluss eine kurze theologische Diskussion geführt werden, immer mit Bezug zum Gemeindeleben.

Paul Baumann: Dies kann gefördert werden, besonders dann, wenn eine neue Vision erörtert oder ein neues Leitbild erarbeitet wird. Dann sind alle Beteiligten auf solche Themen sensibilisiert. Ein spezielles Erlebnis war, als in einer Kirchenvorsteherschaft das Pfarrehepaar und eine Präsidentin der geistlichen Frage nachgingen und eine Diskussion darüber starteten, wo sich denn überhaupt Glaube zeige. Diese Diskussion war für alle Beteiligte eine Bereicherung. Da fand man ganz vieles und merkte, wir sind gar nicht so unfromm. Viele hatten einfach Angst vor dem frommen Stempel. Es gilt, Anknüpfungspunkte zu finden, wo Glaube stattfindet, wo Schöpfung erlebt wird – oder die Nächstenliebe, was ein grosses Thema war. Die religiöse Rückbindung kann durch das Suchen des geistlichen Gesprächs erfolgen.

Judith Borter: Theologisches Interesse oder das Mitmachen im Gemeindeleben sind für ein Behördenamt genauso wichtig wie das Verwalten einer Gemeinde. Andererseits steckt bei Leuten, von denen man denkt, sie möchten nur verwalten, oftmals auch mehr dahinter. Es ist ja kein Zufall, dass sie sich gerade in der Kirche engagieren wollen. In der heutigen Zeit braucht es auch schon einen gewissen Mut, in einer Kirchenpflege mitzumachen.

4. Unterstützung und Hilfestellungen

Wo und wann holen sich die Leute in der Kirchenpflege Hilfe?

Barbara Fankhauser: Über Jahre hinweg ist ein intensives Netzwerk Richtung Bern (Gesamtkirchliche Dienste) entstanden. Für mich ist das Hilfeholen inzwischen relativ schnell möglich, ich weiss, wen ich fragen muss, die Leute kennen mich und helfen dann auch sofort. Das Netzwerk musste aber zuerst entwickelt werden. Jemandem, der neu im Amt ist, fehlt ein solches Netzwerk. Auch das Bewusstsein, dass es keine Schwäche ist, sich Hilfe zu holen, muss erst wachsen. Es ist wichtig bei Behördenschulungen, auf die entsprechenden Angebote hinzuweisen.

Kommen Leute rechtzeitig, und wissen sie, was sie in Anspruch nehmen können?

Stephan Hagenow: Die Bereitschaft, sich Hilfe zu holen ist niedrig, da ist noch sehr viel Luft nach oben. Die heilige Kuh Gemeindeautonomie hat zur Folge, dass man zuerst einmal selbst schaut, und das führt oft zu einer Verhärtung. Es besteht eher eine Kuschelkultur in unserer Kirche, wo man die Dinge lange nicht direkt anspricht. Es gibt sehr viele Schwelbrände. Bei Alltagsfragen, die eher Rechtliches betreffen, wird relativ schnell Hilfe in Anspruch genommen. Aber wenn es um echte Beratung geht, um strategische Fragen, da dauert es.

Eine grosse Gemeinde holt sich eher selten Hilfe, es sind vor allem kleine und mittlere Gemeinden mit wenigen Ressourcen, die das tun.

Barbara Fankhauser: Wenn man bei den Behördenschulungen gute Leute kennenlernt und positive Anknüpfungspunkte hat, geht man auch auf die Leute zu. Das geschieht dann auf einer noch niedrigen Eskalationsstufe.

Judith Borter: Wir haben Einführungstage für neugewählte Kirchgemeinderäte und Synodale, hier ist es ganz wichtig, auf solche Dienstleistungen hinzuweisen. Viele Behördenmitglieder wenden sich für Auskünfte und Hilfe an die Verwaltung der Landeskirche. Wir haben auch einen Ombudsmann oder die Stabsstelle Kirche- und Gemeindeentwicklung, d. h. Fragen gehen bei verschiedenen Stellen ein und werden triagiert. Es fällt auf, wie gut die Behördenschulungen besucht sind.

Paul Baumann: Heute ist es selbstverständlich, bei gewissen Fragen die Kantonalkirche zu kontaktieren. Seitens der Kantonalkirche wird stark darauf geachtet, dass Nähe besteht. Das direkte Gespräch wird enorm geschätzt. Wir versuchen, niederschwellig Hilfe anzubieten, damit die Leute sie auch in Anspruch nehmen, lieber zu früh als zu spät. Der Kantonalkirchenapparat ist eine relativ kleine Organisation, so dass, egal wo eine Anfrage eintrifft, rasch eine andere Stelle hinzugezogen werden kann.

Es ist eine Frage der Organisationskultur, ob eine Kirchgemeinde Hilfe und Beratung in Anspruch nimmt.

Gefragt ist Unterstützung in allen möglichen Formen, neben Zukunftsfragen auch z. B. wie IT-Dienstleistungen verstärkt werden können, oder wie Liegenschaftsverwaltungen zentral organisiert werden. Ab und zu wird eine

Dienstleistung neu zentral angeboten. Unterstützung bedeutet deshalb in einem gewissen Sinne auch eine höhere Abhängigkeit von der Zentrale. Wir sind allerdings wenig zentralistisch aufgestellt, es gibt zwar die minimalen Aufgaben gemäss Kirchenordnung, aber dennoch gibt es bei uns keine «böse» Kantonalkirche.

Judith Borter: Die Gemeindeautonomie ist auch bei uns sehr wichtig. Was zurzeit spannend ist: Wir haben Visitationen hinter uns, von 2013 bis 2015, und sind nun an der Umsetzung mit verschiedenen Teilprojekten, wo möglichst viele Berufs- und Interessengruppen vertreten sind. Da geht es um den Support der Kirchgemeinde, um Inhalte sowie Strategie/Struktur. Die Projekte sind voll am Laufen, wir hoffen, dass die Kirchgemeinden dadurch auch besser unterstützt werden. Neu arbeiten wir bei der Behördenschulung stärker interkantonal zusammen. Was ich mir wünsche, wäre auch, Schulungen teilweise über das Internet anzubieten.

Paul Baumann: Bei den E-Learning-Phasen in unseren Kursen machen halt viel weniger mit als an den Einführungstagen und an der Schlusstagung. Der Hauptnutzen der elektronischen Unterstützung wird offenbar darin gesehen, dass man weiss, man kann sich jederzeit melden.

5. Teamleitungen und professionelle Verwaltungen als Entlastung?

Stephan Hagenow: Was mir noch auffällt, und das beobachte ich auch mit Sorge: dass die Entlastung oft durch Verwaltungen geschieht, und dass diese Verwaltungen ein Eigenleben entwickeln. Und dass vieles, was im Rat beschlossen werden müsste, dann in der Verwaltung entschieden wird. Oder die Verwaltung fungiert als Informationsdrehscheibe und filtert sorgfältig, was wo hinkommt. Interessanterweise bestand eine Zeit lang die Tendenz, Teamleitungen zu fördern. Die Teamleitungen wurden jedoch überall wieder rückgängig gemacht, da diese Art von Organisation keine Effizienzsteigerung brachte und auch nicht mehr Konflikte lösen konnte, eher im Gegenteil. Das zeigt, dass in den Tiefenschichten das Bewusstsein für das Gemeinschaftliche da ist und es einen Abwehrreflex gegen jegliche Hierarchien gibt.

Barbara Fankhauser: Wir haben das Modell der Teamleitung als «primus inter pares», d. h. eine Person, die über mehrere Jahre hinweg die Koordination übernommen hat. Für mich als Kirchgemeinderatspräsidentin ist das eine grosse Entlastung. Ich habe eine Haupt-Ansprechperson, das hat vieles einfacher gemacht. Innerhalb des Pfarrteams ist das aber nicht immer nur einfach.

Judith Borter: Ich kenne zwei Beispiele, bei denen das tiptop klappt; ein Modell, wo die Teamleitung länger bei einer Person ist und gut akzeptiert wird, ein anderes Modell, wo die Teamleitung alle Jahre wechselt, und es klappt ebenfalls. Ich würde also nicht generalisieren, dass das nicht geht.

Paul Baumann: Wir kennen in einzelnen Gemeinden ebenfalls das Modell des Rotierens. Ob es wirklich sinnvoll ist, kann nicht abschliessend gesagt werden, das Modell ist aber sehr gut akzeptiert, es ist hauptsächlich eine koordinierende Aufgabe.

Seit 2010 sind wir zudem am Experimentieren, ob in grösseren Gemeinden so etwas wie eine Geschäftsführung installiert werden soll. In Stadtgemeinden gab es bereits die Verwalterstellen. Beim Modell Kirchgemeindeschreiber bestehen die Kompetenzen analog zu einer politischen Gemeindeschreiberstelle.

Judith Borter: Verwalter oder Verwalterinnen können sicher gute Dienste leisten. Ihre Rolle ist aber genau zu definieren, etwa bezüglich Personalführung. In unserer Kirchenordnung (ERK BL) ist festgehalten, dass die Mitglieder der Personalkommission nicht in einem Anstellungsverhältnis zur Kirchgemeinde stehen dürfen. Wenn dies nicht eingehalten wird, sind Konflikte vorprogrammiert.

Paul Baumann: Ich würde es nicht so formulieren, dass eine neue Verwaltung mehrheitlich eine Schwierigkeit darstellt. Dort, wo mit dem dezidierten Bild des politischen Gemeindeschreibers an die Sache herangegangen wird, ohne Personalführungsfunktion, funktioniert es am besten. Diese Person ist auch eine Entlastung für die Kirchenvorsteherschaft.

Judith Borter: Ich möchte es auch positiv formulieren. Es ist unglaublich, was alles geleistet wird, wo es überall gut funktioniert, auch mit all den verschiedenen Abhängigkeiten. Klagen liegt mir fern, es ist doch erstaunlich, dass wir alle Kirchenpflegen besetzen können!

6. Geistlich leiten konkret

Stephan Hagenow: Mit der Professionalisierung geht oft eine starke Verrechtlichung einher. Auch bei den Konflikten. Das Bewusstsein nach 1. Korinther 6, dass man seine Streitigkeiten nicht vor den heidnischen Gerichten austrägt, ist komplett weg. Wenn etwas vorgefallen ist, holt man sich sofort juristische Schützenhilfe, die ganzen geistlichen Instrumente, die es gibt, sind bei uns massiv unterentwickelt. Bei meinem Stellenantritt in der Fachstelle Personalentwicklung gab es dazu fast nichts. Hier muss eine Kultur entwickelt werden, die begleitet, die versucht, andere Wege aufzuzeigen.

Paul Baumann: Das ist wirklich etwas, was wir neu entwickeln müssen. Isabel Hartmann und Reiner Knieling beschreiben es in ihrem Buch «Gemeinde neu denken. Geistliche Orientierung in wachsender Komplexität» – ein Modell mit Stufen, das eine Alternative bietet.[2] Beispielsweise achtsam zu sein und zurückzugehen, nicht sofort aktiv zu werden, während zwei Stunden nur hineinzuspüren. Den Gemeinden müsste analog zu den juristischen Verfahren ein geistliches Verfahren angeboten werden.

Stephan Hagenow: Dazu ein kleines Beispiel aus der Praxis: Bei einem Kündigungsverfahren habe ich beiden Konfliktparteien gesagt, geht mal kurz raus und kommt dann wieder herein. Dann habe ich sie gebeten, den anderen in ihr Abendgebet einzuschliessen. Dies hat die Stimmung komplett verändert, es war ein Aha-Erlebnis, zu erleben, da ist noch eine dritte Dimension, trotz aller Eitelkeiten und Verletzungen. Hier liegt Potenzial. Es geht nicht darum, die Konflikte wegzubeten, aber das Instrument, eine Fürbitte für den anderen zu formulieren, war eine sehr positive Erfahrung!

Paul Baumann: Ich möchte auch nochmals das Positive aufnehmen. An vielen Orten läuft es gut, man hat es gut, man fühlt sich gut, es gibt viel Engagement. Ein Präsident hat kürzlich gesagt: «Neben dem Heiraten war das die beste Entscheidung in meinem Leben, mich hier in der Kirche zu engagieren.»

Redaktion und Überarbeitung: Sabine Scheuter, Zürich, und Stephan Hagenow, Bern

2 Isabel Hartmann/Reiner Knieling, Gemeinde neu denken. Geistliche Orientierung in wachsender Komplexität, Gütersloh 2014.

David Plüss

Distanzierte Kirchenmitglieder und das Priestertum aller Gläubigen

Religionssoziologische und theologische Erwägungen

1. Wer sind die «Distanzierten»?

Wie sollen wir diejenigen nennen, die Mitglieder einer Kirche sind, aber kaum je einen Gottesdienst besuchen und auch andere Angebote der Kirche selten bis nie in Anspruch nehmen? «Distanzierte»[1] oder «Mitglieder ohne Eigeninteresse»[2], «nicht praktizierende Mitglieder» oder gar «Karteileichen»?[3] Wie auch immer wir sie nennen: Die gewählte Bezeichnung impliziert Interpretationen, Bewertungen und Engführungen, die auf die damit Bezeichneten nur teilweise zutreffen. Denn die genannte Gruppe ist in keiner Weise homogen, sondern überaus vielfältig.[4] Es handelt sich denn auch nicht um eine Gruppe im soziologischen Sinn, sondern um eine statistisch errechnete Aggregation von Menschen, die sich durch bestimmte Verhaltensmerkmale auszeichnen. Wenn wir nach dem Verhältnis von allgemeinem Priestertum und distanziertem Christentum fragen, müssen wir darum zunächst die Gruppe der sogenannten «Distanzierten» etwas genauer ins Auge fassen. Dies soll dadurch geschehen, dass wir uns exemplarische Studien vor Augen führen, in denen diese Gruppe rekonstruiert und analysiert wird.

1 Vgl. Jörg Stolz/Judith Könemann u. a., Religion und Spiritualität in der Ich-Gesellschaft, Zürich 2014, 105–109.

2 Adrian Portmann, «Mitglieder ohne Eigeninteresse» – Über Distanz und Verbundenheit der distanzierten Kirchenmitglieder, in: Manfred Bruhn/Albrecht Grözinger (Hg.), Kirche und Marktorientierung. Impulse aus der Ökumenischen Basler Kirchenstudie, Fribourg 2000, 185–200.

3 Die uns hier interessierende Gruppe wird in der Literatur je nach Perspektive und Programm auch als «Christen in Halbdistanz», als «treue Kirchenferne» aufgrund ihrer «sympathisierenden Abständigkeit» bezeichnet. Vgl. dazu Adrian Portmann, «Mitglieder», 185–200, 188 (Anm. 2).

4 Dies zeigen David Plüss/Adrian Portmann, Säkularisierte Christen und religiöse Vielfalt, www.nfp58.ch/files/downloads/nfp58_schlussbericht_pluess.pdf (28.11.2017).

1.1 «Religion und Spiritualität in der Ich-Gesellschaft» (2014)

Das Forscherteam um Jörg Stolz und Judith Könemann spricht in seiner Studie «Religion und Spiritualität in der Ich-Gesellschaft» von den «Distanzierten»[5] und von «distanzierter Religiosität».[6] Es handelt sich mit 57,4 % um die grösste Gruppe der Befragten. Zugleich handle es sich um eine Gruppe, die bisher kaum beachtet und erforscht wurde.

Für die «Distanzierten» sei Religion nach wie vor ein Thema, wenn auch ein mehrheitlich marginales. Aber ihre Religion habe ihre klaren Konturen verloren. Traditionelle Vorstellungen und Glaubenssätze sowie traditionsgeleitetes Verhalten verflüchtigten sich für diese Menschen zunehmend. Plausibilität und Relevanz religiöser Traditionen stünden infrage. Über Transzendentes – Gott, das Universum, Geister und Energien – werde nur vage oder gar nicht gesprochen. Sie wollten oder könnten sich nicht auf bestimmte Glaubensaussagen festlegen.[7]

«Distanzierte» seien indes nicht grundsätzlich religiös abstinent. Aber auch das Gegenteil stimme nicht. Pauschale Urteile in Bezug auf die religiöse Praxis der «Distanzierten» sind demnach unsachgemäss. Denn 20 % der befragen «Distanzierten» beten täglich, 72 % mindestens jährlich und 67 % besuchen «häufiger als ein- bis zweimal pro Jahr» einen Gottesdienst, wobei sich diese Besuche bekanntermassen auf Kasualien und die grossen Feiertage konzentrieren.[8] Wenig verbreitet sind alternative Spiritualitätsformen und freireligiöse Heilungspraktiken. Esoterische Literatur wird nur gerade von 12 % der «Distanzierten» gelesen.

«Distanzierte» nehmen sich folglich die Freiheit, ihre Religiosität in einem reduzierten Modus und nach eigenem Gusto zu leben. Aber es ist nicht so, dass, wie oft behauptet wird, eine «selbst gebastelte» oder freireligiöse Spiritualität die Vorstellungswelt und Lebenspraxis der «Distanzierten» dominierte. Es sind mehrheitlich traditionelle Formen wie Gebet und Gottesdienstbesuch, die die sparsam praktizierte Religiosität der Mehrzahl ausmachen. Kennzeichnend ist demnach nicht eine *selbstbestimmte*, sondern eine *reduzierte* Religiosität. Religion hat für diese Menschen schlicht an Bedeutung verloren. Sie prägt schon lange nicht mehr ihr ganzes Leben, sondern allenfalls klar begrenzte Teile desselben. Sie hat, um mit Stefan Huber zu sprehen, an «Zentralität»[9] eingebüsst.

Stolz u. a. gelingt es indes, drei Gruppen von «Distanzierten» zu unterscheiden:

---

5 Stolz/Könemann, Religion und Spiritualität, 75–77 (Anm. 1).

6 Stolz/Könemann, Religion und Spiritualität, 105 (Anm. 1).

7 Stolz/Könemann, Religion und Spiritualität, 105 (Anm. 1).

8 Stolz/Könemann, Religion und Spiritualität, 106 (Anm. 1).

9 Vgl. zum Konzept der *Zentralität* Stefan Huber (2003), Zentralität und Inhalt. Ein neues multidimensionales Messmodell der Religiosität, Opladen.

- Die *Distanziert-Institutionellen* haben sich von vielen traditionellen Glaubensvorstellungen entfernt. Gott ist für sie ein «Kissen» oder ein «Rahmen» oder ein «Boden». Vor allem aber schillern ihre religiösen Vorstellungen. Ihr Weltbild changiert zwischen religiös und säkular. «Verschiedene kognitive Strukturen», die sich inhaltlich widersprechen, seien feststellbar.[10] Dies wird etwa an den wechselnden und unsicheren Vorstellungen eines Lebens nach dem Tod deutlich.
- Die *Distanziert-Alternativen* orientieren sich stärker an nichtchristlichen, esoterisch oder parapsychologisch inspirierten Vorstellungen. Gott wird als Energie gedacht und die Reinkarnation scheint ihnen plausibler als ein ewiges Leben bei Gott. Sie besuchen eher esoterische Kurse als Gottesdienste.
- Die *Distanziert-Säkularen* haben religiöse Vorstellungen weitgehend abgestreift. «Kollektives Unterbewusstsein», «universelle Liebe» oder schlicht das «Leben» sind für sie plausiblere Vorstellungen als Gott und Geistkräfte.[11] Ihre religiöse Praxis ist marginal. Ein Leben nach dem Tod wird abgelehnt. Gleichwohl kehren sie der Religion nicht den Rücken, sondern erkennen ein Jenseits der Vernunft, das sie in Grenzsituationen wie der Geburt eines Kindes erfahren.

1.2 «Fremde Heimat Kirche»: Kirchenmitgliedschaftsuntersuchungen der Evangelischen Kirche Deutschlands von 1984, 1997 und 2014

Die zweite und die dritte EKD-Erhebung über Kirchenmitgliedschaft von 1984[12] und 1997[13] stellen heraus, dass sich die «Distanzierten» nicht nur durch ihre Distanz zu Kirche und christlichen Vorstellungen auszeichnen, sondern auch und in besonderer Weise durch ein *bestimmtes Teilnahmeverhalten*. Die aktive Teilnahme erfolgt demnach nicht mehr im Wochenrhythmus, sondern zu bestimmten Festtagen und also im Jahresrhythmus sowie an biografischen oder familiären Schwellen. So sei die Taufbereitschaft der «Distanzierten» weiterhin hoch. Die Studie «Fremde Heimat Kirche» von 1997 verdeutlicht indes bereits mit ihrem Titel die *Ambivalenz* des Kirchenbezugs der «Distanzierten»: Kirche ist ihnen beides, fremd und Heimat zugleich, mithin ein Ort, der sich mit prägenden Erin-

---

10 Stolz/Könemann, Religion und Spiritualität, 108 (Anm. 1). Dass und inwiefern kognitive Dissonanzen eine anthropologische Konstante darstellen, erläutert etwa Friedemann Schulz Von Thun, Das «Innere Team» und situationsgerechte Kommunikation, Reinbek bei Hamburg 2013.

11 Stolz/Könemann, Religion und Spiritualität, 109 (Anm. 1).

12 Johannes Hanselmann/Helmut Hild u. a. (Hg.), Was wird aus der Kirche? Ergebnisse der zweiten EKD-Umfrage über Kirchenmitgliedschaft, Gütersloh 1984.

13 Engelhardt (Hg.), Fremde Heimat Kirche. Dir dritte EKD-Erhebung über Kirchenmitgliedschaft, Gütersloh 1997.

nerungen und mitunter ambivalenten Emotionen verbindet, aber gleichwohl nur selten aufgesucht wird.

In der V. EKD-Erhebung von 2014 werden die Mitglieder stärker als bisher als soziale Akteure betrachtet.[14] Es wird danach gefragt, ob sie mit anderen über religiöse Themen sprechen und welche Bedeutung diesen Gesprächen zukomme. Für 56 % der Mitglieder kommen religiöse Themen im Alltag gar nicht vor; weitere 16 % der Befragten sprechen gelegentlich über religiöse Themen, messen diesen Gesprächen aber keine oder nur eine geringe Wichtigkeit zu, was zusammengenommen 72 % ergibt. Insgesamt stellt die Studie ein zunehmendes Auseinanderklaffen zwischen religiös bzw. kirchlich *Indifferenten* und *Engagierten* fest.

1.3. «Mitglieder ohne Eigeninteresse»: Ökumenische Basler Kirchenstudie von 1999

In der Ökumenischen Basler Kirchenstudie von 1999[15] wurden aufgrund von zwei Items («Ich bleibe Mitglied der Kirche, weil man nie sagen kann, ob man die Kirche einmal nötig haben wird» und «Die Kirche ist eine Gemeinschaft, die ich nötig habe») vier Gruppen identifiziert: die «Gemeinschaftsorientierten», die «Dienstleistungsorientierten», die «Dienstleistungs- und Gemeinschaftsorientierten» und die «Mitglieder ohne Eigeninteresse» (28f.). Die letzte Gruppe ist nicht einfach identisch mit den bisher als «Distanzierte» bezeichneten, denn zu diesen gehören in der Regel auch die Dienstleistungsorientierten. Die Bezeichnung bringt eine gewisse Verlegenheit zum Ausdruck. Es handelt sich um die Gruppe derjenigen, deren Motivation für ihre Mitgliedschaft in der Studie nicht erhoben werden konnte. Die beiden naheliegenden Motive – Gemeinschaft und Dienstleistung – sind für sie jedenfalls nicht von Belang.

In der Gruppe der «Mitglieder ohne Eigeninteresse» sind Menschen unter 40 Jahren am stärksten vertreten.[16] Es gehören ihr mehr Männer als Frauen an. Religiöse Erfahrungen haben mehrheitlich eine geringe Bedeutung. Ein Leben nach dem Tod gibt es für mehr als einen Drittel gar nicht, andere stellen es sich als Reinkarnation vor. An die christliche Auferstehung glauben nur wenige (13 %). Wenige (ebenfalls 13 %) beten täglich, die meisten (60 %) nie oder nur ein paarmal im Jahr. Etwa ein Viertel der «Mitglieder ohne Eigeninteresse» be-

14 Vgl. Evangelische Kirche Deutschlands (Hg.), Engagement und Indifferenz. Kirchenmitgliedschaft als soziale Praxis, Hannover 2014, 4–23.

15 Manfred Bruhn (Hg.), Ökumenische Basler Kirchenstudie. Ergebnisse einer Bevölkerungs- und Mitarbeitendenbefragung, Basel 1999.

16 Vgl. dazu Portmann, «Mitglieder», 185–200., 192 (Anm. 2).

sucht nie einen Gottesdienst, 30 % nur bei Familienanlässen, ein Drittel allerdings gelegentlich und 10 % regelmässig.

Adrian Portmann vergleicht die Mitgliedschaftsmotivation der «Mitglieder ohne Eigeninteresse» mit derjenigen bei einem Umweltschutzverband: Zentral ist in beiden Fällen die Zweckbestimmung der Organisation, die sich indes weder mit Gemeinschaftsorientierung noch mit Dienstleistungen, die man selber in Anspruch nimmt, decken muss, sondern mit Werten – Umweltschutz bei Greenpeace und soziales Engagement für Randständige bei der Kirche –, denen man eine hohe Bedeutung beimisst und deren Erhalt und Kultivierung zumindest partiell per Mitgliedschaft delegiert wird. Portmann erwägt, die Motivation als «partielle Unterstützung der Kirche ohne Religion» zu bezeichnen, weil das explizit religiöse Interesse in der Gruppe der «Mitglieder ohne Eigeninteresse» notorisch tief sei (197). Allerdings gibt er zu bedenken, dass der qua Mitgliedschaft unterstützte Wert durchaus eine religiöse Ladung aufweisen könne, wenn auch eine implizite.

2. Indikatoren des allgemeinen Priestertums

Die Antwort auf die Frage, ob und in welcher Weise das «allgemeine Priestertum» auf die «Distanzierten» anwendbar sei, hängt wesentlich davon ab, wie das «allgemeine Priestertum» verstanden wird.

Aus dem biblisch-exegetischen Befund geht hervor, dass die Übertragung des Priestertums auf Israel nicht zu einer grundsätzlichen Kritik oder Negation des Kultpriestertums führt (z. B. Ex 19,5 f.; Ex 28 f.).[17] Das Priestertum Israels fungiert als Metapher für die *besondere Nähe Israels zu Gott*. Diese Nähe wird einerseits als *Vertrauensverhältnis* und *intime Frömmigkeit* interpretiert. Andererseits wird sie in der Rechtsform des *Bundes* beschrieben, der auch spezifische Pflichten des Volkes gegenüber Gott beinhaltet.

Darüber hinaus verbindet sich mit dem Priestertum des Volkes ein besonderer *Dienst* vor und für Gott (z. B. Jes 61,5 f.), vergleichbar mit dem Dienst der Kultpriester. Damit kommen kultische bzw. liturgische Motive ins Spiel. Aber auch das Motiv der *Erwählung* und der *Unterscheidung* von anderen «Völkern».

Im ersten Petrusbrief (1Petr 2,5 f.) verbindet sich mit der «heiligen Priesterschaft» der Gläubigen die Metapher der «lebendigen Steine», die zu einem «geistlichen Haus» gefügt werden. Die Priesterschaft der Gemeinde zeichnet sich

17 Vgl. dazu David Plüss, Allgemeines Priestertum und Amt, in: Katrin Kusmierz/David Plüss/Ralph Kunz/Matthias Zeindler (Hg.), Gottesdienst in der reformierten Kirche. Einführung und Perspektiven, Zürich 2017, 145–161., 146, sowie den Beitrag von Ralph Kunz in diesem Band.

folglich dadurch aus, dass die Individuen zu einem *Kollektivkörper* oder eben zu einem Bau zusammengefügt werden.

In der Reformation des 16. Jahrhunderts und vor allem in der Aufklärung des 18. Jahrhunderts erfolgt sodann eine Weiterentwicklung und Umdeutung der biblischen Motive. Nun wird mit dem «allgemeinen Priestertum» einerseits die *Gottunmittelbarkeit* des oder der Einzelnen und andererseits die *Ablehnung des stellvertretenden Kultpriestertums* verbunden. Das *religiöse Individuum* erblickt das Licht der Welt und wird mit den Schubkräften von Pietismus und Aufklärung im 19. Jahrhundert mentalitäts- und kulturprägend.

3. Gehören auch die «Distanzierten» zum allgemeinen Priestertum?

In einem dritten Abschnitt soll nun darüber nachgedacht werden, ob und in welcher Weise die «Distanzierten» für das «allgemeine Priestertum» in Anspruch genommen werden können.

3.1 Selbstbestimmte Frömmigkeit

Wenn sich das «allgemeine Priestertum» seit dem 19. Jahrhundert durch eine zunehmend selbstbestimmte Frömmigkeit auszeichnet[18], dann trifft dies auf die «Distanzierten» insofern zu, als sie ihre Religiosität weder durch die Tradition noch durch eine Institution bestimmen lassen. Sie sind in religiösen Angelegenheiten weitgehend *autonom*. Sie bedürfen keiner Vermittlung durch kirchliche Amtsträger. An dieser Charakteristik der «Distanzierten» ist festzuhalten und zugleich ist sie zu relativieren und zwar in drei Hinsichten: (1) Die Selbstbestimmung führt in den meisten Fällen nicht zu einer völlig losgelösten oder wild wuchernden Religiosität, sondern artikuliert sich mehrheitlich in den herkömmlichen Formen von Gebet und Kult (Gottesdienst, Kasualien). (2) Die Selbstbestimmung besteht mehrheitlich darin, Religion eine geringe oder gar keine Bedeutung beizumessen und sie *nicht* zu praktizieren. (3) Aus dem Abstand zu religiöser Institution und Amtsträgern folgt nicht eine Ablehnung derselben. Für ihre Mitgliedschaft haben die «Distanzierten» oft gute Gründe.

Indes scheint mir die religiöse Autonomie kein hinreichendes Argument dafür zu sein, die «Distanzierten» für das «allgemeine Priestertum» in Anspruch zu

18 Zur «Erfindung» des religiösen Subjekts im 19. Jahrhundert: Friedrich Wilhelm Graf, Die Wiederkehr der Götter. Religion in der modernen Kultur, München 2004, 86. Zur Konjunktur der Metapher des allgemeinen Priestertums haben im 19. Jahrhundert vor allem Martin Rade und Johann Hinrich Wichern beigetragen. Vgl. dazu Harald Goertz/Wilfried Härle, Art. II. Allgemeines Priestertum, 1. Systematisch-theologisch, in: Theologische Realenzyklopädie Bd. 27 (1997), 404–411.407f.

nehmen. Zumal sich die Selbstbestimmung in religiöser Hinsicht oft als Abstinenz oder gar Indifferenz artikuliert.

Hinzu kommt ein weiterer Punkt: Auch wenn das «allgemeine Priestertum» in aller Regel keine Selbstbezeichnung der «Distanzierten», sondern eine theologische Metapher darstellt, die von Seiten der Theologie an diese herangetragen wird, um gewisse Aspekte distanzierter Mitgliedschaft zu erhellen oder um diesen Mitgliedschaftstypus zu rehabilitieren, scheint mir die Frage keineswegs abwegig zu sein, ob die «Distanzierten» das Deutungspotential dieser Metapher verstehen und wie sie es interpretieren würden. Ich vermute, dass nur die religiös Musikalischen und theologisch-intellektuell Interessierten den Ball aufzunehmen und weiterzuspielen im Stande wären. Wenn etwa der Schriftsteller Adolf Muschg im März 2017 auf die Kanzel des Zürcher Grossmünsters steigt, um eine biblisch orientierte, theologisch reflektierte, biografisch engagierte und intellektuell anregende Predigt zu halten, dann dürfte er zu jenen gehören, die das allgemeine Priestertum im Sinne religiöser Selbstbestimmung für sich zustimmend in Anspruch zu nehmen bereit wären.

Daraus folgt, dass das «allgemeine Priestertum» den «Distanzierten» nicht pauschal übergestülpt, sondern dann und nur dann als Deutungskategorie verwendet werden soll, wenn sich ihre äussere Distanz zur Institution Kirche und ihren Gemeinschaftsformen und Angeboten mit einer inneren Nähe zu Glaubensfragen verbindet.

3.2 Keine Negation des Kultpriestertums

In diesem Punkt stimmen die «Distanzierten» mit dem biblischen Befund überein. Im Unterschied zur Priester- und Kultpolemik der Reformation des 16. Jahrhunderts und auch der Aufklärungstheologie wird von den «Distanzierten» der «Dienst» der Pfarrerinnen und Pfarrer nicht infrage gestellt. Das Gegenteil ist der Fall. Die Pfarrerinnen und Pfarrer repräsentieren für die meisten der «Distanzierten» die Kirche und geben ihr ein Gesicht. Die Kirche der «Distanzierten» ist, mit Isolde Karle gesprochen, eine «Kasual- und Pastorenkirche».[19] Und vom «Dienst» des professionellen Kirchenpersonals haben die «Distanzierten» konturierte Vorstellungen: er hat – durchaus traditionell! – kultisch, diakonisch und seelsorgerlich zu erfolgen[20].

19 Vgl. Isolde Karle, Volkskirche ist Kasual- und Pastorenkirche?, in: Deutsches Pfarrerblatt (12), 2004, 625–630.

20 Vgl. dazu David Plüss (2000), Wider die Rhetorik vom sinkenden Schiff. Erwägungen zum kommunizierten Selbstbild der Kirche, in: Albrecht Grözinger/Manfred Bruhn (Hg.), Kirche und Marktorientierung. Impulse aus der Ökumenischen Basler Kirchenstudie, Fribourg, 231–250. sowie, mit etwas anderen Akzenten, Adrian Portmann/David Plüss,

Wenn die oben formulierte Vermutung zutrifft, dass, wer religiöse Symbolsysteme kaum mehr kennt und weder betet noch in anderer Weise religiös aktiv ist, das «allgemeine Priestertum» als Selbstbeschreibung weit von sich wiese, dann folgt daraus, dass diese Gruppe das Priestertum und den Priesterdienst insgesamt an die damit Beauftragten, an die Pfarrerinnen und Pfarrer, delegiert. Hier zeigt sich ein Muster, das die englische Religionssoziologin Grace Davie auf die Formel der *vicarious religion*[21] brachte: eine delegierte Religiosität, die hinter die Reformation auf mittelalterliche und archaischen Formen des Kultpriestertums zurückzugehen scheint. Das Religionskonzept eines nicht geringen Teils der «Distanzierten» steht so betrachtet in scharfem Gegensatz sowohl zu den biblischen als auch zu den reformatorischen und aufklärerisch-modernen Motiven des «allgemeinen Priestertums».

3.3 Unterscheidung zwischen Gott und Kirche

In eklatanter Spannung zum biblischen Befund des «allgemeinen Priestertums» steht zudem die von allen «Distanzierten» performativ vollzogene Unterscheidung zwischen allfälligem Gottesglauben oder wie auch immer verfasster Spiritualität auf der einen und der Sozialgestalt dieses Glaubens im Rahmen der Kirche oder einer Gemeinde auf der anderen Seite. Die überwiegende Mehrzahl der «Distanzierten» hält sich auf Distanz zu gruppenförmiger Religiosität. Religiöse Gruppen werden von den meisten gemieden. Wenn sich dagegen das Priestertum Israels oder der christlichen Gemeinde im 1. Jahrhundert durch seine kollektive Gestalt (als «geistliches Haus» [1Petr 2,5 f.] oder «Leib Christi» [1Kor 12,27]) auszeichnet, so trifft dies für die «Distanzierten» gerade nicht zu. Sie stellen, wie erwähnt, keine soziale Gruppe dar, die durch einen gemeinsamen Glauben sowie durch zwischenmenschliche Kohäsionskräfte und Verbindlichkeiten zusammengehalten würde. Sie wollen zu keinem «geistlichen Haus» verbunden werden und nicht «Leib Christi» sein, sondern für sich bleiben und ihren Glauben oder Nichtglauben selber bestimmen und artikulieren. Wenn sie ihren Glauben oder ihre Sinnsuche in Gruppen artikulieren und kultivieren, dann jedenfalls nicht in kirchlichen Gruppen.

An dieser Stelle legt es sich nahe, den reformatorischen Grundsatz der *unsichtbaren Kirche* ins Spiel zu bringen. Denn die Kirche ist nicht gleichzusetzen mit einer gesellschaftlich etablierten Institution wie der Volkskirche, sondern zunächst und vor allem eine geistliche Grösse, von Gott je und je ins Leben geru-

---

Good Religion oder Bad Religion. Distanced Church-members and their Perception of Religion and Religious Plurality, in: Journal of Empirical Theology 24, 2011, 180–196.

21 Vgl. Grace Davie (2007), Vicarious Religion: A Methodological Challenge, in: Nancy T. Ammerman (Hg.), Everyday Religion: Observing Modern Religious Lives, Oxford, 21–35.

fen und am Leben erhalten.[22] Das «Jenseits des Glaubens»[23] verbietet die erwähnte Gleichsetzung. Zugleich sind nach Calvin sichtbare und unsichtbare Kirche nicht zu trennen. Gerade die unsichtbare Kirche lebe von Wort und Sakrament. Wer sich von beidem distanziert, kann somit nicht flugs der unsichtbaren Kirche zugeteilt werden. Diese theologische Deutungskategorie erweist sich in Bezug auf die «Distanzierten» folglich als Holzweg.

3.4 «Fremde Heimat Kirche»: Kirche als ambivalenter Sehnsuchtsort

Die Kirche ist für viele «Distanzierte» ein ambivalenter Sehnsuchtsort: Ein Ort der Sehnsucht nach unangefochtener Identität, geistiger Verwurzelung und befreiender Einkehr zum einen – und des notwendigen oder stimmigen Abstands zum anderen. Viele Menschen fühlen sich angezogen und suchen zugleich einen dem eigenen Lebenskonzept zuträgliche Distanz. So erwartet eine nicht geringe Zahl von Baslerinnen und Basler, dass in allen Kirchen der Stadt sonntäglich Gottesdienste gefeiert werden, auch wenn sie selber nicht hingehen. Oder in der Studie von Plüss und Portmann (2011) über die «Distanzierten» zeigt sich diese Ambivalenz etwa darin, dass die Befragten von Kirchen oder Bergkapellen berichten, die sie regelmässig aufsuchen, um zur Ruhe zu kommen und Kraft zu schöpfen, aber ganz und gar nicht, um darin mit anderen Gottesdienst zu feiern.[24] Und in der 5. EKD-Erhebung wird eine leichte Zunahme derjenigen festgestellt, die sich der Kirche verbunden fühlen, aber keinen Kontakt suchen und sich nicht als explizit religiös verstehen.[25]

Eine solche Ambivalenz gilt im Übrigen nicht nur für die Kirche, sondern oft auch für die eigene Herkunftsfamilie oder Freundschaften, die sich komplexer gestalten als einem lieb ist.

Ob man in dieser Ambivalenz eine Spannung zu den biblischen Motiven des «allgemeinen Priestertums» feststellen zu können glaubt, hängt davon ab, wie der Status dieser Motive theologisch interpretiert wird. Fest steht: Die biblischen Belege definieren keinen objektiven Tatbestand. Es handelt sich nicht um deskrip-

---

22 Heinrich Bullinger identifiziert die Kirche mit der Schar derer, die Gott vom Anfang der Welt bis zu deren Ende berufen hat und berufen wird, um «den wahren Gott durch das Wort und den Heiligen Geist in Christus, dem Heiland, wahrhaft [zu] erkennen und recht an[zu]beten» (Heinrich Bullinger, Das Zweite Helvetische Bekenntnis (1566), Zürich 1998, XVII. Kapitel, 77).

23 Vgl. dazu Jan Hermelink, Kirchliche Organisation und das Jenseits des Glaubens. Eine praktisch-theologische Theorie, Gütersloh 2011.

24 Vgl. Plüss/Portmann, Säkularisierte Christen (Anm. 4).

25 Vgl. dazu Jan Hermelink/Birgit Weyel u. a., Keine Herde von Gleichgültigen. Einige Ergebnisse aus der 5. Kirchenmitgliedschaftsuntersuchung wurden missverstanden, in: Zeitzeichen (Heft 6), 2014, 12–15.

tive, sondern theologisch-normative Sätze. Oder präziser: es handelt sich um Zusprüche, um Verheissungen. Es handelt sich um das Evangelium des nahen Gottes, der den Menschen bei seinem Namen ruft, ihm das Leben schenkt und ihn in die Gemeinschaft mit ihm und mit den Mitmenschen ruft. Dies gilt auch dann und gerade dann, wenn auf diesen Ruf nicht oder nur zögerlich geantwortet wird und die Gemeinschaft nicht realisiert wird.

3.5 Indifferenz

Im Anschluss an die 5. Mitgliedschaftsstudie aus Deutschland[26] ist endlich in Rechnung zu stellen, dass es unter den «Distanzierten» eine Gruppe von Menschen gibt, für die Kirche und Glauben schlicht irrelevant sind. Diese Indifferenz ist ernst zu nehmen. Solche Menschen *telle quelle* dem «allgemeinen Priestertum» zuzuschlagen, wäre übergriffig. Gleichwohl soll ihnen das «allgemeine Priestertum» als evangelischer Zuspruch und geistlicher Möglichkeitsraum in keiner Weise vorenthalten werden. Zudem ist – entgegen ersten Verlautbarungen aus der EKD-Zentrale[27] – bei genauem Hinsehen die «Herde von Gleichgültigen» seit der vorletzten Erhebung nicht einfach gewachsen.[28] Der Befund ist komplexer und die Bezeichnung der «Indifferenz» irreführend. Ein Teil dieser Gruppe gehört sogar zu den Kirchentreuen, fühlt sich der Kirche verbunden und denkt nicht daran auszutreten.

4. Fazit

Die Frage, ob und in welcher Weise die «Distanzierten» dem «allgemeinen Priestertum» zuzurechnen seien, führt zu einigen Differenzierungen und Präzisierungen:

1. Grundlegend scheint mir die Klärung des *Status* des «allgemeinen Priestertums». Wird dieses als metaphorische Verdichtung des evangelischen Freiheitsraums verstanden, die sich im Sprechakt der Verheissung realisiert, dann kann dieses Priestertum keinem Menschen abgesprochen werden. Insbesondere denen nicht, die sich qua Mitgliedschaft zur Gemeinschaft der Heiligen bekennen – auch wenn sie diese von sich aus nie so bezeichnen würden.
2. Darüber hinaus sind die religionssoziologisch beschreibbaren Unterschiede zwischen den «Distanzierten» in Rechnung zu stellen. Diese zeigen die referierten Studien deutlich. Einige der Befragten antworten in

26 Vgl. Evangelische Kirche Deutschlands, Engagement und Indifferenz (Anm. 14).
27 Vgl. den Titel des Vorabberichtes: Engagement und Indifferenz (ebd.).
28 Dies zeigen Hermelink/Weyel, Keine Herde von Gleichgültigen, 12–15 (Anm. 25).

keiner erkennbaren Weise auf den evangelischen Zuspruch, andere durchaus eigenständig oder eigenwillig, sichtbar oder unsichtbar. Entsprechend differenziert muss die Antwort erfolgen. Gleichzeitig wird etwa aus der 5. EKD-Mitgliedschaftsstudie deutlich, dass die Motivlage der «Distanzierten» widersprüchlich anmutet und nur schwer zu interpretieren ist (s. o.). In dieser Gruppe kommen standardisierte Erhebungen womöglich an ihre Grenzen, müssen durch qualitative Studien ergänzt oder methodisch nochmals anders angelegt werden. Jedenfalls ist die Gruppe der «Distanzierten» empirisch noch keineswegs ausgeleuchtet und eine vertiefte Beschäftigung mit ihr für Kirche und Theologie von vitalem Interesse.

3. Die Autonomie des religiösen Subjekts ist ein modernes Motiv, das sich erst im 19. Jahrhundert breitenwirksam mit dem «allgemeinen Priestertum» verbunden hat und durchaus in Spannung steht zu biblischen Motiven. Das «allgemeine Priestertum» auf die religiöse Selbstbestimmung zu reduzieren, wäre exegetisch und theologisch unsachgemäss. Daraus folgt indes nicht, dass die Zentralstellung des Subjekts und die Selbstbestimmung in religiösen Angelegenheiten als biblisch-theologisch illegitim zu taxieren wären. Ebenso wenig soll die Verbindung von religiöser Autonomie und «allgemeinem Priestertum» ins Unrecht gesetzt werden. Zentrale biblische und reformatorische Motive – etwa die Unmittelbarkeit des Menschen *coram Deo* – lassen sich mit der moderne Konzeption des religiösen Individuums umstandslos und durchaus plausibel verbinden. Die Spannung zu biblischen Motiven des «allgemeinen Priestertums» ist vielmehr als Anfrage an eine Stilisierung und Vereinseitigung religiöser Individualisierung und Privatisierung zu verstehen. Das Individuum, dem religiöse Sprache und Darstellungsformen abhandengekommen sind und das nicht mehr in der Lage ist, für sich und mit anderen auszudrücken und zu reflektieren, was ihm Trost gibt im Leben und im Sterben, ist aus biblisch-theologischer Sicht defizitär. Darauf haben Theologie und Kirche hinzuweisen, und zwar sowohl in theologisch-kirchlichen Binnendiskursen als in einer der säkularen und weltanschaulich pluralen Öffentlichkeit verständlichen Sprache.
4. «Allgemeines Priestertum» und Kultpriestertum stellen weder zur Zeit des Alten Testaments noch in der Gegenwart alternative Optionen dar. Sie sind zusammen zu denken und zusammen zu halten. Gerade für die «Distanzierten» sind Pfarrerinnen und Pfarrer von erheblicher Bedeutung. Sie sind für viele das Gesicht der Kirche. Es wird von ihnen erwartet, dass sie die Freiheit des Evangeliums verkörpern und die Glaubwürdigkeit der christlichen Hoffnung alltagspraktisch in ihrem Tun und Lassen erweisen. Aber auch theologisch und ekklesiologisch wäre es ver-

fehlt, die beiden gegeneinander auszuspielen. Die Amtsträger sind vielmehr damit beauftragt, den Menschen ihren Priesterdienst zuzusprechen, ihn bewusst zu machen und sie durch geeignete Bildungsprozesse in diesen einzuweisen. Dies kann und soll am Sonntagmorgen im Gottesdienst geschehen oder im Gespräch am Krankenbett, in der kirchlichen Unterweisung und im grossen Bestattungsgottesdienst.

5. Darüber hinaus sind aber auch deutliche Gesten der Distanzierung und Abgrenzung ernst zu nehmen und zu respektieren. Immer im Wissen darum, dass sie in Spannung stehen zur formalen Mitgliedschaft, dass die Antwort in anderen Lebenslagen anders ausfallen kann und dass auch die Delegation einer Antwort eine Antwort darstellt. Und darüber hinaus als Vertrauenserweis gegenüber der Kirche interpretiert werden kann.[29]

29 Auf diesen Weg hat sich etwa die Aargauer Kirche mit ihrer Initiative «Lebenslang Mitglied bleiben» begeben.

C Konkretisierungen

Rahel Burckhardt, Fränzi Dürst, Christian Härtli, Maya Hauri Thoma, Jacqueline Lavoyer-Bünzli, Veronika Schweizer

Förderung des allgemeinen Priestertums durch Freiwilligenmanagement

«In einer Kirche, von der viele profitieren wollen, müssen sich auch viele beteiligen. Das geht aber nur, wenn wir das den Menschen bewusst machen, wenn wir sie dazu berufen, bevollmächtigen und dabei begleiten.»

Klaus Douglass, Die neue Reformation, Stuttgart 2001, S. 116

1. Einleitung

Die Freiwilligenarbeit hat in der reformierten Kirche eine lange Tradition, aber auch sie ist Veränderungen unterworfen. Besonders auffällig ist der zunehmende Anspruch an professionelle Rahmenbedingungen für die Freiwilligenarbeit. Damit verstärkt sich das Spannungsfeld zwischen dem blossen Geschehenlassen von freiwilligem Engagement und einem aktiven Freiwilligenmanagement. Dem Leitfaden zur Freiwilligenarbeit für reformierte Kirchgemeinden (2015) liegt der Ansatz zugrunde, dass bestimmte strukturelle Voraussetzungen die Innovation und das Wachstum der Freiwilligenarbeit in den Kirchgemeinden fördern. Der vorliegende Artikel bot den Anlass, im Gespräch mit Verantwortlichen aus zwei Kirchgemeinden diesen Ansatz zu überprüfen. Die leitende Fragestellung dabei lautet: Wie unterstützt die Einführung eines aktiven Freiwilligenmanagements, wie es im Leitfaden beschrieben wird, das Priestertum aller Gläubigen in den Kirchgemeinden?

Im Beispiel der Kirchgemeinde Uznach und Umgebung führte ein stetiger Zuwachs von freiwillig Mitarbeitenden zur theoretischen Beschäftigung mit dem Thema der Freiwilligenkoordination und zur Einführung hilfreicher Strukturen für die Freiwilligenarbeit. Die Kirchgemeinde Wetzikon ging ihren erfolgreichen Weg mit der Freiwilligenarbeit von der Theorie in die Praxis. Nach der Erarbeitung eines Freiwilligenkonzeptes und dessen konsequenter Umsetzung war eine positive Entwicklung im Freiwilligenbereich deutlich sichtbar.

Zum Schluss folgt ein Blick auf die Förderung der Freiwilligenarbeit in der Eglise Reformée Evangélique du canton de Neuchâtel (EREN). Die EREN erlebte einen anspruchsvollen inneren Erneuerungsprozess, besonders nach einschneidenden Sparmassnahmen bei den Pfarrstellen zwischen 2006 und 2011. Uns interessierte, welche Massnahmen in Bezug auf die Freiwilligenarbeit die EREN auf Ebene der Kantonalkirche darauf getroffen hat. Ebenso stellten wir die Frage, ob mit diesem Schnitt bei den Pfarrstellen der Freiwilligenarbeit in den Kirchgemeinden der Boden weggerissen wurde, oder ob sie sogar an Bedeutung gewonnen hat.[1]

2. Evangelische Kirchgemeinde Uznach und Umgebung (Evangelisch-Reformierte Kirche Kanton St. Gallen)

Die Kirchgemeinde Uznach liegt am östlichen Ende des Zürichsees und erstreckt sich über das Linthgebiet bis zum Rickenpass. Sie umfasst mehrere politische Gemeinden und verfügt über vier Pfarrämter.

Der ständige Zuwachs an Freiwilligen führte dazu, dass die Kirchgemeinde ein Freiwilligenkonzept erarbeitete – mit dem Ziel, einen Rahmen zu schaffen, der sowohl Freiwillige als auch Ansprechpersonen und Verantwortliche unterstützen soll.

Maya Hauri Thoma, Beauftragte für Diakonie der evangelisch-reformierten Kirche des Kantons St. Gallen, führte ein Gespräch mit Undine De Cambio, der Kirchenvorstandspräsidentin der Gemeinde.

2.1 Auswirkungen der Erstellung eines Freiwilligenkonzeptes auf die Kirchgemeinde und die Freiwilligenarbeit

Wie kam es dazu, dass in Ihrer Gemeinde ein Freiwilligenkonzept erstellt wurde?

Aktuell engagieren sich 173 Freiwillige. Vor der Einführung des Konzepts waren alle unterschiedlich unterwegs. Es gab keine klaren Regelungen. Zudem wurden Entgelte für freiwillige Einsätze bezahlt. Die ganze Situation mit den Freiwilligen war unübersichtlich, niemand war wirklich verantwortlich. Deshalb setzte die

1 Vgl. zur gesamten Thematik: Leitfaden zur Freiwilligenarbeit für reformierte Kirchgemeinden, hg. von der interkantonalen Arbeitsgruppe für Freiwilligenarbeit der reformierten Landeskirchen Aargau, Baselland, Bern-Jura-Solothurn, St. Gallen und Zürich, 3. überarbeitete Auflage 2015. Motto auf der ersten Seite: «Ohne Freiwilligenarbeit steht die Gesellschaft still … und die Kirche auch!» www.refbejuso.ch/fileadmin/user_upload/Downloads/Gemeindedienste_und_Bildung/Freiwilligenarbeit/Materialien/ik-ag-fwa_leitfaden-freiwilligenarbeit_arbeitsinstrumente_2015–06_web.pdf (28.11.2017).

Kirchenvorsteherschaft in der neuen Legislaturperiode das Freiwilligenmanagement als Schwerpunkt fest.

Woran merken Sie konkret, dass sich etwas verändert? Was wurde durch die Veränderung ausgelöst?

Die Kirchenvorsteherschaft befasste sich mit dem Freiwilligenmanagement. Dadurch veränderte sich das Bewusstsein bezüglich Freiwilligenarbeit bei ihr selbst und bei den Mitarbeitenden. Die Freiwilligenarbeit erhielt eine neue Gewichtung und wurde durch eine andere Denkweise geprägt: Es wurde nun klar, das Engagement der Freiwilligen ist grundsätzlich unbezahlt.

Einerseits bedeutet diese Entwicklung eine Entlastung, andererseits erforderte sie Strukturen. Aktuell werden neue Formen von Anerkennung der Freiwilligenarbeit gesucht. Wir treten mit allen ins Gespräch und legen diese Formen neu fest. Im Moment wird der Budgetbetrag für die Freiwilligenarbeit geregelt. Neu gibt es jährlich ein Fest für die Freiwilligen sowie die Möglichkeit für eine jährliche Weiterbildung. Bereits durchgeführt wurde der Versand eines Weihnachtsbriefes, dem alle wichtigen Daten von 2017 beigefügt waren.

Was ist aus der Sicht der Angestellten der Nutzen, wenn Freiwilligenmanagement von Anfang an in das Arbeitsfeld einbezogen ist?

Klarheit ist für Kirchenvorsteherschaft, Mitarbeitende und Freiwillige ein grosser Nutzen. Rechte und Pflichten sind geregelt. Die Freiwilligen wissen genau, was sie erwarten können. Im neuen Freiwilligenkonzept ist dies alles geregelt und die gegenseitigen Erwartungen sind definiert. Die Gruppenleitungen haben einen sicheren Rahmen für die Begleitung der Freiwilligen.

Gibt es zusätzliche Erfolgsfaktoren, die zur positiven Entwicklung beitragen?

Ja, alle Freiwilligen sind jetzt erfasst. Sie nehmen die Anerkennung wahr. Positive Feedbacks von Freiwilligen auf die Informationen und den Weihnachtsbrief tragen zur Weiterentwicklung bei.

Gibt es Dinge, mit denen Sie vorher nicht gerechnet haben?

Am Anfang gab es einen Mehraufwand. Daten mussten gesammelt werden und Informationen wurden zusammengestellt und weitergegeben. Dies ist jedoch normal, wenn etwas Neues entwickelt wird. Langfristig erwarten wir eine deutliche Entlastung.

2.2 Einfluss des professionellen Freiwilligenmanagements auf das allgemeine Priestertum

Wie wird das Priestertum aller Gläubigen in Euren Gemeinden gelebt?

Im Zusammenhang mit dem Neubau des Generationenhauses Eschenbach beispielsweise entstand ein eigentlicher Pioniergeist. In den Profilmerkmalen des Generationenkirche wird unter «Zusammenleben» ausdrücklich erwähnt: «Sie [die Generationenkirche] fördert die Eigeninitiative von Jung und Alt und bietet vielfältige Möglichkeiten der Beteiligung». Das steht da nicht nur, es wird auch gelebt. Die Gemeindeglieder engagierten sich von sich aus und brachten selber Ideen ein.

Ein weiteres Beispiel ist die Arbeit mit Flüchtlingen. Diese hatte in der Kirchgemeinde bereits Tradition. Durch die Bereitschaft vieler neuer Freiwilligen zur Mitarbeit, gekennzeichnet durch ein hohes Engagement und Ideenpotential, wurde das Engagement deutlich erweitert.

Generationenhaus Eschenbach, seit August 2014 ein Ort der Begegnung:

Das Generationenhaus ist Lebensraum
Das Generationenhaus ist Handlungsraum
Das Generationenhaus ist Kirche im Alltag
www.generationenhaus-eschenbach.ch

Nahmen Sie bei der Erstellung des Freiwilligenkonzeptes eine Veränderung in Bezug auf das Priestertum aller Gläubigen wahr? Identifizieren sich die Freiwilligen mehr mit dem Auftrag und Wesen der Kirche?

Die Grundstimmung war schon vorher gut und ist es bis heute. Es ist viel Wohlwollen vorhanden.

Aus dem Identitätsprofil des Projekts «Generationenkirche Uznach und Umgebung», seit 2008/2009:

Sie verbindet Ortschaften, Generationen, Kulturen, Konfessionen und Lebenswelten.
Sie ist nahe bei Gott und nahe bei den Menschen.
Sie ist Lebensraum und begleitet Menschen in Alltag und Festtag.
Sie orientiert sich an den Begabungen, Talenten und Interessen der einzelnen Menschen.
Sie fördert die Eigeninitiative von Jung und Alt und bietet vielfältige Möglichkeiten der Beteiligung.
www.evang-uznach.ch/generationenkirche

Was ist die wichtigste Erkenntnis aus der Einführung eines Freiwilligenmanagements?

Mit dem Konzept können wir systematischer vorgehen, weil die Gefässe vorhanden sind, um neue Ideen aufzunehmen. Mit der SEPO-Analyse, einem Arbeitsinstrument aus dem Leitfaden zur Freiwilligenarbeit für reformierte Kirchgemeinden,[2] kann die Auswertung der Freiwilligenarbeit gezielt weiterentwickelt werden.

Wie veränderte sich das Bewusstsein der Freiwilligen in Bezug auf ihre Arbeit?

Die Freiwilligen fühlen sich miteinander und mit der Kirchgemeinde verbunden. Wir können problemlos neue Personen für Freiwilligeneinsätze finden.

2.3 Perspektiven

Was müsste der nächste Schritt sein für die Erhaltung und Entwicklung der Freiwillligenarbeit?

Es gibt noch weitere Einsatzmöglichkeiten für Freiwillige, unter anderem auch zur Entlastung der Kirchenvorsteherschaft. Des Weiteren planen wir eine gezielte Werbung für die Suche von Freiwilligen für einen «Freiwilligenpool», in dem Freiwillige auf Abruf für Kurzeinsätze zur Verfügung stehen.

3. Evangelisch-reformierte Kirchgemeinde Wetzikon (Reformierte Kirche Kanton Zürich)

Eine lebendige Kirchgemeinde mit über 500 Freiwilligen, mit einer partizipativen Kultur und mit Menschen, welche die Kirchgemeinde selber gestalten – dies ist die evangelisch-reformierte Kirchgemeinde Wetzikon. In den letzten fünf Jahren konnte sie die Anzahl Freiwilliger fast verdoppeln und den Partizipationsgrad steigern. Fränzi Dürst, Abteilung Kirchenentwicklung mit den Schwerpunkten Partizipation und Freiwillige der evangelisch-reformierte Landeskirche des Kantons Zürich, berichtet nach einem Gespräch mit der Kirchgemeinde.

---

2 Leitfaden zur Freiwilligenarbeit für reformierte Kirchgemeinden, Arbeitsinstrumente B10: Auswertung mit SEPO-Analyse. SEPO steht für Succès, Potentialités, Echecs, Obstacles.

Beteiligung, aus dem Leitbild (2015):

Die reformierte Kirche Wetzikon motiviert möglichst viele Menschen, sich am Gemeindeleben zu beteiligen, und ist ein Ort, wo sie sich einbringen und entfalten. Freiwillige werden professionell begleitet, erhalten zeitgemässe Rahmenbedingungen und Anerkennung für ihre Arbeit.
www.wetzikonref.ch

Wetzikon liegt im Zürcher Oberland. Von den 24 000 Einwohnern sind rund 30 % Mitglied der reformierten Kirchgemeinde Wetzikon. 2012 wurde die neu zu besetzende Stelle für Sozialdiakonie mit fixen Stellenprozenten für Freiwilligenarbeit ausgeschrieben. Diese waren nicht an ein Angebot gebunden, sondern für die Begleitung und Unterstützung der Freiwilligen reserviert. Die Gründe für die Schaffung dieser Stellenprozente waren fehlende Einheitlichkeit und Professionalität im Umgang mit Freiwilligen, was zu vielerlei unbefriedigenden Ergebnissen geführt hatte.

3.1 Einführung und Wirkung eines professionellen Freiwilligenmanagements

Die erste Aufgabe der neuen Sozialdiakonin bestand darin, ein Freiwilligenkonzept für die Kirchgemeinde zu erarbeiten. Die weiteren Mitarbeitenden wurden in die Entwicklung des Konzeptes partizipativ einbezogen. Vor der Umsetzung des Konzepts wurde für alle Mitarbeitenden und Behörden eine obligatorische Schulung durchgeführt. So starteten alle Beteiligten mit dem gleichen Wissensstand in die Umsetzungsphase.

Bei den Mitarbeitenden, die sich am Konzept orientierten, wurden Erfolge schnell sichtbar. Es gab einen Zuwachs an Freiwilligen mit einer hohen intrinsischen Motivation. Zudem senkte sich das Durchschnittsalter der Freiwilligen. Zu Beginn erlebte besonders die Jugendarbeit ein exponentielles Wachstum. Mitarbeitende, welche das Konzept nicht konsequent umsetzten, erlebten diese Veränderung in ihren Gruppen nicht. Motiviert durch die Erfolge bei ihren Kolleginnen und Kollegen, hielten sich dann nach und nach alle Mitarbeitenden an die Vorgaben des Konzepts.

Am überraschendsten war die starke Zunahme des partizipativen Engagements der Menschen. Diese Entwicklung der Mitsprache verlangte viel von den Angestellten. So mussten sie sich aktiv aus dem operativen Geschäft zurücknehmen, um den neuen Freiwilligen Verantwortung und Entscheidungskompetenzen einzuräumen. Gerade für die proaktiven und initiativen Angestellten war dieser Prozess häufig schmerzhaft. Die Herausforderung dabei bestand darin, die Situation und die freiwilligen Akteure sorgfältig zu beobachten und sich dann im richtigen Augenblick zurückzunehmen. Wenn dies nicht gelingt, kann es den Aufbau und das Wachstum der Kirchgemeinde hemmen oder sogar verhindern. Dieser Kultur- und Haltungswandel bedingt Zeit, Geduld und eine hohe Agilität der Mitarbeiterschaft und der Behörden.

Ein wesentlicher Erfolgsfaktor für eine gelingende Freiwilligenarbeit in der Kirchgemeinde ist die richtige Personalbesetzung für die Aufgabe der Freiwilligenkoordination. In Wetzikon war entscheidend, dass die neue Hauptverantwortliche für Freiwilligenarbeit innovativ, mitreissend und kontaktfreudig ist. Konzepte und Prozesse können professionell sein, doch der menschliche Faktor und der Aufbau von Beziehungen spielt weiterhin eine sehr wichtige Rolle. Menschen wollen sich von Anfang an wohl und ernst genommen fühlen und sie erwarten eine Begegnung auf Augenhöhe. Zu den Erfolgsfaktoren zählen ebenfalls eine gute Stimmung in den Freiwilligengruppen und das regelmässige Traktandieren der Freiwilligenarbeit an den Arbeitssitzungen der Angestellten. Förderlich ist auch das Bewusstsein auf allen Ebenen, dass Freiwilligenarbeit nicht gratis ist, sondern der zeitlichen und finanziellen Investitionen bedarf. Besonders dieses Bewusstsein wird von den Mitarbeitenden als zentral für eine erfolgreiche Freiwilligenarbeit genannt.

Der Führung der Freiwilligen ist dabei besondere Aufmerksamkeit zu schenken. Typische Führungsfehler wie zu wenig Kritik, zu wenig Feedback oder zu wenig Verantwortung werden leider auch in der Freiwilligenarbeit gemacht. Die Auswirkungen auf die Motivation und das Engagement ähneln dabei denen, die in der bezahlten Erwerbsarbeit zu beobachten sind. Das Bewusstmachen der Führungsaufgaben im Bereich der Freiwilligenbetreuung und das Fördern der Führungskompetenzen bei den Angestellten ist daher eine ständige Aufgabe in der Kirchgemeinde.

3.2 Die Wirkung einer lebendigen Freiwilligenarbeit auf das allgemeine Priestertum

Durch das konsequente Umsetzen des Freiwilligenmanagements wurden Menschen angesprochen, die sich selber aktiv durch Wort oder Tat im Bereich der Verkündigung beteiligen wollten. Das Priestertum aller Gläubigen entwickelte sich dank der neu gestalteten und konsequent eingehaltenen Rolle der Angestellten. Freiwillige wurden laufend ermutigt, theologische Impulse selber zu gestalten. Wo Angestellte früher vorne standen, sind es heute oft die Freiwilligen. Dieser Weg benötigt Strukturen, Begleitung und Ressourcen. Wenn diese nicht vorhanden sind, besteht die Gefahr, dass Dinge auseinanderfallen, sobald es zu Erschütterungen kommt.

So wird zum Beispiel das Konfirmationslager in diesem Jahr ausschliesslich von Freiwilligen geplant und durchgeführt. Angestellte Mitarbeitende coachen sie und übernehmen die Schlussverantwortung. Wo Menschen früher die theologischen Inputs über sich ergehen liessen, gestalten sie heute theologische Aspekte weitgehend selber. Die theologische Begleitung durch Angestellte gibt die notwendige Sicherheit und ist wichtig für die Qualitätssicherung. Pfarrpersonen und Angestellte müssen für diese Arbeitsweise eine grosse Offenheit mitbringen. Das miteinander Teilen von Glaubenserfahrungen und Glauben steht dabei im Vordergrund, nicht die theologische Korrektheit. Es konnte beobachtet werden, dass diese Art der Arbeit Menschen animierte, ihren Glauben mehr zu reflektieren. Es ist ein Unterschied, ob ein freiwilliger Kollege oder die Pfarrperson einen Input gestaltet.

Grundhaltung, aus dem Leitbild (2015):

Die reformierte Kirche Wetzikon lebt ihren Glauben an den dreieinigen Gott in Wort und Tat, in respektvoller Offenheit und ermutigt die Menschen, auf biblischer Grundlage ihren eigenen Glaubensweg zu suchen und zu gehen.

Qualität, aus dem Leitbild (2015):

Die reformierte Kirche Wetzikon achtet auf christliche Grundwerte, auf Nachhaltigkeit und Wirtschaftlichkeit und darauf, dass jede Person sich ihren Gaben entsprechend einsetzen kann und Wertschätzung erfährt.
www.wetzikonref.ch

Bei den kirchlich distanzierten Freiwilligen liegt die Motivation für ihr Engagement eher in der sozialen Gerechtigkeit als in der Umsetzung des Evangeliums in Wort oder Tat. In diakonischen Migrationsprojekten zum Beispiel darf das Evangelium in Wort nur sehr zurückhaltend zum Ausdruck gebracht werden. Hier stehen der respektvolle Umgang und die Akzeptanz anderer Religionen und Kulturen zuoberst. Auch bei diesen Freiwilligen lohnt es sich sehr, sie professionell zu begleiten und weiterzubilden. Durch ihr Engagement wird ihre Wahrnehmung der Kirche verändert. Wo sie vorher die Gottesdienste als einzige kirchliche Tätigkeiten betrachteten, nehmen sich nun viel mehr wahr, wo und in welchen sozialen Bereichen sich die Kirche überall engagiert. Dies geben sie in ihrem Umfeld weiter, und so wird die Kirche differenzierter wahrgenommen. Auch die Stadt Wetzikon und weitere Organisationen sehen dies. Seither wird die Kirche oft zur Mitsprache eingeladen, wenn es um Entwicklungen oder neue Projekte der öffentlichen Hand geht.

Die beiden hauptverantwortlichen Angestellten für Freiwilligenarbeit sehen die gelebte Haltung als zentralen Einflussfaktor für den Gemeindeaufbau und die Freiwillligenarbeit. Menschen aktiv miteinzubeziehen gelingt nur durch eine respektvolle Haltung auf Augenhöhe. Dies müssen alle Mitarbeitenden verinnerlichen und umsetzen. Angestellte können allein keine Gemeinde bauen. Die vielfältige, lebendige Freiwilligenarbeit ist der Nährboden, auf dem der wachsende Baum der Gemeinde steht.

3.3 Herausforderungen für die künftige Weiterentwicklung

Um weiterhin erfolgreich und zukunftsfähig zu bleiben, müssen langfristig in jeder Gruppe freiwillige Teamleiter eingesetzt werden. Diese sollen mit ihren Freiwilligen ebenso professionell umgehen wie die Angestellten mit ihren Freiwilligen. Die Angestellten müssen sich in der Coaching- und Expertenrolle einbringen und ihre leitenden Freiwilligen gut begleiten und ausbilden.

Die Anschlüsse und Brücken zu weiteren Gruppen müssen gestaltet sein, damit die Menschen in der Kirchgemeinde wirklich mitwachsen können. Jugendliche zum Beispiel sind irgendwann nicht mehr Jugendliche. Die sorgfältige Gestaltung und Begleitung dieser Übergänge wird in der Zukunft eine wesentliche Aufgabe sein.

Die Rolle der Freiwilligenkoordinatorin wird weiterhin zentral sein. Sie muss die Übersicht haben, wenn nötig Unterstützung geben und von anderen Mitarbeitenden etwas einfordern können. Es braucht einen sensiblen Umgang mit den beteiligten Menschen. Zudem muss die klare Aufgabenverantwortung der Freiwilligenkoordination immer wieder überprüft und notfalls angepasst werden.

4. Freiwilligenförderung und allgemeines Priestertum aus Neuenburger Perspektive

4.1 Eine Kirche mit besonderen Rahmenbedingungen

Der Werdegang der 1943 aus der Fusion der Église nationale du canton de Neuchâtel und der Église évangélique neuchâteloise indépendante de l'État entstandenen Eglise Réformée Evangélique du canton de Neuchâtel (EREN) stand von Anfang an unter dem Zeichen zweier Konstanten:

1. das permanente Suchen nach der richtigen Balance zwischen Bekenntnis und Pluralismus
2. die Unabhängigkeit vom Staat

Die institutionelle Besonderheit der EREN ist eine Ausnahme in der Landschaft der reformierten Schweizer Kirchen; nur die Genfer Kirche kennt ähnliche Verhältnisse. Das allmähliche Verlorengehen ihrer einst starken Stellung in der Gesellschaft hat für sie massive Auswirkungen. Die sichtbarste davon ist das Schrumpfen ihrer Einnahmen, da sie keine Kirchensteuer einzieht, sondern allein auf freiwillige Kirchenbeiträge zählen kann. Diese werden aktuell nur etwa von einem Fünftel ihrer Mitglieder teilweise oder voll beglichen.

Fest entschlossen, weiterhin ihre Kernaufgabe als Verkünderin des Evangeliums zu erfüllen und ihrem presbyterial-synodalen Ansatz gerecht zu werden, hat die EREN bereits Mitte der 90er Jahre einen anspruchsvollen inneren Erneuerungsprozess durchlaufen. Ein wichtiger Meilenstein war dabei der 2003 getätigte Übergang von 52 auf 12 Kirchgemeinden, mit dem Ziel, künftig vermehrt fachlich vielseitige Teams (équipes à compétences multiples) einsetzen zu können. Auch danach hat sich die EREN immer wieder mit ihrem Selbstverständnis und ihrem Bezug zur Gesellschaft auseinandergesetzt. Selbst zwischen 2006 und 2011, als sie ihren Personalbestand – vorwiegend den pastoralen – um insgesamt rund 40 % kürzen musste, hielt sie ihre bisherige Dynamik aufrecht und entwickelte neue Projekte.

4.2 Freiwilligenförderung als Wahrzeichen der Kirche in der heutigen Zeit

Die Freiwilligenarbeit und deren Förderung spielen dabei eine entscheidende Rolle, und zwar nicht primär, wie oft voreilig angenommen, um die Abnahme der bezahlten Kräfte zu kompensieren. In Wirklichkeit sind Freiwilligkeit und Ehrenamt, ob formalisiert oder nicht, seit jeher wichtiger Bestandteil des Kirchenlebens und Ausdruck des persönlichen Engagements der Gläubigen. Gemeinsames Begleiten der Freiwilligen durch fachkompetente Laien (permanents laïques) und Ordinierte (ministres) ist also nur eine moderne Form dieses Merkmals der reformierten Kirche. Führend dabei ist die Diakonie, welche in der EREN eine wesentliche Schnittstelle zwischen Kirche und Gesellschaft darstellt. Deshalb beschäftigt sich die EREN seit über einem Jahrzehnt immer wieder tatkräftig mit diesen Fragen, angefangen mit dem Erstellen eines « classeur bénévolat » (eine Art einfacher Leitfaden) bis hin zur Schaffung einer Freiwilligenbeauftragtenstelle, die Ende 2015 nach dreijähriger Pilotphase fest in den Stellenplan aufgenommen wurde.

Damit versucht die EREN zu verwirklichen, was Laurent Schlumberger, ehemaliger Präsident der Eglise protestante de France, 2007 in einer an Pfarrpersonen der Romandie gerichteten Rede treffend formulierte und die hier frei übersetzt wiedergegeben wird[3]: «Je sichtbarer, personenbezogener das Pfarramt oder Diakonenamt wird, je mehr es als Referenz steht, desto mehr muss es theologisch und vor allem auch durch das allgemeine Priestertums fundiert sein. Die Erfah-

3 Laurent Schlumberger, L'identité pastorale et diaconale dans une société sécularisée. Vortrag anlässlich des Rassemblement des ministres des Eglises réformées de Suisse romande in Genf, 31.08.2007. Gesamter Artikel (auf Französisch): www.pfarrverein.ch/dok/1164 (28.11.2017).

rung des Glaubens zu widerspiegeln, um Anderen die Gelegenheit zu bieten, den Glauben als vertrauenswürdige Hypothese anzunehmen, gehört zur Berufung eines jeden Christen. Die Tatsache, dass Ordinierte dies auf besondere Weise erleben, bedeutet keineswegs, dass nur sie dazu berufen sind. Diese Überzeugung, die auf dem Prinzip des allgemeinen Priestertums beruht, muss auch im Gemeindeleben tatkräftig zum Ausdruck kommen und muss höchste Bedeutung erhalten. Sie muss vor allem durch die Sorge um das Zusammenspiel (complémentarité) der Berufungen und Dienste zum Ausdruck kommen. Die christliche Gemeinschaft sollte jedem Gläubigen nicht nur eine oder mehrere Aufgaben anvertrauen, sondern ihm auch die Autorität verleihen, die deren Erfüllung verlangt.»

In den Neuenburger Kirchgemeinden hatte das erneuerte Bewusstsein der Wichtigkeit des Zusammenspiels aller Beteiligten zur Folge, dass das Freiwilligenmanagement als Mittel dazu wahrgenommen wurde. Auch unterstützende Rahmenbedingungen waren und sind immer noch ein Thema. Obwohl Richtlinien, Aufgabenprofile, Einsatzvereinbarungen und Zertifizierungen an einigen Orten als übertriebene Formalisierung des sogenannt «natürlichen» Kirchenlebens empfunden wurden, setzten sie sich doch allmählich durch.

Letztlich geht es der EREN nicht darum, das allgemeine Priestertums aus institutioneller Notlage heraus wieder aufzuwerten, und schon gar nicht, es zu instrumentalisieren. Es geht um ihren tatkräftigen, möglichst positiven Beitrag zum Zusammenleben in der heutigen multikulturellen und multireligiösen Gesellschaft.

5. Fazit

Dass für eine dauerhaft blühende Freiwilligenarbeit eine geregelte Begleitung der Freiwilligen und eine klar definierte Haltung ihnen gegenüber wichtig ist, wird an den dargestellten Beispielen deutlich. Die konzeptionelle Beschäftigung mit diesen Fragen erleichtert den Umgang mit den Freiwilligen und fördert ihre Bereitschaft und Begeisterung sowie die Effektivität ihres Einsatzes und führt zu lebendigeren Kirchgemeinden.

Während im Gespräch mit der Kirchgemeinde Uznach und Umgebung aktuell die Etablierung guter Rahmenbedingungen im Zentrum steht, befindet sich die Kirchgemeinde Wetzikon mitten in den theologischen Fragestellungen nach dem gegenseitigen Priestertum. Sie beschäftigt sich mit dem Rollenwechsel der bezahlten Mitarbeitenden, den es bedingt, wenn Freiwillige an vorderster Front stehen und wenn ihnen theologische Kompetenzen übertragen werden. Das ist ein Prozess, der über das klassische Freiwilligenmanagement hinaus geht und im Anschluss an dessen Einführung in Angriff genommen wurde – nachahmen erlaubt und empfohlen.

Die EREN erlebte einschneidende finanzielle und personelle Einbussen und musste nach neuen Wegen suchen, um als Kirche weiterhin eine aktive Rolle einnehmen zu können. Mit der Einführung von einfacheren Strukturen und neuen Formen der Zusammenarbeit sowie dem vermehrten Einbezug fachkompetenter Laien wurde auch die Begleitung der Freiwilligen anders thematisiert und gestaltet. Die Einführung der Stelle der Freiwilligenbeauftragten auf der kantonalkirchlichen Ebene zeigt, dass dem Zusammenspiel der verschiedenen Beteiligten in den Kirchgemeinden Gewicht gegeben wird und dass die Begründung dazu mit im gegenseitigen Priestertum aller Gläubigen liegt.

Die interkantonale Arbeitsgruppe für Freiwilligenarbeit der reformierten Landeskirchen Aargau, Baselland, Bern-Jura-Solothurn, St. Gallen und Zürich gab 2015 den «Leitfaden zur Freiwilligenarbeit» heraus, als 3. überarbeitete Auflage.

«Ohne Freiwilligenarbeit steht die Gesellschaft still … und die Kirche auch!»: So lautet das Motto auf der ersten Seite des Leitfadens. Wichtige Grundlagen dafür sind im Leitfaden zusammengestellt:

Zuerst werden Definition, Bedeutung und die Menschen in der Freiwilligenarbeit behandelt. Neu aufgenommen wurde das Thema der aktiven Mitbeteiligung von Freiwilligen in der Kirche, der Partizipation. Danach geht es um die Erwartungen und die Verpflichtungen von Freiwilligen. Klare Absprachen machen ein Engagement besonders für die «neuen Freiwilligen» attraktiv. Es folgen die Aufgaben der Mitarbeitenden auf der operativen Ebene und die Aufgaben der Behörde auf der strategischen Ebene. Mit einer Diskussion über Entgeltzahlungen und über eine erfolgreiche Zusammenarbeit zwischen den verschiedenen Beteiligten schliesst der theoretische Teil. Er dient als Grundlage und als Anregung für eine konkrete Umsetzung im Alltag der Kirchgemeinde und im Umgang mit den Freiwilligen. Im zweiten Teil des Dokuments sind konkrete Arbeitsinstrumente für die Praxis zu finden. Dabei stehen über 20 Checklisten, Musterbeispiele, Merk- und Arbeitsblätter für das Anpassen an unterschiedliche kirchgemeindliche Verhältnisse zur Verfügung.

Annemarie Bieri

Der Kirchensonntag – eine Institution für die Laienbeteiligung

1. Entstehung

«Mein Wunsch – nicht nur für den Kirchensonntag – ist, dass wieder mehr Menschen am kirchlichen Leben teilnehmen, um gemeinsam zu singen und zu loben, um zusammen zu sein und sich zu freuen, um Gottesdienst zu feiern und um die Gemeinschaft zu pflegen.»[1]

Der Kirchensonntag ist eine spezifisch bernische Institution des Engagements von Laien, die vor gut hundert Jahren auf Anregung des damaligen Pfarrers Otto Lötscher entstanden ist. Lötscher hatte den Synodalrat der Evangelisch-reformierten Kirche des Kantons Bern mehrfach darauf hingewiesen, dass die Kirche mehr für die Stärkung und Heilighaltung des Sonntags tun müsse, am besten mit einem speziellen Sonntag im Jahr, «an dem über den Segen des Sonntags für das christliche Volk geredet würde».[2] Gleichzeitig gab es im Jura bereits in verschiedenen Gemeinden einen sogenannten «dimanche de paroisse», an dem auch Laien in der Kirche zu Wort kamen.

So stellte der Synodalrat am 12. November 1912 in der Synode den Antrag zur Einführung eines Kirchensonntags. Nicht bloss an die Feier des Sonntags sollte dieser erinnern, sondern vielmehr das segensreiche Wirken von Kirche und Kirchgemeinden insgesamt ins Zentrum stellen. Der Kirchensonntag könne «allen Kirchengliedern zum Bewusstsein bringen, was wir sowohl an der Kirche als Ganzem, als auch an der einzelnen Kirchgemeinde haben»[3], wurde argumentiert.

1 Begabt – begeistert – bewegt. Stimmen zu 100 Jahren Kirchensonntag, Ref. Kirchen Bern-Jura-Solothurn, 2012, 14; Zitat von Käti Jansen, Unterseen.

2 Evangelisch-reformierte Kirche des Kantons Bern, Verhandlungen der Kirchensynode vom 12. November 1912, Staatsarchiv Bern, 23.

3 Evangelisch-reformierte Kirche des Kantons Bern, Verhandlungen, 23 (Anm. 2).

«Um die Bedeutung der Volkskirche als Ganzes hervorzuheben», sollte er im gesamten Kanton am selben Sonntag gefeiert werden.

Weitere Ausführungen im Synodeprotokoll legen den Schluss nahe, dass der Kirchensonntag damit gleich auf mehrere Herausforderungen der damaligen Zeit reagierte. Offenbar war es bereits damals ein grosses Bedürfnis, den Menschen die Kirche wieder ins Bewusstsein zu rufen, auf ihre gesellschaftlich wertvollen Tätigkeiten hinzuweisen, das kirchgemeindliche Leben zu vertiefen und lebendige Gemeinden zu gestalten: «Gerade dem antikirchlichen Zug, der durch unsere Zeit geht, gegenüber wäre eine Stärkung des kirchlichen Bewusstseins sehr nötig. Auch unsere Einzelgemeinden sind noch lange nicht das, was sie nach unserer demokratischen Kirchengesetzgebung und nach ihrem eigentlichen Begriffe sein könnten. Dieselben sollten sich erweitern und vertiefen und zu lebendigen Organismen werden. Dazu möchte auch die Institution eines Kirchensonntags helfen.»[4]

Neben einer Stärkung der Kirche versprach man sich vom Kirchensonntag ebenso, dass das Gemeinschaftsbewusstsein in den Gemeinden gefördert werde. Zwar wollte der Synodalrat keine verbindliche Normalform vorschreiben, sondern den Gemeinden möglichst grosse Freiheit lassen. Gleichwohl empfahl er eine gottesdienstliche Feier mit einem krönenden Abendmahl und regte an, in einem zweiten Teil mit Gesang, Gesprächen und ungezwungenem Beisammensein die Gemeinschaft zu pflegen.

Dass die vermehrte Beteiligung von Laien bei all dem für äusserst wesentlich gehalten wurde, geht aus den damaligen Beratungen der Synode zum Kirchensonntag deutlich hervor. «Nicht nur der Pfarrer müsste zu Wort kommen, sondern auch Vertreter der Laienwelt»,[5] meinte ein Synodaler. Andere bekräftigten diese Stossrichtung: «An einem solchen Sonntage würde dem Laien Gelegenheit gegeben, seine Ansichten zu äussern.» Oder: «Mit der Einführung des Kirchensonntags wollen wir einen Quell solcher Laientätigkeit erschliessen.»

Die Vorstellungen zur Mitwirkung von Laien waren allerdings noch recht diffus. Einerseits dachte man an musikalische Beiträge durch Gesangsvereine oder Kirchenchöre. Andererseits sah man den Kirchensonntag als Gelegenheit für Laienvertreter, über das kirchliche und religiöse Leben in der Gemeinde sowie über kirchliche Werke in der Gesellschaft zu berichten. «Dadurch würde das Interesse an den kirchlichen Angelegenheiten gesteigert, und wir bekämen nach und nach lebendige Gemeinden»,[6] erhoffte man sich.

Es gab aber auch Bedenken: «Nicht alle Laien sind gleich geschickt, das Wort zu ergreifen, und nicht immer sind es die gediegensten Leute, die am liebs-

4 Evangelisch-reformierte Kirche des Kantons Bern, Verhandlungen, 24 (Anm. 2).
5 Evangelisch-reformierte Kirche des Kantons Bern, Verhandlungen, 24 und 26 (Anm. 2).
6 Evangelisch-reformierte Kirche des Kantons Bern, Verhandlungen, 24 (Anm. 2).

ten reden.»[7] Die Erfahrungen im Jura mit dem «dimanche de paroisse» konnten diese Argumente aber entkräften: «Dass zu viele Laien das Wort ergreifen würden, ist nicht zu befürchten. Nach dem Kirchgemeinderatspräsidenten ergriff gewöhnlich niemand mehr das Wort, aber die Leute waren dankbar für das, was sie gehört hatten, und wurden in ihrem Zusammengehörigkeitsgefühl gestärkt.»

Die Synode folgte dem Antrag des Synodalrates zur Einführung eines Kirchensonntags und setzte ihn auf Anfang Februar fest, was dem Zeitpunkt des bernischen Reformationsmandats (7. Februar 1528) entspricht. Der Synodalrat wurde mit der jährlichen Anordnung der Feier betraut, und am 2. Februar 1913 konnte in den Gemeinden der erste Kirchensonntag gefeiert werden.

2. Entwicklung

«Ich finde es spannend, einmal selber einen Gottesdienst zu gestalten und dabei neue Formen auszuprobieren.»

«Sich für die Zeit der Kirchensonntagsvorbereitung inhaltlich mit einem Thema zu befassen, öffnet immer wieder neue Welten.»[8]

Der Kirchensonntag etablierte sich in den meisten Gemeinden bald einmal und entwickelte sich im Verlauf der Zeit thematisch und gestalterisch vielfältig weiter. Über die Jahre hinweg sind am Kirchensonntag der Geist der Zeit und die brennenden gesellschaftlichen Themen ablesbar. In ihm spiegelt sich der jeweilige politische und gesellschaftliche Kontext wie auch das Befinden von Kirchgemeinden und Kantonalkirche. 1921 legte der Synodalrat erstmals ein gemeinsames Thema fest, indem er einige Jahre nach dem Ersten Weltkrieg den Gemeinden vorschlug, sich mit dem sich abzeichnenden engeren Zusammenschluss der protestantischen Kirchen in aller Welt zu befassen.

Fortan gab es jährlich einen aktuellen Themenvorschlag, der unter Mitwirkung von Laien behandelt wurde. So drängte sich etwa die Bedrohungssituation vor und während des Zweiten Weltkriegs mit den Themen «Friede und Abrüstung» (1932) und «Die Freiheit eines Christenmenschen» (1941) auf. Unmittelbar nach dem Krieg forderte der Kirchensonntag 1945 «Kommt, wir wollen wieder zum Herrn» und fragte 1946 «Was hilft uns weiter?» Auch zur Zeit des Kalten Krieges suchten Kirchensonntage nach Orientierung, mit den Themen «Kirche zwischen Ost und West» (1949) oder «Der Christ als Bürger»

---

7 Evangelisch-reformierte Kirche des Kantons Bern, Verhandlungen, 26f (Anm. 2).

8 Begabt – begeistert – bewegt, 6 (Anm. 1); Zitate von Matthias Frey, Köniz, und Barbara Rudolf, Bern-Bremgarten.

(1953). In regelmässigen Abständen war auch die Kirche selbst Gegenstand, indem etwa nach dem Verhältnis von Kirche und Jugend gefragt, die Aufgabe der Kirche in der jeweiligen Gesellschaft zur Diskussion gestellt oder die Zukunft der Kirche thematisiert wurde. Aber auch stärker persönliche bzw. lebensweltliche Fragen wie Ehe, Eltern und Kinder, Einsamkeit und Nächstenliebe, Geld und Geist, Arbeit, Entschleunigung, Umgang mit Behinderten und Fremden oder Gewalt, Strafe und Versöhnung wurden aufgegriffen.

Bis heute ist es eine Stärke des Kirchensonntags, dass er gesellschaftlich virulente Themen aufgreift und sie in den Kirchgemeinden breit zur Diskussion stellt. Was zur Sprache kommt, hat einen spürbaren Bezug zur Erfahrungs- und Lebenswelt der Gemeindeglieder und wird aus der Perspektive von theologischen Laien präsentiert. Das bietet Orientierungshilfe und regt zum eigenen, mündigen Denken an.

Auch hinsichtlich der Gestaltung und Beteiligung von Laien war und ist der Kirchensonntag Abbild der jeweiligen Zeit. Dreimal war die Beteiligung und die Verantwortung der Laien bzw. Kirchenglieder gar explizites Thema (1933, 1947, 1969). Ihre Rolle veränderte sich im Verlauf der Zeit[9] – eine wirklich aktive Beteiligung bei der Gestaltung von Gottesdienst und Predigt entwickelte sich jedoch nur langsam.

In den Anfängen beschränkte sich die Beteiligung vorwiegend darauf, dass ein Kirchgemeinderat nach der Predigt über das kirchgemeindliche Leben und diakonische Tätigkeiten berichtete oder ein Laie dem Pfarrer im Gottesdienst bei der Lesung half. Immer öfter gestalteten Gemeindeglieder danach einen zweiten Teil des gemeinschaftlichen Beisammenseins. Später ging man mancherorts dazu über, die Predigt des Pfarrers durch einen Referenten zum Thema zu ersetzen – bekannte Persönlichkeiten, zumeist Männer, die eine höhere Bildung oder ein politisches Amt vorzuweisen hatten und die öffentliche Rede gewohnt waren.

Ende der 1960er Jahre zeichnete sich dann ein deutlicher Wandel ab. Anstelle bekannter Rednerpersönlichkeiten gestalteten immer öfter Teams von Gemeindemitgliedern den Kirchensonntag gemeinsam. Die 68er-Bewegung hatte nicht nur auf der gesellschaftlichen und politischen Ebene, sondern auch in der Kirche zunehmend Traditionen und Hierarchien infrage gestellt. In vielen Kirchgemeinden entstanden aktive Gruppen, die sich mit Entwicklungsfragen beschäftigten und deren freiwilliges Engagement in verschiedene kirchliche Handlungsfelder einfloss.

Dies fand auch im Verständnis und der Gestaltung des Kirchensonntags seinen Niederschlag. Schon 1969 wurde der Kirchensonntag – bezeichnenderweise zum Thema «Die Verantwortung der Laien in unserer Kirche» – wesentlich als

9 Dazu auch: Esther Enderli-Vögeli, Vom Starreferenten zum Gemeinde-Team, in: Begabt – begeistert – bewegt, 10ff (Anm. 1).

Element des Gemeindeaufbaus und der Beteiligung der Gemeindeglieder verstanden. In der vorbereitenden Handreichung dazu ist nachzulesen: «Wir sprechen gern von der Kirche als eigenständiger Grösse, leicht vergessend, dass wir selbst die Kirche darstellen. Besonders der sogenannte ‹Laie› erliegt oft der Versuchung, sich von der Kirche zu distanzieren, wobei er dann vornehmlich ihre Amtsträger meint, anstatt dass er sich mit deren je besonderem Auftrag solidarisch fühlt. Verantwortung für die Kirche heisst Verantwortung für mein eigenes Sein, mein eigenes Handeln als das eines Gliedes meiner Kirche.» [...] «Es gilt, die in allen Menschen verstreuten Gaben zum Leuchten zu bringen.»[10]

Damit rief man sich auch zentrale reformatorisch-theologische Grundaussagen neu ins Bewusstsein.[11] Insbesondere die Bestimmung jedes Menschen als Geschöpf Gottes, das berufen und zur Antwort und Verantwortung gerufen ist. Als Glied der Kirche, als Glied des Volkes Gottes, sind alle Menschen dazu aufgerufen und erwählt, am Heilshandeln Gottes für die Welt teilzunehmen, sei es im Teilhaben am sonntäglichen Gottesdienst oder im alltäglichen Wirken des weltlichen Berufs. Die gemeinsame Berufung der gesamten Gemeinde bzw. aller ihrer Glieder zum Zeugnis und zum Dienst am Evangelium – konzentriert im Ausdruck «Priestertum aller Gläubigen» – bildet die theologische Hintergrundfolie, auf der man die Beteiligung der Laien und Gemeindeglieder fortan weiter förderte.

3. Der Kirchensonntag heute

Im 21. Jahrhundert ist der Kirchensonntag in den Kirchgemeinden von grosser Vielfalt geprägt. Eine Evaluationsstudie (2002)[12] und eine Masterarbeit im Fach Diakonie (2010)[13] vermitteln ein gut dokumentiertes Bild der heutigen Situation. Verglichen mit früheren Jahren ist das Element des Laiensonntags noch ausgeprägter und bedeutsamer geworden. So sind es meist Gruppen aus Mitgliedern des Kirchgemeinderates und anderen Freiwilligen, manchmal einzelne Referenten, die unter Einbezug von Musikgruppen, Chören oder Vereinen den Kirchensonntag vorbereiten und gestalten. Die Funktion der Pfarrpersonen reicht in den

10 Evangelisch-reformierte Kirche des Kantons Bern, Die Verantwortung der Laien in unserer Kirche. Eine Handreichung für den Kirchensonntag vom 2. Februar 1969, Pfr. Franz Grogg, Bern, Nov. 1968, 3 und 12.

11 Vgl. Evangelisch-reformierte Kirche des Kantons Bern, Verantwortung, 4ff (Anm. 10).

12 Sonja Perren/Pasqualina Perrig-Chiello, Der Bernische Kirchensonntag. Evaluationsstudie im Auftrag der Reformierten Kirchen Bern-Jura, Sion 2002.

13 Theres Erb, Gemeinsam unterwegs. Die Beteiligung der Gemeinde anhand der Freiwilligenarbeit am Kirchensonntag, Masterarbeit im Fach Diakonie, eingereicht an der Theologischen Fakultät der Universität Bern, 2010.

Kirchgemeinden von der völligen Nichtbeteiligung über die bedarfweise Unterstützung in theologischen Fragen bis zur gelegentlichen aktiven Mitorganisation und Gestaltung des Kirchensonntags. Bis vor einigen Jahren lag die Herausforderung vorwiegend darin, Laien zu ermutigen und zu befähigen, einen Gottesdienst selbstständig durchzuführen und sich auch mit persönlichen Gedanken einzubringen. Die damalige Zurückhaltung und der Respekt haben sich inzwischen weitgehend gelegt, wie die Aussage einer Mitwirkenden exemplarisch illustriert:

«Wir sind doch eigentlich die Kirche: die Mitglieder. Es ist eine Bereicherung, wenn die Gemeinde die Meinungen und Gedanken ihrer Mitglieder kennt. Der Kirchensonntag bietet die Gelegenheit dazu, dass Mitglieder ihre Meinungen in einem Gottesdienst vertreten können.»[14]

Heute liegt die Aufgabe vielmehr darin, überhaupt Laien für eine Mitwirkung zu motivieren: trotz knapper Zeitressourcen angesichts beruflicher und familiärer Verpflichtungen sowie zahlreich lockender Freizeitangebote und trotz abnehmendem gesellschaftlichem Interesse kirchlichem Leben und kirchlichen Angeboten gegenüber.

Diejenigen, die tatsächlich aktiv mitwirken, können ihrem Engagement aber durchaus viel Positives, Freudiges, Lehrreiches und Bereicherndes abgewinnen. Besonders schätzen die Kirchensonntags-Teams die Möglichkeit, gemeinsam etwas zu erarbeiten. Sie schätzen den Freiraum zum selber Gestalten und die Offenheit der Kirchgemeinden für kreative, zuweilen auch etwas unkonventionelle Ideen.

Der Einbezug und die Beteiligung von Laien gelten darum bis heute als ein wesentliches Ziel des Kirchensonntags. Zum einen, um die Rolle der Laien in den Gemeinden zu stärken und ihnen in ihrer Berufung zur Kommunikation des Evangeliums auch im Gottesdienst einen Platz einzuräumen. Wie vor hundert Jahren hält man zum andern die Laienmitarbeit auch für äusserst bedeutsam für eine lebendige Kirche und den Gemeindeaufbau. In einer zunehmend säkularen Gesellschaft mit mehrheitlich distanzierten Kirchenmitgliedern ist die Kirche verstärkt darauf angewiesen, dass Menschen sich auch bewusst als Gemeindeglieder verstehen und das kirchliche Leben aktiv mitgestalten. Von der Mitwirkung der Laien verspricht man sich, dass Themen aus Sicht des Alltags und der individuellen Lebenserfahrung der Menschen beleuchtet und in ansprechender, zugänglicher Weise gestaltet werden, so dass auch weitere Bevölkerungskreise für einen Gottesdienstbesuch ansprechbar werden.

14 Begabt – begeistert – bewegt, 24 (Anm. 1); Zitat von Barbara Egger, Burgdorf.

4. Reflexion und Ausblick

Immer mehr ist der Kirchensonntag also zu einem Gottesdienst geworden, den Freiwillige selbst gestalten, an dem sich theologische Laien gemeinsam beteiligen. Aber entspricht diese Art der Beteiligung der Laien bzw. der Gemeindeglieder dem Priestertum aller Gläubigen? Wird sie seiner reformatorischen Grundbedeutung gerecht, die in der Verantwortung der gesamten Gemeinde und aller ihrer Glieder für die Kommunikation des Evangeliums liegt?

Fragt man aktiv Beteiligte, was für sie das Spezielle und Attraktive des Kirchensonntags ausmache, werden einige Aspekte mehrfach hervorgehoben.[15] Es sei ein Laiengottesdienst, und dieser solle bewusst einmal ein wenig anders sein, die Teilnehmenden auf andere Weise ansprechen und Gelegenheit bieten, «aus dem üblichen Trott auszubrechen und etwas Neues auszuprobieren». Ja er «darf auch ein wenig verrückt sein», bringt es eine Mitwirkende auf den Punkt. Es ist den Laien ein Anliegen, den Kirchensonntag aus ihrer eigenen Perspektive heraus zu gestalten, nahe an der Lebensrealität der Menschen, mit Bezug zu ihrem konkreten Erleben und ihren Alltagserfahrungen. Dies drückt sich im Umgang mit den Themen, aber vornehmlich auch in der Sprache aus. Nahe bei den Menschen bedeutet für die Mitwirkenden, «mit ihren Worten reden» – anders als in einer ordentlichen Predigt, die manchmal schwierig zu verstehen sei, «weil der Pfarrer nicht in der Alltagssprache spricht».

Auffallend ist gleichzeitig die häufige Erwähnung, es gehe nicht um «Theologisches». Es seien schliesslich Laien am Werk, mit ihren Sichtweisen und ihren Gedanken. Eine theologische Auslegung oder gar eine Predigt sei nicht ihre Aufgabe. Gebete und Bibeltexte als Grundlage und wesentliche Elemente eines Gottesdienstes fehlen darum häufig am Kirchensonntag – vermeintlich in der Annahme, so näher beim Volk zu sein, als es ein Pfarrer gewöhnlich in seiner Predigt von der Kanzel ist. Offenbar fehlt den theologischen Laien das Vertrauen in die eigene Kompetenz zur Auslegung biblischer Texte. Vermutlich spricht daraus auch eine schleichende Entfremdung biblisch-theologischen Texten gegenüber, wie sie die säkulare Gesellschaft heute prägt. Salopp ausgedrückt könnte man die damit verbundene Haltung etlicher Mitwirkender vielleicht folgendermassen zusammenfassen: Kirchensonntag, endlich einmal ein Gottesdienst ohne biblische Texte und unverständliche Theologie, dafür über etwas Alltagsnahes, wirklich Relevantes.

Zeichnet sich hier ein wachsendes Spannungsfeld ab? Eine Kluft zwischen Bibel und theologischer Fachkompetenz auf der einen Seite und der alltäglichen Lebenswelt und Sprache von Laien auf der anderen Seite? Für das Verständnis

15 Vgl. z. B. Interviews mit Mitarbeiterinnen am Kirchensonntag, in: Erb, Gemeinsam unterwegs, 25–45 (Anm. 13).

des Priestertums aller Gläubigen wäre das jedenfalls einschneidend. Denn wie wäre die Verantwortung aller Gemeindeglieder für die Kommunikation des Evangeliums denkbar, wenn Laien sich nicht mehr um die biblische Grundlage dieses Evangeliums kümmerten? Wenn ihr eigenes Denken nicht mehr im Dialog mit der der biblischen Botschaft stünde? Wenn sie ihre Verkündigungsaufgabe in der Feier des Kirchensonntags losgelöst vom Hören auf Gottes Wort in den biblischen Schriften verstünden?

Gleichzeitig macht dieses Spannungsfeld wohl aufmerksam auf eine grundlegende Anforderung an Theologie und heutige gottesdienstliche Verkündigung. Sie kann mit dem Begriff der «Relevanz»[16] umschrieben werden. Demnach fühlen sich moderne Menschen angesichts der Angebots- und Informationsfülle nur dann angesprochen oder entwickeln Interesse, wenn sie einen wesentlichen Zusammenhang mit ihrer eigenen Biografie und Lebenswelt erkennen können – wenn ein Gegenstand also für das eigene Denken, die eigenen Gefühle oder für das Handeln bedeutsam und relevant erscheint. Dieser Relevanzfrage wird sich jede Art der gottesdienstlichen Verkündigung heute stets ernsthaft stellen müssen.

«Ich finde den Kirchensonntag wichtig, weil auch einmal andere zur Sprache kommen als nur die Pfarrperson. Beim Pfarrer hat man das Gefühl, er weiss es, er hat das ja studiert. Beim Kirchensonntag kommen auch Leute mit anderen Lebensstilen zu Wort, die aus dem Leben berichten, davon was sie machen. Diese Leute können mit ihrem Tun ein Vorbild sein.»[17]

Die pointierte Aussage dieser Kirchensonntags-Mitwirkenden verdeutlicht das umschriebene Spannungsfeld. Sie liesse sich sorgenvoll im Sinne eines wachsenden Gegensatzes zwischen Theologie bzw. Pfarrer und Laien bzw. Alltagswelt lesen. Sie liesse sich aber – ausgehend von den Kirchensonntags-Erfahrungen – auch positiver interpretieren als Denkanstoss für Entwicklungsmöglichkeiten.

Zahlreiche Äusserungen von Mitwirkenden führen vor Augen, dass in unserer säkular geprägten Lebenswelt biblisch-theologische Inhalte in ihrer Bedeutung und Relevanz oft nicht mehr selbstverständlich und auf Anhieb zu verstehen sind. Für eine Erschliessung sind sowohl theologische Fachkompetenz als auch die Vertrautheit mit der heutigen, vielfältigen Lebenswelt und Alltagssprache der Menschen nötig. Beides einseitig von den Pfarrpersonen zu erwarten, erweist sich

---

16 Zum Beispiel in: Eberhard Hauschildt, Theologische und soziologische Gründe für das Interesse der Kirche und die Frage nach der Relevanz von Kirche für Menschen unterschiedlicher Arten von Distanz, Referat an der Tagung «Lebenswelten auf Distanz», Zürich 2015, 3ff. secure.datenpark.ch/elk12/zhrefch/web/handlungsfelder/bs/gesellschaft-ethik/archiv/referate-tagung-lebenswelten-auf-distanz-1/referate-tagung-lebenswelten-auf-distanz/view (13.10.2017).

17 Begabt – begeistert – bewegt, 24 (Anm. 1); Zitat von Theres Spori, Goldiwil.

vermutlich zunehmend als Überforderung. Der Kirchensonntag könnte durch seinen Einbezug der Laien hier durchaus zukunftsweisende Wege aufzeigen: weg von einem getrennten Entweder-Oder von Laien und Pfarrpersonen, hin zu einem vermehrten Miteinander, bei dem man sich gegenseitig ergänzt und voneinander lernt.

Damit liesse sich treffend ans Priestertum aller Gläubigen in reformatorischem Verständnis anschliessen. Bedeutet dieses doch grundlegend, dass die Verkündigung Sache der Gemeinde und all ihrer Glieder ist. Verschiedene Charismen und Kompetenzen können und sollen also in den Dienst der Verkündigung und Kommunikation des Evangeliums einfliessen. Theologische Fachkompetenz ist ebenso gefragt wie der Bezug zur Lebenswelt, zu lebensweltlichen Sorgen und Fragen wie auch zur Alltagssprache der Menschen – idealerweise im zunehmenden Miteinander und Gespräch auf Augenhöhe von Pfarrpersonen und engagierten Laien.

Mit dem Kirchensonntag wurde vor hundert Jahren ein Anfang gemacht. Vieles ist gediehen, hat sich weiterentwickelt und ist zur Blüte gekommen. Im Spannungsfeld von Theologie und heutiger Lebenswelt haben sich aber auch neue Fragen eröffnet. Es ist zu hoffen, dass diese als Chancen und Anregungen zur Weiterentwicklung hin zu einem noch stärkeren Miteinander im Sinne des Priestertums aller Gläubigen genutzt werden. Und dass diese «Institution der Laienbeteiligung» mit allen ermutigenden Erfahrungen über den Kirchensonntag hinaus auf andere gottesdienstliche Formen und Feiern wirkt, damit auch sie durch intensiveres gemeinsames Gestalten an Qualität und hoffnungsvoller Ausstrahlung gewinnen.

Angela Wäffler-Boveland

Bildung – als Weg zur mündigen Gemeinde

Einleitung

Kirche braucht Bildung, weil sie die Deutungshoheit darüber, was christlicher Glaube ist, der Gemeinschaft der Glaubenden zumutet und zutraut. Doch dazu ist die Unterscheidung von persönlichem Glauben, Nachdenken über den Glauben und Handeln aus dem Glauben nötig. Kann ich erklären, was ich glaube und warum? Und wie begründet sich der eigene Glaube? Darum geht es in der kirchlichen Bildung.

Für die reformatorische Bewegung war zweierlei klar: Erstens, dass Gottesdienst und christlicher Glaube keiner Vermittlung durch Priester bedürfen, sondern unmittelbares Geschehen zwischen Gott und Menschen sind. Zweitens, dass das Priesteramt allein Christus zusteht und deshalb von der Gemeinde als Leib Christi gemeinsam getragen wird. Beides hat eine umfassende und lebenslange Bildung zur Konsequenz. Religionsunterricht, der mit einer Kinderkatechese beginnt, wird sinnvollerweise im Erwachsenenalter fortgeführt, denn ein Kind nimmt anderes und anders wahr als ein erwachsener Mensch. Theologisch fundierte und altersgemässe Bildung hört nicht eines Tages auf, sondern weckt die Neugier, macht Lust auf mehr, öffnet für neue Erkenntnisse und fördert Veränderungen der Wahrnehmung.

Man kann es auch aus einer anderen Warte sehen: Der grosse Nachdruck, den die Reformierten auf die Verkündigung legen, kann als Indiz für ihren Bildungsoptimismus verstanden werden. So regt eine gute Predigt zum Selbststudium an. Allerdings reichen Predigt und Selbststudium nicht aus, um für das gemeinsame Priestertum genügend geschult zu sein. Dafür schafft sich die «mündige Gemeinde» verschiedene Bildungsebenen: Sie ist über die Inhalte des Glaubens miteinander im Gespräch, ringt gemeinsam um die Be-Deutung der Schrift, ermutigt und ermächtigt sich gegenseitig und kann sich dadurch gesellschaftlich und politisch einmischen. Kirchliche Bildung umfasst darum alle Ebenen des

Lebens, sie fördert und kultiviert die vielfältigen Begabungen und Fähigkeiten der Menschen.

Im Wissen darum, dass der Auftrag der formalen Bildung seit der Aufklärung von der Kirche an die Gesamtgesellschaft übergegangen ist, konzentriert sich dieser Beitrag auf die kirchliche Erwachsenenbildung. Kirchliche Angebote auf Gemeindeebene gehören mehrheitlich zur informellen Bildung, mit der jeder Mensch sich laufend neues Wissen, Können, Denken aneignet. Sie sind vielfältig in Form und Inhalt.

Dabei sind jedoch zwei Aspekte im Auge zu behalten:

> [1] Evangelische Bildung ist herausgefordert, sich zu positionieren, um eine wichtige Stimme in der Bildungslandschaft und Gesellschaft Mitteleuropas zu sein.[1]
> Dazu ist [2] eine kritisch reflektierte Selbstvergewisserung der evangelischen Tradition, in der sie steht, unumgänglich. Der Unique Selling Point kirchlicher Bildung versteht sich von ihrer christlichen Tradition her und bleibt dieser verpflichtet.

1. Historische Verortung der kirchlichen Bildung

Bereits der vorkonfessionelle Mystiker Meister Eckhard leitet den Begriff «Bildung» vom ersten Schöpfungsbericht ab: Der Mensch ist nach Gottes Bild geschaffen (Gen 1,27). Darum erklärt Eckhard Bildung zur Gottessache, die allein Gott am Menschen tun kann. Der Mensch kann nichts dazu beitragen. Bildung ist darum als Schöpfungsakt zu verstehen, als eine kreative Entwicklung jeder Person zu ihrem Menschsein.

Dieser Gedanke hat sich weiterentwickelt zu einem Bildungsverständnis als emanzipatorischem Entwicklungsprozess. Der Mensch entfaltet dabei im Glauben eine authentische Lebenspraxis und löst sich zugleich aus Glaubensbevormundung und lebensfernen Bekenntnissätzen.

Zwingli stellte die Bibel in den Mittelpunkt christlichen Lebens. Damit ist die reformierte Tradition der jüdischen (Schrift-)Gelehrsamkeit verbunden. Für diese Re-Formation, im Sinne einer Rückbesinnung auf das Gestaltgebende und Sinnbildende, musste sichergestellt werden, dass alle Menschen selbst die Bibel lesen und verstehen können. Weil Bildung das Erlernen einer Technik voraussetzt, wurde das höhere Schulwesen gefördert und Stipendien zum Studium der Schriften gesprochen. In den beiden grossen Zürcher Münsterkirchen wurde täglich

1 Zum Beispiel der Verband Ökumenischer Bildungsanbieter plusbildung, der eine gemeinsame Plattform für Bildungsangebote pflegt: plusbildung.ch/ziele-dienstleistungen-und-aufgaben (14.09.2017).

fortlaufend die Bibel öffentlich ausgelegt: im Grossmünster das Alte Testament und im Fraumünster das Neue Testament. Alle Menschen konnten – theoretisch – daran teilnehmen. Praktisch blieb der Kreis wohl eher auf die gebildeten, wohlhabenden Bürger beschränkt.

Aus dieser Übersetzungsarbeit entwickelte sich die theologische Fakultät in Zürich. Zwinglis Bildungsbegriff stand auf dem Boden eines humanistisch geprägten Menschenbildes und einer biblisch begründeten Glaubenspraxis. Diesen intellektuellen und spirituellen Boden zurückzugewinnen, könnte Re-Formation heute heissen.

2. Bildung

In der humanistischen Tradition meint Bildung einen Prozess der Vervollkommnung des Menschen zu seiner wahren Menschlichkeit. Dieses Bildungsverständnis setzt eine ganzheitliche Entwicklung voraus, die kognitives Wissen, intellektuelles Verstehen und praktische Anwendung ebenso einbezieht wie Herzensbildung im ethischen wie im emotionalen Sinn. So verstanden gibt es kein bildungsfreies Leben.

Heute ist Erwachsenenbildung zu einem immensen Markt geworden, an dem die Kirchen nur wenig beteiligt sind. Aus dem Bewusstsein, dass Leben lernen bedeutet und sich bilden heisst, ist ein enormer Druck für den Einzelnen geworden, sich permanent weiterzubilden. Aus dem Bewusstsein für Entwicklungsprozesse ist ein Qualifizierungsstress geworden, von dem auch die Kirche nicht frei ist. Zurzeit werden so viele Menschen fortlaufend gebildet wie nie zuvor. Doch langsam scheint der Bildungsmarkt gesättigt zu sein.[2] Es fragt sich, ob Qualifizierung die Menschen tatsächlich bildet und zu mehr Mündigkeit führt. Handeln Menschen heute reifer, kompetenter, weitsichtiger als früher? Oder ist die Welt dank solch qualifizierender Bildung faktisch so unüberschaubar geworden, dass die Fülle der Informationen und Reflexionsmöglichkeiten rationale Entscheidungen verunmöglicht und von intuitiv-emotionalen Entscheidungen abgelöst wird?[3]

---

2 Grosse Bildungsinstitute beklagen einen Rückgang der TeilnehmerInnen-Zahlen; der Aufwand für Werbemassnahmen wie Spezialangebote (besonders im Bereich der Erlebnisdidaktik) steigt, damit der Marktanteil gehalten werden kann. Vgl exemplarisch den Jahresbericht 2016 der EB Zürich: www.eb-zuerich.ch/site/filemanager/files/pdf/2016-geschaeftsbericht-eb-zuerich.pdf (14.09.2017).

3 Der Schweizer Physiker und Philosoph Eduard Kaeser spricht hier von «Bullshit»-Szenario. Er sieht im *postfaktischen* Zeitalter eine Folge der Informationsflut in der digitalen Welt, die zentrale Standards wie Objektivität und Wahrheit auswäscht. Damit bestehe die Gefahr einer Demokratie der «Nichtwissenwollengesellschaft», in der das Argument sich der

2.1 Kirchliche Bildung

Evangelische Bildung geht von einem biblischen Menschenbild aus, das von grosser Autonomie, viel Selbstbewusstsein und zugleich Verantwortung geprägt ist. Sie hat darum besonders im Bereich der Persönlichkeitsentwicklung, Sinnsuche und Spiritualität Wesentliches zu vermitteln. Zum Bildungsauftrag der Kirchen gehört es, Diskursfähigkeit und kritische Selbstreflexion einzuüben und zu trainieren.

Gerade darin kann reformierte Bildung glaubwürdig sein, dass sie nicht Glaubenssätze lehrt, die erlernt und übernommen werden müssen. Vielmehr befähigt sie über die Beschäftigung mit der biblisch-christlichen Tradition dazu, bestehende Texte kritisch zu reflektieren und eigene Glaubenssätze zu formulieren. Wobei mit Glaubenssätzen weitaus mehr gemeint ist als kirchliche Bekenntnisse: Die Welt ist voller Glaubenssätze – ausserhalb der Kirchen noch viel deutlicher als innerhalb. Wissen zu vermitteln, das befähigt, solche Dogmen auf Herz und Nieren zu überprüfen, ist ein wichtiger Bildungsbeitrag der Kirche. Wer gelernt hat, sich selber kritisch zu begegnen, kann grosszügig, rücksichtsvoll und trotzdem profiliert auftreten und sich für Welt und Gesellschaft einsetzen.

Bildung bildet den ganzen Menschen auf vielfältige Weise[4]. Bildung befähigt den Menschen zu Beobachtung und Reflexion, zu Meinungsbildung und Diskurs. Dabei werden die Menschen nicht nur über den Verstand, sondern auch psychisch-emotional, kreativ-gestalterisch, spirituell-religiös und beziehungsmässig angesprochen. Bildung knüpft bei eigenen Erfahrungshorizonten der Menschen an und befähigt, darüber zur reflektieren. Deshalb wird von einer Ermöglichungsdidaktik gesprochen, die selbstbestimmtes Lernen möglich macht[5]. Für kirchliche Bildung heisst das: Es geschieht etwas mit den Menschen, die sich an kirchlicher Bildung beteiligen, aber die Anbietenden können nicht sagen und wissen, *was* sich ereignen wird. Auf dem Hintergrund der je individuellen und kollektiven Erfahrungen wählen die Menschen für ihre persönliche Bildung das aus, was ihnen im Moment sinnvoll, hilfreich und wertvoll erscheint. So entsteht ein gemeinsamer und zugleich vielfältiger Diskurs, der zu mündigen Menschen in einer mündigen Gemeinschaft führt.

Kirchliche Bildung fragt, wie zu erreichen ist, dass der Bildungsprozess – gerade auch in den Sinn- und Lebensfragen Erwachsener – lebendig und in Bewegung bleiben kann. Jede Glaubensgewissheit verlangt nach einer persönlichen

---

Macht beuge. (siehe www.nzz.ch/meinung/kommentare/googeln-statt-wissen-das-postfaktische-zeitalter-ld.111900 [14.09.2017]).

4 Umgangssprachlich wird Bildung hingegen oft auf Schul- oder Allgemeinbildung oder die Aneignung von Wissen reduziert.

5 Das entspricht einem konstruktivistischen Bildungsmodell; zur Einführung siehe de.wikipedia.org/wiki/Konstruktivismus_(Lernpsychologie) (14.09.2017).

Aneignung, und regelmässiger Überprüfung. Dazu bietet Kirche Impulse aus der christlich-biblischen Tradition.[6] Das gegenseitige Priestertum braucht Bildung in all ihren Facetten. Neben Berufsausbildungen[7] ist deshalb die Auseinandersetzung mit den Themen der Theologie für das Gemeindeleben unbedingt nötig, wo reflektiertes Wissen, vernetzte Erkenntnis, existentielle Relevanz und die Ermächtigung und Ermutigung zum selber Denken geschult und trainiert werden[8].

2.2 Das Vier-Schritte-Modell nach Eva Renate Schmidt

Zeitgemässe kirchliche Bildung, die zur Mündigkeit der Gemeinde führt, könnte in mehreren Schritten erfolgen. Eva Renate Schmidt bietet dafür ein Modell an, das – in meinen Worten – mit den Begriffen Wissen, Erproben, Aneignen und Selberdenken umrissen werden kann[9]. Das Emotionale, Gemüthafte und Zielfreie, das nicht leistungsorientiert ist, ist in jedem Schritt zu finden.

a) Wissen

Ein Mensch ist vom Beginn des Lebens an immer wieder darauf angewiesen, vertrauensvoll anzunehmen, dass andere Menschen es grundsätzlich gut mit ihm meinen. Ebenso geht es mit vielen Informationen sachlicher wie emotionaler Art: Sie werden vertrauensvoll als richtig angenommen und bilden das erste Wissen. Bei vielen Informationen wissen wir gar nicht, woher sie stammen oder seit wann wir darüber verfügen; sie sind einfach da. Andererseits gilt auch: Wer eine Information liefert, hat einen Wissensvorsprung. Expertenwissen hat Autorität. Das gilt auch für Glaubensthemen, wie sie in einem Katechismus zusammengefasst sind. Heute sind viele Menschen in Glaubensthemen tendenziell unterinformiert. Das kann dazu führen, dass sie noch immer damit rechnen, sie hätten in der Kirche unzumutbare Wahrheiten zu glauben. Wissensvermittlung ist darum nötig und wünschenswert – auch und gerade, um mit diesem Missverständnis aufzuräumen und einen informierten (inter)religiösen Dialog zu fördern.

---

6 Diese Impulse reichen von biblisch-theologischen Themen über ethische, politische bis zu seelsorgerlichen und kulturellen Themen der Lebensbewältigung und können neben Vorträgen auch in Form von Gesprächskreisen oder Selbsthilfegruppen bis zu seminarartigen Veranstaltungen angeboten werden, im Kirchenchor oder einer Aktionsgruppe stattfinden.

7 Neben den Ausbildungen in Kirchenmusik, Diakonie und Katechetik zähle ich auch die Ausbildung zum Pfarrberuf zu den Berufsausbildungen.

8 In besonderer Weise geschieht dies im Theologiestudium. Dazu auch in den Theologiekursen (siehe wtb.ref.ch [14.09.2017])

9 Nach: Eva Renate Schmidt, Hans Georg Berg, Beraten mit Kontakt. Handbuch für Gemeinde- und Organisationsberatung. Offenbach/M 1005, 421–435; Schmidt nennt die vier Schritte «Internalisierung», «Differenzierung», «Neuorientierung» und «Komplexität».

b) Erproben

Wie zuverlässig ist das Wissen? Besonders bei theologischem Wissen gehört zum persönlichen Reifungsprozess, den Kindheitsglauben kritisch zu hinterfragen und zu überprüfen. Ein erster Einwand, ein leiser Zweifel, ein Widerstand führen dazu, das Wissen kritisch zu bedenken. Eine Analyse verschiedener Positionen ermöglicht bestenfalls, vorhandenes Wissen von allen Seiten zu betrachten und seine Tauglichkeit zu überprüfen. Gewohnte Deutungen des Wissens werden verabschiedet. Das braucht Mut zum «Entlernen». Die meisten Menschen sind es gewohnt, diesen Verabschiedungsprozess mehrere Male zu durchlaufen und sich dabei weiterzubilden. An die Stelle des Verabschiedeten tritt Neues, das mit Bekanntem verknüpft wird. «Versuch und Irrtum» gehört als zirkuläres Geschehen zu diesem Erprobungsprozess, der auch Forschung genannt werden kann und sich nicht auf kognitives Wissen beschränkt: Zwischenmenschliche Beziehungen unterliegen diesem Prozess ebenso wie eigene Bedürfnisse nach Orientierung und Gewissheit.

Ohne Reflexion bleibt die Erprobung oberflächlich und banal. Austausch mit anderen Meinungen (in Gesprächen, Büchern, Schriften, Medien) bringt weiter, als wenn ein Mensch für sich allein die Reflexionsarbeit leistet. Im Austausch werden die eigenen «blinden Flecken» sichtbar.

Viele Menschen lassen sich in Fragen der christlichen Tradition auf diesen Erprobungsschritt gar nicht erst ein. Wer vertraute oder vermeintliche Glaubensinhalte infrage stellt, distanziert sich häufig von der Kirche und wendet sich andern Formen der Sinnstiftung zu. Wo Kirche sich mit Erlebnisangeboten begnügt, verpasst sie die Bereitstellung von Erprobungs- wie von Reflexionsräumen, wo theologische Impulse, Diskurs- und Reflexionsangebote zu diesem Bildungsschritt verlocken könnten.[10]

c) Aneignen

Die selbstständig und neu erworbene Bildung wird in die eigene Lebenswirklichkeit integriert. Dieser Schritt hat sowohl kognitive als auch emotionale Anteile und umfasst ein vertieftes Begreifen. Die Themenzentrierte Interaktion nach Ruth Cohn kennt für diesen Prozess ein Vier-Faktoren-Modell.[11] Es strebt ein Gleichge-

---

10 Die Evangelischen Theologiekurse wie der Lehrgang «Theologie kompakt» laden z. B. dazu ein, den vertrauten theologischen Denkmustern weitere Deutungen hinzuzufügen. Dabei wird das Vertraute verglichen mit dem Unvertrauten, ohne dass eine Verabschiedung vom Vertrauten zwingend gefordert sein muss.

11 Barbara Langmaack, Themenzentrierte Interaktion. Einführende Texte rund ums Dreieck. Weinheim 2000; Karl Josef Ludwig (Hg.), Im Ursprung ist Beziehung. Theologisches Lernen als themenzentrierte Interaktion. Mainz 1997.

wicht zwischen Thema, Ich und Wir (Gruppe) an und bezieht die Einwirkungen der Welt (Globe) ein. Dieses Gleichgewicht ist auf Kommunikation mit anderen und Austausch untereinander angelegt. Gemeinsam lassen sich die Erkenntnisse systematisieren, ordnen und gegebenenfalls verallgemeinern.

Die Anwendung des Modells auf den Umgang mit Bibel und christlicher Tradition lässt Neues entdecken und integrieren. So werden vorgefasste, destruktive Glaubenssätze transformiert und es entstehen Orientierungen in einer komplexen Welt. Gerade hier könnte viel für die Gegenwart entdeckt werden. Wer sich – aus welchen Gründen auch immer – auf diesen Aneignungsprozess einlässt, wird das erfahren.

d) Selber denken

Die Konsequenzen der neuen Erkenntnisse werden erfasst, verinnerlicht und ganzheitlich systematisiert. Sie führen zu selbstverantwortetem Handeln. Im Austausch mit anderen wird nach Bedeutung, Relevanz und Sinn des neuen Wissens, der neuen Erkenntnis oder Erfahrung gefragt. Erst in diesem letzten Bildungsschritt werden Meinungen gebildet und diskutiert. Die so gebildeten Menschen sind aufgefordert, ihre Bildung zu teilen und im praktischen Tun umzusetzen.[12]

So bildet sich «mündige Gemeinde», die sich authentisch, glaubwürdig, überzeugend und kompetent mit Spiritualität, Theologie und Diakonie zu Lebensthemen äussert.[13] Das Priestertum aller Glaubenden, das sich als Kirche Christi gegenseitig ermutigt, ermächtigt und stärkt, beruht auf einem Bildungsfundament, das sich vielfältig gestaltet und vielfältige Verstehensweisen provoziert. Ohne diese Vielfalt wäre die Kirche Christi in der einen oder anderen Weise «fehlernährt» und würde partiell verkümmern. Theologische und spirituelle Bildung und Diakonie gehören untrennbar zusammen und bilden erst gemeinsam eine Einheit.[14] Insofern ist es sinnvoll, dass es in den Gemeinden einzelne Personen gibt, die für die Bildung der Gemeinde freigestellt sind, um mit Wissen, Reflexion und der aktiven Umsetzung in Wort und Tat eine ganzheitliche Kirchenentwicklung zu unterstützen und zu fördern.

Eine erste Übersicht über die Inhalte des TZI liefert de.wikipedia.org/wiki/Themenzentrierte_Interaktion (14.09.2017).

12 Im Konnektivismus, einem relativ neuen Bildungsansatz, gibt es faktisch kein geistiges Eigentum mehr – Wissen und Bildung «gehören» immer allen und bedienen sich der modernen Medien für die Kommunikation.

13 Heinrich Pestalozzi nannte diesen Dreiklang «Herz, Kopf und Hand».

14 Der Systematische Theologe Wolfgang Grünberg formulierte 1979 in einer Vorlesung: «Verkündigung ohne Diakonie wird stumm; Diakonie ohne Verkündigung wird blind.» Darum gehört beides zusammen.

2.3 Neuere Bildungsentwürfe

Zwei Ansätze öffnen neue Bildungsräume: Erstens Embodiment.[15] Dieser Ansatz geht davon aus, dass der ganze Körper lernt. Theologisch wäre von einem inkarnatorischen Bildungsansatz zu reden. Und zweitens Erlebnisandragogik.[16] Sie fördert durch ungewohnte, überraschende Eindrücke und ganzheitliche Impulse den Bildungsprozess und setzt so unerwartete Perspektiven frei. Zum Beispiel werden Grenzerfahrungen in der Natur gemacht, die sich schöpfungstheologisch als Gotteserfahrung interpretieren lassen.

Beide Konzepte sind in der kirchlichen Bildung nicht neu. Ansätze wie etwa das Bibliodrama setzen Erlebnis und Körperlichkeit längst ein. Aber alle Methoden verbrauchen sich aus zweierlei Gründen rasch: Zum einen ist, was gestern überraschend wirkte, heute schon bekannt und morgen ein alter Zopf. Jede Methode, jedes Material weckt schöne, aber möglicherweise auch schwierige Erinnerungen. Wer mit dem einen methodischen Zugang Mühe hat, kann auf einem anderen Weg dasselbe Ziel emotional unbelasteter und darum kreativer und lustvoller angehen. Zum anderen neigen methodisch-didaktische Entdeckungen dazu, sich zu verselbstständigen: die Lust an Bewegung und Erlebnis lässt den Bildungsaspekt zurücktreten. Auch kirchliche Bildung ist diesen Abnutzungserscheinungen ausgesetzt.

Eine Möglichkeit, dieser Falle zu entgehen: Man organisiert Bildung partizipativ und reflexiv. Statt *für* die Teilnehmenden wird ein Bildungs-Prozess *mit* ihnen gestaltet und der Sinn einer Arbeitsweise wird offengelegt. Das ist auch bildungstheoretisch sinnvoll. Erwachsene bilden sich selbst. Als mündige Menschen kennen sie ihren Bildungsbedarf selber am besten. In einer Gruppe wird darum auszuhandeln sein, welche Werte, Kriterien, Voraussetzungen und Regeln der Bildung gelten sollen, damit möglichst viele Bedürfnisse erfüllt werden können. Schulung und Training zur Reflexions- und Kompromissbereitschaft fördern auch ein Bewusstsein für die unterschiedlichen Lernbedürfnisse: Die einen suchen Bestätigung für das, was sie ohnehin schon wissen, andere wünschen sich vor allem Austausch, wieder andere möchten Wissen erweitern, während noch andere sich Antworten auf existentielle Fragen erhoffen. Ziel eines offenen Bildungsprozesses ist nicht Beliebigkeit, sondern das Erproben neuer Erkenntnishorizonte.

---

15 Maja Storch, Benita Cantieni, Gerald Hüther, Embodiment. Die Wechselwirkung von Körper und Psyche verstehe und nutzen, Bern 2010. Als erste Einleitung geeignet: embodiment.ch/research/embodiment-def.html (14.09.2017).

16 www.erlebnispaedagogik.de (14.09.2017); Werner Michl, Erlebnispädagogik (= UTB 3049 Profile), München u. a. 2009; Germo Zimmermann, Erlebnispädagogik im christlichen Kontext, in: Karcher, Florian/Freudenberger-Lötz, Petra/Zimmermann, Germo (Hg.), Selbst glauben. Neukirchen-Vluyn, 2017.

3. Bildung im biblischen Kontext

Zur christlichen Bildung gehören Wissen und Verständnis der Tradition. Eine vertiefte Kenntnis der biblischen Schriften und der Auslegungsgeschichte sind nötig, um die eigenen Interpretationsgewohnheiten zu erkennen, zu reflektieren und zu korrigieren. Nur wer die Bibel kennt, kann sie interpretieren. Eine «richtige» Deutung gibt es nicht, denn jede Deutung ist subjektiv, geprägt von persönlichen und kollektiven Vorgeschichten und Traditionen, aber auch von dem, was sich über die Entstehung eines Textes erschliessen lässt. Das verpflichtet umso mehr zur sorgsamen Prüfung der Kriterien, Verstehens-Voraussetzungen und Referenzpunkte der Auslegung. Es ist darum Aufgabe der Bildungsanbieter, sich genau Rechenschaft darüber abzulegen, welche Ziele erreicht werden sollen und wie das methodisch ermöglicht wird.

Hermeneutische Rahmenbedingungen sind von Fall zu Fall auszuhandeln, damit eine Verständigung möglich ist. Indem Text und Lesende etwas von sich selbst in den Verstehensprozess einbringen, kommen beide miteinander ins Gespräch und können von einander Neues gewinnen: Der Text gewinnt an Tiefe und Weite, die Lesenden gewinnen zusätzliche, neue Perspektiven. Wer nur nach dem historischen Kontext eines Textes fragt, verliert die Bedeutung für das eigene Leben aus den Augen. Wer nur in den Text hineinliest, was ohnehin schon bewusst ist, wird der horizonterweiternden Absicht eines Textes nicht gerecht und findet in jedem Text das bereits Vertraute. Beides ist nötig, um Text und persönliche Relevanz gleichermassen ernst zu nehmen.

Dann kann zu Recht die Frage gestellt werden, ob zum Beispiel die Entstehung einer kultfreien Gottesdienstpraxis (587 v. Chr. mit dem Verlust des salomonischen Tempels und zu Beginn des 16. Jahrhunderts mit der Reformation) etwas mit der eigenen religiösen Praxis zu tun hat. Man kann, ja muss auch fragen, was Jesu Ringen um das Gottesreich mit der Lebenswirklichkeit im 21. Jahrhundert verbindet. Seine Auslegung der alttestamentlichen Schriften, die er als Wort Gottes versteht, weist konsequent auf ein Leben im Hier und Jetzt hin, wie Gott es meint und mit den Menschen verwirklichen will. Ein Vorbild dafür könnte Paulus sein, der in den Heiligen Schriften des Judentums Lebensperspektiven von Freiheit (Gal 5), Gerechtigkeit (Röm 8), Sinnerfüllung (1Kor 12) und Gottesnähe (Gal 2) findet, die sich in Jesus verwirklichen und damit zum Verstehen des eigenen Glaubens beitragen.

4. Glauben und Verstehen

Evangelische Christenmenschen gehen davon aus, dass die mündige Gemeinde Christi sich auf ihr Vertrauen gründet, dass Jesus Christus als der Gekreuzigte zugleich der Auferstandene ist, der in der Gemeinde gegenwärtig ist. Diese Grundannahme ist eine Glaubensaussage, die mithilfe von Bildung verstanden werden will. Wird im Religionsunterricht eine reflektierte, selbstkritische Kenntnis und Überprüfung der biblisch-reformierten Tradition vermittelt, ist eine wichtige Grundlage für eine sich bildende, mündige Gemeinde geschaffen.

4.1 Hermeneutik

Eine sich bildende, mündige Gemeinde ist sich zweier Voraussetzungen bewusst: Religion kann [1] nicht blosse Privatsache sein, wenn das Ziel eine Gemeinde ist, die sich als Teil der Welt versteht. Darum gehört Glaube auch nicht ins stille Kämmerlein, wo ein Mensch mit sich allein ist und Gefahr läuft, sich mit den eigenen Gewissheiten und Zweifeln, Überzeugungen und Fragen im Kreis zu drehen. Wer die Bibel für sich studiert, hat sich sogleich der Öffentlichkeit der Gemeinde zu stellen, wo Bildung ein gemeinsamer Prozess ist. Für eine sich bildende, mündige Gemeinde kann [2] das Expertenwissen einer Predigt allein nicht genügen. Die predigende Person ist Expertin oder Experte für die Bibel. Zugleich besteht die mündige Gemeinde aus Experten und Expertinnen im eigenen Leben. Zur Predigt gehört darum der gemeinsame Austausch, etwa in Ansätzen, wie es das Bibelteilen[17], die lectio divina[18] oder andere Formen der Bibelbildung vorschlagen. Das macht die theologische Fachperson nicht überflüssig. Sie unterstützt den Bildungsprozess, wie eine Hebamme eine Geburt unterstützen kann: Sie hilft, Wahrnehmungen zu kultivieren und zu schärfen, ermutigt beim «Entlernen» von längst Vergangenem und Überholtem, fördert Sprachfähigkeit, Bewusstsein und Gesprächskultur und sorgt für das nötige theologische Fachwissen. So wird in ganzheitlicher Weise die Hermeneutik als Kunst des Verstehens gefördert, wobei Verstehen alle Bereiche des Menschseins umfasst. Und eine verstehende Gemeinde entwickelt sich zu einer mündigen Gemeinde.

4.2 Verstehen im biblischen Kontext

In Ps 139,2 orientiert sich die betende Person an Gottes empathischem Interesse am Menschen «Du kennst … und verstehst mich!» Dass Gott den Menschen versteht, ermöglicht es umgekehrt, Gott verstehen zu können. Mit diesem Verstehen beginnt die Beziehung zwischen Gott und Mensch.

---

17 Oswald Hirmer, Georg Steins, Gemeinschaft im Wort. Werkbuch zum Bibel-Teilen, München 1999. Siehe auch de.wikipedia.org/wiki/Bibel-Teilen (14.09.2017).

18 Edgar Friedmann, Die Bibel beten. Lectio divina heute, Münsterschwarzach 1995; Katholisches Bibelwerk: Reihe Lectio Divina; bei: Bibelpastorale Arbeitsstelle SKB, Zürich. Siehe auch www.bibelwerk.ch/d/m70506 (14.09.2017).

Verstehen ist andererseits auch in der Bibel ein Bildungsakt, der einer Anleitung bedarf. So fragen Jesus (Joh 13,12) wie Philippus (Apg 8, 30f.) nach dem Verstehen, weil, was zu Herzen geht und ergreift, auch reflektiert sein soll und eine Anleitung braucht. Emotionales Verstehen bedarf der kognitiven Verarbeitung. Darum erzählt Jesus Gleichnisse. Die Zürcher Bibel übersetzt dieses Verstehen (z. B. in Jes 43,10) mitunter als «begreifen».

5. Theologische Bildung als Praxis des Glaubens

Als mündige Gemeinde selber die Bibel zu lesen, kann den Blick auf die Welt verändern. Wer die Welt im Licht des Reiches Gottes wahrnimmt, stellt die herrschenden Verhältnisse infrage. Sachzwänge werden angezweifelt. Systemen, die vorgeben, Recht und Gerechtigkeit für die ganze Welt verwirklichen zu wollen, wird misstraut.

Das Verstehen zwischen Gott und Mensch hat mit Vertrauen zu tun. Gottvertrauen meint darum das Vertrauen Gottes in die Menschen ebenso wie das menschliche Vertrauen in Gott. Wenn viele Menschen meinen, ihren (Nicht-) Glauben schicksalhaft ausgeliefert zu sein, fehlt ihnen häufig die Erfahrung und entsprechende Bildung. Die Bereitschaft, sich in Glaubensfragen zu bilden, beruht auf Neugier und dem Wunsch nach Bildung. Es spricht nichts dagegen, dass Gottvertrauen durch die entsprechende theologische und spirituelle Übung und Praxis gebildet werden kann.

Doch wie die Bildung in Sport, Musik oder Fremdsprachen ein regelmässiges Training, Übung und stetiges Dranbleiben erfordert, so ist es mit dem Gottvertrauen, das auf Übung und christlicher Bildung beruht. Ob diese eher kontemplativer, spiritueller oder exegetischer Art ist, spielt dabei weniger eine Rolle als die Regelmässigkeit der Bildung. Dabei bietet sich die mündige Gemeinde gegenseitig geistliche Begleitung an und übt das Vertrauen auf dem gemeinsamen Weg der christlichen Bildung. So bildet sie sich zur «mündigen Gemeinde».

6. Bildung als Weg zur mündigen Gemeinde

Eine christliche Gemeinde, die sich zutraut, mündig zu sein, braucht Bildung, denn ohne das Wissen um die Themen und Bedeutsamkeiten des Glaubens verliert die Gemeinde rasch den Bezug zu ihrem eigentlichen Urgrund: das Vertrauen zu Gott, dem die Welt ihr Dasein verdankt, der menschliches Leben am eigenen Leib kennt, der beatmend und kräftigend gegenwärtig ist und sich darin als personales Du erweist. Diese Vertrauensbildung stärkt die eigene Identität, um neugierig und grossherzig auf Fremdes und Neues zuzugehen. So bildet sich die eigene Identität auch im Austausch mit anderen Religionen und Kulturen.

In Bildungshäusern und Akademien[19] sind spätestens seit Mitte des 20. Jahrhunderts kulturell begrenzte Bildungshorizonte als Konstrukte entlarvt worden, die einen europäischen, mittelständischen, bildungsbürgerlichen – und meist männlichen – Blick einnehmen. Dass es ganz andere Perspektiven und Sichtweisen gibt, die versuchsweise erprobt werden können, musste erst entdeckt werden. Und diese Entdeckung liess sich auf andere Erfahrungen übertragen: Es gibt nicht die ein wahre Deutung von Texten – aber wie können verschiedene Menschen sich über die Vielfalt von Deutungsmöglichkeiten verständigen, ohne in die Beliebigkeit abzugleiten? Auf welche Regeln der Textauslegung man sich verständigen kann, ist eine wichtige Frage der Bildung geworden.

Längst ist unterdessen – mindestens bei denen, die Bildung ermöglichen – das Bewusstsein vorhanden, dass ständig ein Bildungsaustausch stattfindet. Fremdes zu integrieren und voneinander zu lernen führt zu neuen Verbindungen. Wo die Stärken der eigenen Tradition reflektiert betont und die Stärken der anderen wahrgenommen und gewürdigt werden, bildet sich ein weiter Raum für unterschiedliche Formen, Kirche zu sein. Die Stärke der evangelischen Bildung ist eine sich bildende, mündige Gemeinde, die gemeinsam und gegenseitig das Priesteramt Christi pflegt und lebt. Darum braucht sie gebildete und bildende Theologinnen und Theologen mit Kopf, Herz und Hand. Evangelische Bildung hat das Potenzial, zu überraschen und zu begeistern, zu inspirieren und nachdenklich zu stimmen.

19 Z. B. das ZIID (ehemals Zürcher Lehrhaus) www.ziid.ch (14.09.2017); das – katholische – Romerohaus, www.comundo.org/de/uber_uns/romerohaus222 (14.09.2017); die deutschen evangelischen Kirchentage, z. B. www.kirchentag.de (14.09.2017).

D Echo

Christian M. Rutishauser SJ

Priestertum aller Gläubigen aus römisch-katholischer Perspektive

Eine Replik auf die in diesem Band versammelten Beiträge

Die ökumenische Bewegung hat im 20. Jahrhundert zur Überwindung konfessioneller Polemik geführt, so dass theologische Differenzen zwischen römisch-katholischer Tradition und evangelischer Theologie konstruktiv diskutiert werden konnten. Seither ist die Annäherung der Grosskirchen beachtlich und kann als echter Weg der Umkehr bewertet werden, wurde doch in zahlreichen Fragen ein Konsens erreicht und in anderen gegenseitiges Verständnis für unterschiedliche theologische Akzentsetzungen erarbeitet. Schien zunächst die tiefste Meinungsverschiedenheit unmittelbar im Bereich der Liturgie zu liegen, so hat sich inzwischen herauskristallisiert, dass vor allem das Amtsverständnis beide Traditionen trennt. Damit kommt neben der Frage des Amtspriestertums das Priestertum aller Gläubigen in den Blick. Die Aufgabe, als römisch-katholischer Theologe, Priester und Jesuit, in diesem Buch dazu Stellung nehmen zu dürfen, habe ich gerne angenommen, weil mir die Frage nach dem Priestertum aller Gläubigen grundlegend erscheint. Sie ist von der Reformation im 16. Jahrhundert neu entdeckt worden, was ihr als grosses Verdienst angerechnet werden darf. Katholischerseits hat erst das Zweite Vatikanische Konzil (1963–1965) das Priestertum aller Getauften positiv herausgearbeitet. Heute hat es evangelische wie ökumenische Relevanz, und sein Verständnis wirkt auf die Amtsfrage zurück. Vor allem aber scheint im Priestertum aller Gläubigen eine Spiritualität und ein Verständnis des Christseins in säkularer Gesellschaft auf, das für katholische wie evangelische Christinnen und Christen konstitutiv und höchst aktuell ist. Ich werde in meinem Text auf verschiedene Aussagen in den vorangehenden Beiträgen kommentierend Bezug nehmen, zugleich aber auch aus römisch-katholischer Perspektive auf die Frage nach dem Priestertum aller Getauften einige Schlaglichter werfen.

1. Das Amtspriestertum und das Priestertum aller Gläubigen

Die drei grundlegenden Beiträge in diesem Band aus systematisch-theologischer, historischer und pastoral-theologischer Sicht habe ich mit grossem Interesse und mit grundsätzlicher Zustimmung gelesen. Ralph Kunz und seinen pastoral-theologischen Ausführungen kann ich nur beipflichten. Es geht nicht darum, das allgemeine Priestertum gegen das besondere Amt der Pfarrerinnen und Pfarrer bzw. gegen das Amtspriestertum auszuspielen. Dieser Gegensatz hat die katholische wie die evangelische Theologie über Jahrhunderte geprägt[1] und ist in vielen Köpfen von Christen und Christinnen aller Konfessionen immer noch präsent. Ihn zu überwinden, war auch ein Anliegen der katholischen Reform des Zweiten Vatikanischen Konzils. Das Konzilsdokument *Lumen gentium*[2] beschreibt die Kirche im ersten Kapitel als Leib Christi und als Mysterium und stellt sie im zweiten Kapitel als Volk Gottes dar. In diesem Zusammenhang wird vom Priestertum aller Gläubigen gesprochen und auf die zentrale Bibelstelle in 1Petr 2,9f. verwiesen, wo vom königlichen Priestertum der christlichen Gemeinde die Rede ist:

> «Ihr aber seid ein auserwähltes Geschlecht, eine königliche Priesterschaft, ein heiliger Stamm, ein Volk, das sein besonderes Eigentum wurde, damit ihr die grossen Taten dessen verkündet, der euch aus der Finsternis in sein wunderbares Licht gerufen hat. Einst wart ihr nicht sein Volk, jetzt aber seid ihr Gottes Volk; einst gab es für euch kein Erbarmen, jetzt aber habt ihr Erbarmen gefunden.»

Die junge Kirche wird wie das Volk Israel als unter der Königsherrschaft Gottes stehend gesehen. Sie ist Gottes Eigentum, erwählt und beauftragt, die Heiligung der Welt vor den Völkern zu bezeugen. Der Petrusbrief zitiert Exodus 19,5f., wo das Volk, befreit aus der Sklaverei in Ägypten, nun am Sinai mit Gott seinen Bund schliesst und somit ein Königreich von Priestern und ein heiliges Volk darstellt. Weder für das alttestamentliche Israel noch für das Judentum heute und auch nicht für das Konzil ist diese kollektive Berufung, Volk Gottes unter allen Völkern der Menschheit zu sein, als eine Kritik oder als Gegensatz zum Priestertum gesehen worden, das im Tempel in Jerusalem seinen Dienst tat bzw. als Amtspriestertum in der Kirche seine Funktion hat. Vielmehr geht es bereits im

---

1 Verschiedene katholische Positionen, die das Priestertum aller Gläubigen gegenüber dem Amtspriestertum herunterspielten, sind genannt, in: Herbert Vorgrimler, Wegsuche. Kleine Schriften zur Theologie, MThA 49/2, Altenberg 1998, 17–20.

2 www.vatican.va/archive/hist_councils/ii_vatican_council/documents/vat-ii_const_19641121_lumen-gentium_ge.html (07.11.2017).

alten Israel um ein geistiges Priestertum zur Heiligung des ganzen Volkes, das bestimmt ist, Licht für die Völker zu sein (vgl. Jes 42,6).

Weil der Gegensatz zwischen Priestertum aller Gläubigen und Amtspriestertum aber seit der Reformationszeit auch die katholische Theologie bestimmt hat, sieht sich das Konzil genötigt, das Verhältnis zwischen dem Amtspriestertum und dem Priestertum aller Gläubigen zu umreissen. In *Lumen gentium 10* heisst es:

> «Das gemeinsame Priestertum der Gläubigen aber und das Priestertum des Dienstes, das heisst das hierarchische Priestertum, unterscheiden sich zwar dem Wesen und nicht bloss dem Grade nach. Dennoch sind sie einander zugeordnet: das eine wie das andere nämlich nimmt je auf besondere Weise am Priestertum Christi teil.»

Mit dieser Aussage unterstreicht das Konzil, dass es nicht um ein «allgemeines» und ein «besonderes» Priestertum geht, in dem Sinne, dass das Amtspriestertum eine besondere Art der allgemeinen Gattung Priestertum darstellt. In der Diskussion im Vorfeld der Texterstellung wurden nicht nur das Wortpaar «allgemein – besonders», sondern auch Wortpaare wie «uneigentlich – eigentlich», «geistlich – wirklich», «mystisch – real», «innerlich – äusserlich», «nicht-sakramental – sakramental», «unvollständig – vollständig» oder «Laienpriestertum – hierarchisches Priestertum» verworfen.[3] Vielmehr geht es um zwei grundverschiedene Formen des Priestertums, die nicht voneinander ableitbar sind, sondern in je eigener Gestalt das eine Priestertum Christi verkörpern. Daher ist die Bezeichnung «allgemeines Priestertum» keine angemessene Wortwahl, geht es doch um das «gemeinsame Priestertum», das Priestertum aller Gläubigen bzw. aller Getauften.

Mit der Taufe ist der Christ zum priesterlichen, königlichen und prophetischen Sein erwählt, weil er an Christus dem Priester, König und Propheten Anteil hat. Hier liegt die unmittelbare Begründung für das gemeinsame Priestertum, wobei Christus diese drei Seinsweisen verkörpert, weil er der Messias des Volkes ist, mit dem Gott am Sinai einen Bund geschlossen hat, der die Israeliten zu Priestern, Königen und Propheten macht. Im Neuen Bund haben alle Nicht-Juden, die sich taufen lassen, an dem in Christus zur Fülle geführten Alten Bund Anteil. Ob jemand diesen Glauben nun aktiv praktiziert oder nicht, ob er kirchendistanziert lebt oder zur Kerngemeinde gehört, ob er Freiwilligenarbeit leistet oder in einem Lohnverhältnis zur Kirchenstruktur steht – all das erscheint aus der Perspektive Gottes, der sein Volk erwählt, als sekundär. Die Taufe hat die königliche, priesterliche und prophetische Berufung so auf den Menschen übertragen, wie Jüdin und Jude durch ihr Geborensein von einer jüdischen Mutter zum Volk des Bun-

3 Zur Textentstehung siehe: Herwi Rikhof, Das gemeinsame Priestertum der Gläubigen und das Priestertum des Dienstes. Wie liest man Lumen Gentium 10?, in: ThPQ 155 (2007), 83–87.

des vom Sinai gehören. Natürlich ist dann entscheidend, aus der von Gott gegebenen Erwählung auch zu leben, doch die Berufung ist als Verheissung vorgängig zugesprochen und gegeben.

David Plüss weist daher zu Recht darauf hin, dass das Sprechen vom Priestertum aller Gläubigen ein performatives Reden ist. Aus katholischer Perspektive wurzelt es in der Taufe und muss auch den Kirchendistanzierten, die eine reduzierte Religiosität aufweisen, zugesprochen werden. «Das heilige und organisch verfasste Wesen dieser priesterlichen Gemeinschaft vollzieht sich sowohl durch die Sakramente wie durch ein tugendhaftes Leben» (*Lumen gentium 11*). Ethik *und* Glaube, auf deren umstrittene Verhältnisbestimmung hier nicht weiter eingegangen werden kann, sind für die Gottesbeziehung, den Lebenswandel und das Heil des Einzelnen entscheidend. Doch für das Selbstverständnis und die Identität der Kirche in dieser Welt ist die Initiative von Gott her primär, wie sie es auch seit je für den Juden ist. Für den Christen ist die Taufe grundlegend. Daher hat auch der Begriff «Priestertum aller Getauften» gerade gegenüber dem Begriff «Priestertum aller Gläubigen» sein eigenes Recht. Und auch der Amtspriester ist zuerst als Getaufter einer, der am Priestertum aller Getauften teilhat. Letzteres löst sich angesichts der Priesterweihe nicht auf, wie schon Augustinus treffend formuliert hat: «Mit euch bin ich Christ, für euch bin ich Bischof.»[4]

2. Theologisch-spirituelle Bedeutung des Priestertums aller Getauften

Matthias Zeindler beschreibt sodann in seinem systematisch-theologischen Beitrag zehn Aspekte des Priestertums aller Gläubigen. Er formuliert ein spirituelles Selbstverständnis der Kirche und legt eine christliche Identitätsskizze vor, die, so schreibt er, für den modernen, auf Individualität und Autonomie bedachten Menschen ein Ärgernis darstelle. Es ist ein Christsein, das sich ganz aus dem biblischen Sinn des Priestertums begreift, das in der kollektiven Berufung durch Gott zu einem Dienst in der Welt besteht. Dass dieses Selbstverständnis einem säkularen Menschen widerstrebt, ist verständlich. Überraschender ist vielleicht, dass dieses Priestertum aller Gläubigen selbst für die Mitglieder der Kirchen befremdend wirken kann. Auf alle Fälle hat Zeindler den Mut, dieses Kirchenverständnis exemplarisch der Imagekampagne der reformierten Kirchen von 2000 «Selber denken. Die Reformierten» gegenüberzustellen. Dass er dabei ein verbreitetes landeskirchliches Selbstverständnis herausfordert, ist auch in diesem Sammelband selbst sichtbar. Jedenfalls atmen die Beiträge über Bildung, Freiwilligenarbeit und Partizipation einen starken demokratischen, liberalen und individuellen Geist, dem der Begriff des allgemeinen Priestertums wie äusserlich angeklebt

4 Predigt 17,2.

scheint. Ihnen gemäss soll die kirchliche Struktur und Leitung möglichst partizipativ, flach, selbstbestimmt, basisdemokratisch und wenig hierarchisch oder monarchisch sein. Dies sind alles positive Errungenschaften der säkularen Kultur, doch treffen sie nur einen kleinen Aspekt von dem, was Priestertum aller Gläubigen bedeutet. Vor allem besteht die Gefahr, dass es sich auf Fragen aktiver Teilnahme, individueller Freiheit, Entscheidungshoheit und Machtkompetenz des Individuums beschränkt. Damit wäre kaum seine geistliche und theologische Bedeutung erfasst. Der Weltbezug ginge verloren, und kirchenintern stünde es allzu leicht in Spannung und Gegensatz zum Pfarramt bzw. zum Amtspriestertum. Das gemeinsame Priestertum hat so keine formgebende Kraft mehr. Wenn sich aber kirchliches Selbstverständnis derart ungebrochen ins Säkulare hinein auflöst, wird es entweder überflüssig oder legitimiert nur die liberalen Errungenschaften des 19. Jahrhunderts, wie dies Martin Sallmann in seinem historischen Beitrag auch feststellt.

In seiner Beschreibung des Priestertums aller Gläubigen formuliert Matthias Zeindler eine Spiritualität, die keinesfalls die aktive Teilnahme am kirchlichen Leben unterminieren will. Vielmehr gibt er ihr ein geistliches Fundament. Er beschreibt das theologische Selbstverständnis aller Getauften, das sie befähigt, auch die Errungenschaften des aus dem Christentum hervorgegangenen säkularen Liberalismus kritisch zu beleuchten und Fehlentwicklungen zu korrigieren. Erwählte und Begnadete werden nämlich von Gott immer ein Stück beiseite genommen, d. h. es wird zwischen ihnen und der Gesellschaft unterschieden. Denn nur so können sie die mit der Berufung konstitutiv verknüpfte Aufgabe überhaupt annehmen! Dies gilt in besonderem Masse für die priesterliche Berufung, weshalb beim Priester sogar von einer gewissen Absonderung gesprochen wird. Und genau diese Distanznahme zur säkularen Gesellschaft braucht auch das Priestertum aller Gläubigen, um wirklich im Dienst der Welt stehen zu können. Analog dazu schafft die römisch-katholische Tradition auch eine gewisse Distanznahme des Amtspriesters, damit er wirklich im Dienst der kirchlichen Gemeinschaft stehen kann. Priestertum ist in allen seinen Varianten immer Dienstpriestertum.

Mir scheint der kollektive Charakter des Priestertums aller Getauften, an der jeder einzelne Glaubende Teil hat, wichtig. Das Priesterliche kommt der Kirche als Ganzes und allen ihr Angehörenden zu. Es ist nicht eine Gnadengabe neben anderen Gnadengaben, nicht ein Charisma neben anderen Charismen am Leib Christi, um das Bild aus 1Kor 12 aufzunehmen. Nicht jeder und jede Getaufte muss alles machen. Die Kompetenzen und Gnadengaben sind verschieden. Inhaltliche Fähigkeiten gilt es bei der Zusammenarbeit von Freiwilligen und vollamtlich Mitarbeitenden zu berücksichtigen, wie auch bei Leitungsaufgaben. Aufgaben und Funktionen können delegiert werden. Sogar eine hierarchische Ordnung der Gaben ist möglich. Charismen und Gaben können sehr verschieden sein. Alles aber muss von der priesterlichen Haltung getragen sein, denn beim Priestertum aller Gläubigen handelt es sich nicht um ein Charisma, das einige haben, andere nicht. Vielmehr stellt es ein Fundament dar, ist Verheissung und Zusage, und umfasst die verschiedenen Gaben des Geistes.

Das Konzil beschreibt das Priestertum aller Gläubigen in *Lumen gentium 10* und *11*, wobei die Eröffnungspassage in ihrer ganzen Länge zitiert sein soll:

> «Christus der Herr, als Hoherpriester aus den Menschen genommen (vgl. Hebr 5,1–5), hat das neue Volk ‹zum Königreich und zu Priestern für Gott und seinen Vater gemacht› (vgl. Off 1,6; 5,9–10). Durch die Wiedergeburt und die Salbung mit dem Heiligen Geist werden die Getauften zu einem geistigen Bau und einem heiligen Priestertum geweiht, damit sie in allen Werken eines christlichen Menschen geistige Opfer darbringen und die Machttaten dessen verkünden, der sie aus der Finsternis in sein wunderbares Licht berufen hat (vgl. 1 Petr 2,4–10). So sollen alle Jünger Christi ausharren im Gebet und gemeinsam Gott loben (vgl. Apg 2,42–47) und sich als lebendige, heilige, Gott wohlgefällige Opfergabe darbringen (vgl. Röm 12,1); überall auf Erden sollen sie für Christus Zeugnis geben und allen, die es fordern, Rechenschaft ablegen von der Hoffnung auf das ewige Leben, die in ihnen ist (vgl. 1 Petr 3,15).»

Die Passage zeigt, wie das Konzil das Priestertum aller Gläubigen neutestamentlich breit abstützt. Der Priester, eine kultische Figur, bringt Opfer dar, wobei das Wort «Opfer» im Hebräischen «Qorban» heisst und etymologisch eigentlich «Annäherung» bedeutet. Durch das Opfer nähert sich der Mensch Gott an. Nun ist diese Annäherung an Gott aber schon im Exodus wie auch im Petrusbrief vom Tempel in den Alltag verlegt und umfasst in der Christusnachfolge das ganze Tun und Sein. Der Christ bringt sich durch seinen Lebensvollzug als ein geistiges Opfer dar, als unmittelbare Annäherung an Gott. Er braucht keinen anderen menschlichen Mittler als Christus (vgl. 1Tim 2,5). Dieses Priestertum wird dann als «heilig» bezeichnet, weil es Gott, dem Heiligen, nahebringt und im Dienst des Heiligen ausgeführt wird. Es geht um Heiligung des täglichen Lebens, wie bereits das Heiligkeitsgesetz in Leviticus 18–20 fordert, dass der Israelit wie Gott, der Heilige, handeln soll. «Seid heilig, denn ich, der Herr, euer Gott, bin heilig» (Lev 19,1) ist die Aufforderung, die über allen sozialen, ethischen und liturgischen Anweisungen steht. Wie einst zum Opfer im Jerusalemer Tempel, gehören auch zum Opfer der Selbsthingabe im Alltag das Gebet und die Fürbitte. Zugleich aber wird stark betont, dass der Priester das Wirken und die Taten Gottes zu verkünden hat. Er gibt Rechenschaft über den Glauben.

In *Lumen gentium 11* wird dann weiter ausgeführt – und dies ist typisch römisch-katholisch –, wie sich das gemeinsame Priestertum aus der aktiven Teilnahme an der gesamten Liturgie nährt und so Hand in Hand mit dem Amtspriestertum geht. Dabei werden alle sieben Sakramente von Taufe und Firmung über

Eucharistie, Busse, Krankensalbung bis hin zu Weihe und Ehebund durchschritten und verschiedene Aspekte der Heiligung in Erinnerung gerufen, um schliesslich mit dem Bezug zum Heiligkeitsgesetz zusammenfassend zu schliessen: «Mit so reichen Mitteln zum Heile ausgerüstet, sind alle Christgläubigen in allen Verhältnissen und in jedem Stand je auf ihrem Wege vom Herrn berufen zu der Vollkommenheit in Heiligkeit, in der der Vater selbst vollkommen ist.»

3. Spiritualität des Priesterdienstes

In den vergangenen Jahren hat Elmar Mitterstieler sich in zwei längeren Essays der Spiritualität des Priestertums aller Gläubigen gewidmet und vor dem Hintergrund der Konzilstexte folgende Grundzüge theologisch entfaltet: freier und unmittelbarer Zugang eines jeden zu Gott; Selbsthingabe; Dienst der Vergebung; Dienst der Verkündigung; Vermittlung im Fürbittgebet; Würde und Verantwortung des Königlichen und Prophetischen, das nicht vom Priesterlichen getrennt werden darf.[5] Ich möchte hier nur auf die Aspekte von Selbsthingabe und Versöhnung das Augenmerk richten.

In der Offenbarung des Johannes wird Christus als das Opferlamm beschrieben:

> «Und sie singen ein neues Lied: Würdig bist du, das Buch zu empfangen und seine Siegel zu öffnen, denn du bist geschlachtet worden und hast erkauft mit deinem Blut für Gott Menschen aus jedem Stamm und jeder Sprache, aus jedem Volk und jeder Nation. Und du hast sie für unseren Gott zu einem Königreich und zu einer Priesterschaft gemacht, und sie werden herrschen auf Erden.» (Offb 5,9f.)

Mit Christus erhöht am Kreuz und zur Rechten Gottes haben die Getauften Anteil an königlicher und priesterlicher Herrschaft, die wiederum nur in der christusförmigen Selbsthingabe und Dienstbereitschaft bestehen kann. Zudem wird in langen Ausführungen im Hebräerbrief von 4,14–10,18 Christi Leben und sein Sterben am Kreuz mit der Hohepriesterlichen Liturgie des Jom Kippur beschrieben (vgl. Lev 16), dem Vollzug des höchsten jüdischen Feiertages zur Versöhnung der Menschen untereinander und mit Gott. Dass Christus zur Sühne und zur Vergebung von Schuld für die Menschen gestorben ist und dass dies in einer liturgischen Sprache von Paulus, den apostolischen Briefen und auch

---

5 Elmar Mitterstieler, Das wunderbare Licht, in dem wir leben. Gleichheit, Würde und Priestertum aller in der Kirche, Würzburg 2011. Zudem noch popularisierender aus seiner Feder: Das Priestertum aller Getauften. Für eine geschwisterliche Kirche aus dem Geist des Zweiten Vatikanischen Konzils, Würzburg 2015.

im Johannesevangelium an zahlreichen Stellen formuliert wird (vgl. Röm 5,8; 1Kor 15,3; Gal 1,4; 2,20; 1 Joh 2,2; 4,10), ist vor dem Hintergrund des Kultes am Jerusalemer Tempel zu verstehen. Besteht das Priestertum aller Gläubigen in der Anteilhabe am Priestertum Jesu Christi, ist aus diesen Texten seine tiefste inhaltliche Bestimmung zu gewinnen, immer im Sinne einer Spiritualität des Alltags, die den ganzen Lebensvollzug durchdringt.

Diese Quelle eröffnet sich aber nur, wenn weder das Alte Testament und das Judentum noch das Kultische von vornherein und grundsätzlich abgewertet werden. Das Kultische darf nicht gegen die Wortliturgie ausgespielt werden, wie sie sich seit Esra und Nehemia (vgl. Neh 8,1–12) neben der Tempelliturgie entwickelt hat und sowohl in die Synagogenliturgie des Judentums als auch in die Wortliturgie der Christen übergegangen ist. Oder anders formuliert: Gerade weil die jüdische und die christliche Liturgie wesentlich zu Wortliturgien geworden sind, hat sich das Priesterlich-Kultische transformiert. Es hat nun seinen Sitz im alltäglichen Lebensvollzug. Daher soll eine breite Rezeption der verschiedensten biblischen Texte, die sich zum Priesterlichen äussern, für das Priestertum aller Getauften fruchtbar gemacht werden. Dies steht nicht gegen den Geist des Neuen Testaments, im Gegenteil. Jesus, der Wanderprediger aus Galiläa, war Laie und hatte in seinem Lebensvollzug wenig mit dem Jerusalemer Tempel zu tun. Seine Tempelkritik dürfte historisch und authentisch sein. Auch hat er kaum eine priesterliche Sprache verwendet. Er sprach in Worten, die dem Alltag der Mitmenschen entnommen waren. Doch hat sich im Neuen Testament vor allem daher eine kultische Sprache etabliert, weil damit das Geschehen am Kreuz ausgedrückt werden konnte. Die Sprache des Opfers und des Kultes gaben Paulus die Möglichkeit, dem Ärgernis des Kreuzes Sinn abzuringen, wie die oben angeführten Bibelstellen zeigen. Die blutige Folter der Hinrichtung fand in der Sprache von Hingabe für Andere und Versöhnung eine sinnvolle Ausdrucksform. Eine priesterliche Spiritualität aller Gläubigen lädt also in eine Christusnachfolge hinein ein, die auch vor der Wirklichkeit des Kreuzes nicht Halt macht.

4. Gewandelte kirchliche Leitungs- und Entscheidungsstrukturen

Die Entwicklung der kirchlichen Ämter in den ersten Jahrhunderten der Christenheit ist ein komplexer historischer Vorgang. Grundkonstanten eines dreifachen Amtes, das sich in Bischof, Priester und Diakon gliedern wird, haben sich jedoch bereits früh im 2. Jahrhundert herausgebildet.[6] Dabei überlappen sich

6 Alfons Deissler/ Heinrich Schlier/Jean-Paul Audet, Der priesterliche Dienst I. Ursprung und Frühgeschichte, QD 46, Freiburg i. Br./Basel/Wien 1970; Jochen Martin, Der priesterliche

historisch gesehen biblische und nachbiblische Zeit, was nicht erlaubt, die ganze nachbiblische Entwicklung pauschal als Irrweg zu bezeichnen. Eine solche Abgrenzung wäre von einer negativen ideologischen Bewertung von Tradition gegenüber der Bibel bestimmt oder von einer fragwürdig bewertenden Unterscheidung zwischen hebräisch-frühchristlicher Gemeindeentwicklung und hellenistisch-machtpolitischer Amtsstrukturierung. Erstere wurzelt in der Auseinandersetzung der Reformationszeit des 16. Jahrhunderts und sollte überwunden werden. Letztere Polarisierung war im 20. Jahrhundert von einer grundsätzlichen institutions- und gesetzeskritischen Haltung getragen, die zu einem romantischen jüdisch-hebräischen Ursprung zurückwollte. Die Ämterfrage aber war schon in biblischer Zeit von gesellschaftlichen und politischen Konstellationen bestimmt, und dies selbstverständlich durch alle Jahrhunderte hindurch bis in die Gegenwart hinein. Dies ist besonders augenfällig, wenn man die Entwicklung der Leitungsstrukturen im rabbinischen Judentum und in den nun heidenchristlichen Kirchen in der Antike vergleicht. Vor allem die Gestaltung der kirchlichen Ämter durch die römische Reichsverwaltung im 4. Jahrhundert, als das Christentum Staatsreligion wird, wirkt für die weitere Geschichte prägend.[7] Auf diese historische Fragestellung einzugehen, ist nicht hier der Platz.

In seinem historischen Beitrag zum Priestertum aller Gläubigen weist Martin Sallmann aber zu Recht darauf hin, dass der Priester erst im Frühmittelalter in der lateinischen Kirche als Vertreter Christi eine Mittlerfunktion zwischen Gott und den Gläubigen des Volkes erhält. Archaische Opfervorstellungen verbinden sich in dieser Epoche, als sich das Christentum in Mittel- und Nordeuropa weiter ausbreitet, mit der Hingabe Christi am Kreuz, die in der Eucharistie vergegenwärtigt wird. Die Kritik der Reformatoren tadelt dieses Messverständnis und die theologische Funktion des priesterlichen Amtes, seine Aufladung mit Macht und die Herausbildung eines geistlich höher gewerteten Klerikerstandes neben dem Laienstand. Kritisiert werden einerseits die nachlässige und inkompetente Amtsführung und der Missbrauch des Amtes für wirtschaftliche und machtpolitische Zwecke durch die Kleriker. Andererseits wird auch der unmoralische Lebenswandel angegriffen, der nicht mit der geistlichen Würde vereinbar ist, welche die Kirche ihnen zuspricht. Die Korruption des Amtspriestertums wird dabei so tief empfunden, dass auch das Amt als solches bekämpft wird. Die Kritik der reformatorischen Theologie argumentiert dabei von der Bedeutung der Taufe her. Durch das Bewusstmachen der Tauftheologie und der Theologie des Priestertums

Dienst III. Die Genese des Amtspriestertums in der frühen Kirche, QD 48, Freiburg i. Br./Basel/Wien 1972.

7 Daniel Boyarin, Abgrenzungen. Die Aufspaltung des Judäo-Christentums, Arbeiten zur neutestamentlichen Theologie und Zeitgeschichte, Bd. 10, Arbeiten zur Bibel und ihrer Umwelt. Bd. 1, Institut Kirche und Judentum, Berlin/Dortmund 2009.

aller Gläubigen, wie sie zum Beispiel Martin Luther in *An den christlichen Adel deutscher Nation* formuliert, erhalten alle Christinnen und Christen ihre geistliche Würde und Berufung zurück. Zugleich wird auch ihre Autorität gestärkt, die ihnen die Kirche mitzuleiten erlaubt. Sallmann skizziert, welche unterschiedlichen Konsequenzen die Reformatoren amtspolitisch gezogen haben, je nach soziologischem Kontext: Fürsten, Stadträte oder Volksinitiativen bis hin zu den Bauern wollten nun in der neu zu ordnenden Kirchen mitwirken. Lokale und nationale Emanzipationsbewegungen legitimierten sich theologisch und verstrickten sich in neue Rivalitäten und sogar in Kriege. Bekanntlich entstanden sehr unterschiedliche Strukturen und Ämter, je nachdem, ob die Fürsten Hauptakteure waren wie im Luthertum oder die Stadträte wie bei den Reformierten oder eine breite Volksvertretung wie bei den Täufern und Hugenotten. Immer aber war die Taufe die theologische Legitimation für die Leitung in der Kirche.

Zudem gab es unterschiedliche Positionen in der Neubewertung des Amtspriestertums, das die Einen grundsätzlich infrage stellten und abschaffen wollten, während Andere es neu in die verschobenen Machtverhältnisse einordneten und definierten. Dass dabei die Zuordnung von gemeinsamem Priestertum und Amtspriestertum der anglikanischen oder lutherischen Kirche jener der römisch-katholischen Kirche viel näher steht als die Zuordnung, die die reformierten Schweizer Landeskirchen oder die Freikirchen vorgenommen haben, ist offensichtlich. Auch wenn die Strukturen der Kirchen der Reformation stark variierten, so ist doch die Beteiligung an Leitungs- und Entscheidungsprozessen der Gläubigen in ihnen allen wesentlich gewachsen. Die Spiritualität des Priestertums aller Gläubigen hat seit der Reformation immer wieder Demokratisierungs- und Emanzipationsprozesse gestützt. Dies gilt auch für ihre Neuentdeckung in der römisch-katholischen Kirche durch das Zweite Vatikanische Konzil im 20. Jahrhundert.

Insofern heute in allen Kirchen die Leitung von theologisch gebildeten Amtspersonen und von säkular gebildeten Christen und Christinnen gemeinsam wahrgenommen wird, stellt sich stets die Frage des Zusammenspiels. Vor allem wird heute nicht nur nach angemessenen Strukturen gefragt, sondern danach, wie geistliche Leitung und Führung überhaupt möglich ist. Die Beiträge über Freiwilligenarbeit und Gemeindeleitung in diesem Band zeigen, wie wichtig es ist, unterschiedliche Leitungs- und Managementkompetenzen, die die verantwortlichen Personen mitbringen müssen, mit spirituellen Entscheidungsprozessen und Leitungsstrukturen zu verbinden, da sonst eine Überforderung aller Beteiligten droht. Geistlich führen heisst nicht, die natürlichen Kompetenzen zu verdrängen, sondern sie zu integrieren. Geistlich führen heisst vielmehr, dem Heiligen Geist für sein Wirken methodisch Raum zu lassen und der Kirche als Gemeinschaft von Glaubenden mit ihren Eigengesetzmässigkeiten Rechnung zu tragen. Die Kirche ist nicht nur ein weltliches Unternehmen, sondern auch eine geistig-geistliche

Grösse, die von Gott in besonderer Weise geführt wird. Diese göttliche Führung wird konkret erfahrbar, wenn vom Leitungsteam gemeinsame «Unterscheidung der Geister», kontemplativ geleitete Reflexion und Meditation, Anhörkreise, biblische Impulse, gemeinsames inneres Abwägen eines Sachverhalts in der Gegenwart Gottes, Stille, Gebet usw. als Methoden angewandt werden. Einem Gremium soll dadurch neben all den modernen Leitungserrungenschaften kirchenspezifisches Handeln ermöglicht werden. Gerade die ignatianische Spiritualität, die im 16. Jahrhundert aus der katholischen Reform durch den Jesuitenorden entstanden ist und den Geist eines christlichen Humanismus atmet, hat zahlreiche operative Methoden entwickelt, um kraft des Zusammenspiels von Offenheit für Gottes Geist und verantwortlichem Gebrauch der eigenen Vernunft (kirchlich) zu führen.[8] Schliesslich soll eine Leitung ganz biblisch von sich sagen können: «Der Heilige Geist und wir haben beschlossen» (Apg 15,28).

5. Bildung und Christsein im Dienst der Welt

Die reformatorische Kritik am Klerikerstand und am Amtspriestertum hat nicht nur Verantwortung und Position aller Gläubigen gestärkt, sondern auch einen breiten Bildungsfortschritt mit sich gebracht. Der bischöflich-kirchlichen Autorität wurde die Autorität der Heiligen Schrift entgegengesetzt. Schriftgemässe Argumentation wurde zum entscheidenden Kriterium. Dafür waren Lese-, Sprach- und Schreibkenntnisse, aber auch Rhetorik und Apologetik notwendig. Zudem ist Wortliturgie intellektuell anspruchsvoller als spiritueller Vollzug der Messfeier oder anderer Riten. Auch ein vom Katechismus bestimmtes Alltagsleben und eine im Glauben begründete Ethik fordern rational stärker heraus als Formen der Volksfrömmigkeit wie Pilgern und Sakramentsempfang. Bildung im Sinne der Formung und Prägung der gesamten Persönlichkeit, wie es zum Beispiel bereits Meister Eckhart gelehrt hat, worauf Angela Wäffler in ihrem Beitrag Bezug nimmt, ist die Frucht des Emanzipationsimpulses, der von der Reformation ausgegangen ist. Christlicher Glaube konnte sich mit Humanismus verbinden, sei es in der reformierten Tradition der Schweiz und im international sich ausbreitenden Calvinismus oder sei es im von Philip Melanchthon geprägten Luthertum. Dass sich die Gläubigen der evangelischen Kirchen die Bibel lesend erschlossen, sich

8 Stefan Kiechle, Macht ausüben, Ignatianische Impulse Bd. 13, Würzburg 2010; Anton Aigner, Die Kunst des Leitens. Erfahrungen-Einsichten-Hinweise, Ignatianische Impulse Bd. 48, Würzburg 2011; Bernhard Waldmüller, Gemeinsam entscheiden, Ignatianische Impulse Bd. 27, Würzburg 2008. Christian Rutishauser, Aufmerksamkeit, Gehorsam, Freiheit – über eine spirituelle Leitungskultur. Geistliches Hören und Sehen, in: ders., Vom Geist ergriffen dem Zeitgeist antworten. Eine christliche Spiritualität für heute, Ostfildern 2011, 138–149.

durch Kirchenlieder in Theologie hineingesungen und in ein vertieftes Glaubensverständnis hineindiskutiert haben, ist eine Kulturleistung höchsten Grades. Deutsche Klassik und deutsches Bildungsbürgertum, auch wenn sie sich mehr und mehr von der Kirche und ihren Glaubensgrundlagen lösten, verdanken ihre ursprünglichen Impulse der Stärkung des gemeinsamen Priestertums.

Angesichts dieser Tradition fordert Wäffler auch heute zeitgemässe Bildungskonzepte und macht sie für das Gemeindeleben fruchtbar. Dies ist ein umso wichtigerer Beitrag, als in der entchristlichten Gesellschaft Kompetenzvermittlung und technisches Wissen eine Bildung, die den ganzen Menschen zu einem ethisch verantwortbaren Wesen formt, zu verdrängen drohen. Gerade da werden auch christliche Schulen in Zukunft wieder ihr humanistisches Profil finden müssen. Dass christliche Bildung seit der Reformationszeit in Europa aber nicht ausschliesslich vom theologischen Selbstverständnis des gemeinsamen Priestertums getragen war, zeigt die Tatsache, dass sich auch in Ländern, die von der römisch-katholischen Tradition geprägt wurden, breite Bildungstraditionen entwickelt haben. Nur waren hier weniger die Gemeinde, das Pfarrhaus und die Familie Träger von Bildung, sondern bischöfliche Schulen, Klöster und Orden. Sie waren sicher für den eigenen Nachwuchs gedacht, doch kamen sie auch einer breiten Bevölkerung zugute. Seit dem 16. Jahrhundert gibt es auch katholische Katechismen und die Förderung von religiöser und weltlicher Bildung. Allen voran einem christlichen Humanismus verpflichtet waren die Schulen, Gymnasien und Universitäten der Jesuiten, was nicht erstaunt, ist der 1540 gegründete Orden doch auch eine Frucht humanistischer und kirchlicher Erneuerung des 16. Jahrhunderts.[9] Eine alle Bevölkerungsschichten erreichende Schulung wurde von der römisch-katholischen Kirche aber erst im 19. Jahrhundert wirklich erreicht, und das bildungsmässig Rückständige der Katholiken gegenüber den Evangelischen blieb bis ins 20. Jahrhundert hinein bestehen.

6. Schluss: ein vertieftes Verständnis in beiden Konfessionen

Schliessen möchte ich mit dem Wunsch, dass dieser Band zur Profilschärfung und theologischen Vertiefung des Priestertums aller Gläubigen beitragen möge, sowohl in den reformierten wie auch in der römisch-katholischen Kirche. Zugleich hoffe ich, dass der Fokus auf das Pfarramt oder auf das Amtspriestertum nicht einfach als archaisches Delegieren der priesterlichen Berufung interpretiert wird. Glaube, Spiritualität und unmittelbarer Gottesbezug können nicht delegiert werden. Ein Dienstamt kann aber sehr wohl für alle Getauften repräsentativen Cha-

9 Markus Friedrich, Die Jesuiten. Aufstieg – Niedergang – Neubeginn, München/Berlin/Zürich 2016, 249–392.

rakter haben, so wie die kollektive Berufung des Priestertums sich in unterschiedlichen Charismen zeigt und wie es der Ausdifferenzierung auch in der säkularen Gesellschaft entspricht. Gerade im reformatorischen Denken können Amtspersonen in der Kirche als legitime Delegierte von allen Gläubigen verstanden werden. Politik, Wirtschaft, Technik, Wissenschaft und eben auch Religion gehen alle etwas an, doch nicht alle müssen Politikerinnen, Wirtschaftsspezialisten, Technikerinnen, Intellektuelle und eben Pfarrer sein. Katholischerseits wiederum hat das Amtspriestertum seine eigene Funktion und wird nicht nur aus der frühchristlichen Gemeindeorganisation abgelesen, sondern auch aus Jesu strukturierter Apostel- und Jüngerberufung. Petrus als *primus inter pares* ist neutestamentlich zum Beispiel breit bezeugt (Mt 16,13–20 par; 10,1–4 par) und soll in der Struktur des Dienstpriestertums eine Funktion haben. Selbstverständlich kann dieses Amt auch ganz anders ausgefüllt sein, als dies mit dem gegenwärtigen Papsttum der Fall ist. Die katholische Kirche hat ja nicht nur die Freiheit, die Zulassungsbedingungen zum Dienstamt den pastoralen und apostolischen Bedürfnissen entsprechend zu gestalten. Sie hat auch die Freiheit, neben dem konstitutiv zur Kirche gehörenden *Dienstamt*, das die kirchlichen Grundzüge in allen Jahrhunderten und allen Kontinenten garantiert, einen *Dienst* strukturell zu etablieren, der stärker den soziologischen Bedürfnissen der Kirche in einer besonderen Gesellschaft entspricht. Vieles bleibt zu tun. Die Selbstorganisation der Kirchen darf aber nie zu viele Kräfte absorbieren, denn zuerst haben die Christen und Christinnen Priester im Dienst der Welt zu sein.

Mitarbeitende

Paul Baumann ist Beauftragter für Gemeindeentwicklung und Mitarbeiterförderung der Evangelisch-reformierten Kirche des Kantons St. Gallen.

Annemarie Bieri ist Leiterin der Fachstelle Gemeinde-Entwicklung der Reformierten Kirchen Bern-Jura-Solothurn.

Judith Borter ist Leiterin der Fachstelle für Genderfragen und Erwachsenenbildung der Evangelisch-reformierten Kirche des Kantons Basel-Landschaft.

Rahel Burckhardt ist Fachmitarbeiterin im Bereich Gemeindedienste und Bildung der Reformierten Kirchen Bern-Jura-Solothurn.

Fränzi Dürst ist Fachmitarbeiterin in der Abteilung Kirchenentwicklung der Evangelisch-reformierten Landeskirche des Kantons Zürich.

Barbara Fankhauser ist Präsidentin der Reformierten Kirchgemeinde Solothurn und Präsidentin der Geschäftsprüfungskommission der Synode der Reformierten Kirchen Bern-Jura-Solothurn.

Dr. *Stephan Hagenow* ist Leiter der Fachstelle Personalentwicklung Pfarrschaft der Reformierten Kirchen Bern-Jura-Solothurn.

Christian Härtli ist Fachmitarbeiter der Fachstelle Diakonie der Reformierten Landeskirche Aargau.

Maya Hauri Thoma ist Beauftragte Diakonie der Evangelisch-reformierten Kirche des Kantons St. Gallen.

Dr. Dr. *Matthias Krieg* hat die Stabsstelle Theologie bei der Kirchenleitung der Evangelisch-reformierten Landeskirche des Kantons Zürich inne.

Dr. *Ralph Kunz* ist Professor für Praktische Theologie an der Theologischen Fakultät der Universität Zürich.

Jacqueline Lavoyer-Bünzli ist Animatrice cantonale du bénévolat der Eglise réformée évangélique du canton de Neuchâtel.

Dr. *David Plüss* ist Professor für Homiletik, Liturgik und Theorie der religiösen Kommunikation an der Theologischen Fakultät der Universität Bern.

Dr. *Christian M. Rutishauser SJ* ist Provinzial der Schweizer Jesuitenprovinz und kirchlicher Berater für Fragen des Judentums.

Dr. *Martin Sallmann* ist Professor für Neuere Geschichte des Christentums und Konfessionskunde an der Theologischen Fakultät der Universität Bern.

Sabine Scheuter ist Mitarbeiterin der Abteilung Kirchenentwicklung der Evangelisch-reformierten Landeskirche des Kantons Zürich und dort zuständig für Personalentwicklung und Diversity.

Veronika Schweizer ist Mitglied der kantonalen Kommission für Freiwilligenarbeit der Evangelisch-reformierten Kirche Basel-Landschaft.

Angela Wäffler-Boveland ist Projektleiterin der wtb – Deutschschweizer Projekte Erwachsenenbildung mit Sitz in Zürich.

Dr. *Matthias Zeindler* ist Leiter des Bereichs Theologie der Reformierten Kirchen Bern-Jura-Solothurn und Titularprofessor für Systematische Theologie an der Theologischen Fakultät Bern.